¿amigas para siempre?

Planeta

CLAIRE COHEN

¿amigas para siempre?

Rupturas, mitos y realidades de la amistad entre nosotras

Planeta

Título original: *BFF: the truth about female friendship*

Traducción: Brenda Béjar

Diseño de portada: Planeta Arte & Diseño / Marilia Castillejos
Ilustración de portada: Maricarmen Zapatero C.
Fotografía de la autora: © Amit Lennon
Diseño de interiores: Alejandra Romero

Bajo el sello editorial PLANETA M.R.
Avenida Presidente Masarik núm. 111,
Piso 2, Polanco V Sección, Miguel Hidalgo
C.P. 11560, Ciudad de México
www.planetadelibros.com.mx

Primera edición en formato epub: enero de 2023
ISBN: 978-607-07-9603-6

Primera edición impresa en México: enero de 2023
ISBN: 978-607-07-9565-7

Impreso en los talleres de Litográfica Ingramex, S.A. de C.V.
Centeno núm. 162-1, colonia Granjas Esmeralda, Ciudad de México
Impreso y hecho en México – *Printed and made in Mexico*

A mis amigas

ÍNDICE

PRÓLOGO

Casi todos los días, cuando voy en el tren rumbo al trabajo, voy sentada junto al mismo grupo de mujeres. Rondan los 30 o 40 años, se visten con estilo y claramente confían en lo que sea que hagan. Pero eso no es lo que me fascina de ellas. Es su risa y su complicidad lo que me motiva a quitarme los audífonos y esforzarme para escuchar estas conversaciones ajenas. Las he oído hablar sobre el trabajo, ofreciéndose unas a otras consejos que a veces son brutalmente honestos. En una ocasión, cuando una mujer tenía su teléfono roto, otra se conmovió de inmediato y le ofreció uno de repuesto: «Llévatelo, no lo necesito». En ocasiones solo hablan tonterías durante media hora.

De broma, estas mujeres se llaman a sí mismas el Comité de las Mamás que se Transportan (les dije que me gustaba espiar conversaciones ajenas), porque sus hijos van a la misma escuela, pero su vínculo es mucho más profundo que solo esta coincidencia de horarios. Hay algo en husmear su amistad todas las mañanas que me pone de buenas. Y, siendo honesta, también me intriga. ¿Por qué? Porque durante años batallé para lograr conectar con otras niñas y mujeres, y sé lo difícil que es hacerlo, ya sea en la escuela, en la universidad o en la vida adulta. Nunca fui de esas personas que se integran fácilmente en una pandilla o que encuentran a su mejor amiga por siempre en cualquier parte. Tal vez tú te sientas igual que yo. Muchas lo hacemos y, sin embargo, tendemos a no ponerle palabras. En vez de eso, sobrevivimos experiencias complicadas de amistad o miramos hacia atrás a cuando éramos más jóvenes, cuando sufríamos mucho para hacer amistades, y nos encogemos de hombros pensando «Uf, esa etapa fue complicada». Podemos pasar años llenos de dudas silenciosas que nos consumen, o lamiendo nuestras heridas. Pero ¿esto tiene que ser así? ¿Realmente estamos destinadas a pasar nuestra vida sin prestarle tanta atención a nuestras amistades como lo hacemos con nuestras relaciones amorosas? ¿O podríamos tener una conversación distinta?

Me tomó hasta los 30 años sentirme segura con mis amistades, con las femeninas específicamente. Estoy convencida de que si hubiera tenido un libro como este cuando era más joven, me hubiera sido más fácil lograr que se acomodaran las cosas en su lugar antes. Habría sido más feliz, más confiada y más capaz de lidiar con cualquier problema en el camino. Y sí, necesitamos ayuda. De acuerdo con el centro de investigación Onward,[1] en julio de 2021 la quinta parte de los adultos menores de 35 años afirmó tener solamente un amigo cercano o ni siquiera uno. Un resultado tres veces más alto que hace una década. Estamos envueltos en una «epidemia de soledad», como ellos la llaman.

De acuerdo con la Oficina Nacional de Estadística, 4.2 millones de adultos británicos describen que están «siempre o a menudo solos», en comparación con 2.6 millones antes de la pandemia. En general, e incluyendo a aquellos que dicen estar «a veces solos», uno de cada cuatro adultos en el Reino Unido dice experimentar cierto tipo de soledad, y las mujeres más que los hombres. La Campaña para Acabar con la Soledad (Campaign to End Loneliness) lo lleva aún más lejos, y calcula que casi la mitad (45%) de los adultos en Inglaterra se sienten «ocasionalmente o a menudo solos». Mientras que el aislamiento social es algo que puede impactar de un modo desproporcionado a la población desempleada, pobre y migrante, ninguno de nosotros es inmune a este problema: puede atacar a cualquier persona de cualquier edad. De hecho, un informe de 2020 de la Sociedad de Niños[2] encontró que los jóvenes británicos de entre 10 y 15 años son lo más infelices que habían sido durante décadas, y se culpa específicamente a la falta de amistades sólidas. El hecho de que la serie *Friends* sea una de las más vistas por la Generación Z —que ni siquiera había nacido cuando comenzó la transmisión en 1994— no es un dato interesante, sino triste. Una nueva generación, más solitaria que nunca, está en la búsqueda de representaciones de amistad aspiracionales para sentirse bien, pues no logra hacer ni mantener las propias.

Cuando se trata de amistades femeninas —que, como aprenderemos aquí, son naturalmente más intensas e íntimas— ese proceso puede ser aún más problemático. Por supuesto, cierta cantidad de prueba y error en las amistades es parte de crecer, pero estoy convencida de que no debería ser tan difícil. Por eso es más importante que nunca que comencemos a ser honestas sobre lo que está sucediendo a puerta cerrada. Es momento de hacer un balance. Descubrir quiénes son en realidad nuestras amigas. Hay cosas que podemos hacer ahora mismo para cambiar la forma en que las vemos, las definimos y los celebramos.

Creo que estamos viviendo la edad dorada de la amistad femenina... y esto solo se pondrá mejor. Estamos entrando a un futuro en el que las mujeres en nuestras vidas son tan importantes, sino es que más, que cualquier otra persona. Los marcadores convencionales de la feminidad que nos han seguido durante siglos están cambiando, y con esto vendrá una reformulación de nuestras relaciones más significativas. Esto quiere decir que, para muchas de nosotras, nuestras amistades femeninas están cobrando un nivel mucho más alto de visibilidad e importancia.

De hecho, ya está sucediendo: nos estamos casando y teniendo hijos más tarde que nunca, si es que lo hacemos. Los roles que se esperaba que desempeñáramos como mujeres —pensar en nosotras mismas, ante todo, como intereses amorosos románticos definidos por la mirada masculina— comienzan poco a poco a ser cuestionados. ¿Es eso lo que queremos? ¿Qué otras formas pueden tomar nuestras vidas? Algunas amigas están teniendo hijos por su cuenta, seguras de que tienen una red de apoyo alrededor de ellas que las ayudará a salir adelante. Otras están felices de decir que no quieren una familia, lo cual apenas hace unos años se sentían incapaces de hacer, cuando era tan fuerte la sensación de que era «poco femenino» no parir un hijo.

«El lazo de la amistad es increíblemente poderoso, y para las mujeres se volverá todavía más y más importante conforme avance este siglo», afirma la doctora y antropóloga evolutiva Anna Machin, de la Universidad de Oxford. «De hecho, tenemos que reafirmar la amistad porque para un número cada vez mayor de mujeres esta va a ser su "relación crítica de supervivencia". El lazo que les dará estabilidad, apego seguro e influirá en sus decisiones de vida y en su salud. Si no quieres estar en una relación, si no quieres hijos, entonces serán tus amigas las que te sacarán adelante. La amistad se está volviendo más importante para las mujeres de lo que ha sido en el pasado, y tenemos que reconocer eso».

¿No es emocionante? La idea de que ya no tenemos que depender de encontrar una pareja romántica para que se haga realidad nuestro felices-por-siempre; que es un extra si sucede (la cereza de un enorme pastel hecho completamente de amistades femeninas), pero que no es el todo. Me encanta la idea de que el amor en la amistad femenina esté ocupando el mismo espacio que el amor romántico en nuestras vidas. Ya era momento... y tengo el presentimiento de que, si hablamos de esto lo mismo que hablamos de nuestras relaciones, podría ser incluso más grande y mejor.

Por eso me gustaría que todos comenzáramos a conversar sobre la verdadera amistad femenina. Porque si yo —criada en una casa llena de mujeres, producto de dos escuelas femeniles y editora de un periódico nacional— encontré difícil confiar y abrirme, e incluso llegué a convencerme a mí misma de que las amistades femeninas «no eran para mí», entonces tal vez tú tampoco lo tengas muy bien trabajado que digamos. Me tomó mucho tiempo darme cuenta de que las personas que pueden parecer «buenas» para ti en papel no siempre lo son. Que los humanos son increíblemente impredecibles y que, a veces, las mejores amistades son las que menos te esperabas.

Sin embargo, ese no es el relato que nos venden. Desde el momento en el que comenzamos la escuela nos imponen el concepto de «amigas para siempre». La idea de que deberíamos tener un alma gemela femenina a quien contarle todos nuestros secretos y que siempre cuidará nuestra espalda. Pero para la mayoría de nosotras esto es inalcanzable, por lo que pasamos años luchando por una visión de la amistad femenina que no es realista, en lugar de buscar lo que más nos conviene o apreciar lo que ya tenemos enfrente.

¿Sabes qué? Estoy harta de fingir que la amistad femenina «perfecta» existe.

Es una mentira que toda mujer debe tener su amiga inseparable. No todo el mundo come el *brunch* con su grupito de amigas al estilo de *Sex and the City*. Tampoco se la pasa fumando cigarrillos como Bridget Jones y sus amigas, ni cantando a todo pulmón al ritmo de la radio como las chicas de *Laberinto de pasiones.* Mucho menos teniendo una pijamada con su grupito de amigas, como en la película *Viaje de chicas,* ni diseccionando las vidas amorosas mutuas en un departamento desvalijado como en la serie *Girls.* No es que haya algo malo con estos modelos de amistad femenina, y hasta pueden parecer verdaderos para ti. Pero en mi experiencia, son tan idealistas como las expectativas de amor romántico de las que pretenden liberarnos. E incluso si te sientes identificada con estos modelos, apuesto a que también has tenido momentos en casa en los que te sientes sola y sin nadie a quién llamar. También es una mentira que si no somos las mejores amigas, nos odiamos a morir; que las mujeres somos «complicadas», «que reaccionamos exageradamente» y que siempre queremos «ser las protagonistas»... Podría seguir y seguir, pero seguramente ya has escuchado estos estereotipos antes.

Las historias sobre la amistad femenina comienzan a sobresalir ante las del amor romántico, pero vienen con todo y sus propios clichés y mitos. Estos tropos sobre la amistad femenina son solo otra versión del complejo Madonna/virgen-prostituta, identificado por el psicoanalista Sigmund Freud a principios del siglo XX, según el cual las mujeres son o castas y puras o prostitutas.

Estos mitos vienen de la misma tradición que históricamente trató de frenar a las mujeres y mantenernos en nuestro lugar. De ponernos en cajas bien etiquetadas para que fuera más fácil para los hombres identificar qué «tipo» de mujeres éramos. Es por esto que la amistad entre mujeres ni siquiera se consideraba como un concepto socialmente aceptado sino hasta hace alrededor de doscientos años. Tal vez las mujeres hemos estado creando amistades desde que caminamos sobre la Tierra, pero nuestros lazos no se consideran legítimos sino hasta bien entrado el siglo XVII. ¡Qué cosas!

«Durante mucho tiempo se supuso que la amistad solo existía entre hombres», explica la profesora Barbara Caine, historiadora de la Universidad de Sídney y editora del libro *Amistad: una historia.* «Necesitas independencia para crear una amistad, y las mujeres carecían de esta capacidad y de este poder en ese sentido. En parte, se creía que las mujeres no eran lo suficientemente intelectuales, que carecían de la racionalidad que requiere una amistad, así como de la independencia».

Esto solo cambió cuando el romanticismo puso de moda tener sentimientos profundos, especialmente con la escritura de cartas, una habilidad en la que se creía que las mujeres eran mejores que los hombres. Luego, en el siglo XIX, las mujeres comenzaron a tener amistades fuera del hogar, a hacer actividades juntas y a ganar un sentido de pertenencia. ¡Imagínate! Se unieron a movimientos de reforma, a partidos políticos y se involucraron en el sufragio. Así que mientras seguíamos estando legalmente en deuda con los hombres, nuestras relaciones independientes comenzaron a florecer.

Barbara Caine ve a Jane Austen como un importante punto de partida en la normalización de la amistad femenina, pues puso este concepto en el centro de las novelas populares de la época. El ejemplo que ella da es de *Orgullo y prejuicio,* cuando Charlotte, amiga de Elizabeth Bennet, se casa con el terrible señor Collins, un hombre que Lizzie detesta, pero su amistad sobrevive a pesar de esto. «Comenzamos a ver que las amistades femeninas comenzaron a surgir dentro de los límites familiares, pero se les empieza a otorgar cierta importancia y peso», dice Barbara.

Las increíbles amistades femeninas que he descubierto a lo largo de mi investigación para este libro hacen parecer imposible que alguna vez se haya puesto en duda la fuerza y la capacidad que tienen las mujeres para vincularse entre ellas. Una de las historias que más resuenan en mí es la de las sobrevivientes del Holocausto, quienes tenían su propia palabra para la amistad femenina: *Lagerschwestern*, que significa «hermanas de campamento», y que se utilizaba para describir a los grupos de mujeres que no tenían ningún parentesco pero que buscaban ayudarse entre sí para sacarle el mejor partido a su terrible situación.

Se enseñaban recetas, compartían entre ellas sus peines para piojos y su colorante para las mejillas, que escondían cuidadosamente de los guardias antes del proceso de «selección». Se trataba de una cuestión de vida o muerte, pues mientras más saludables se veían, más posibilidades tenían de ser enviadas a los trabajos forzados en vez de a las cámaras de gas. Es increíble, pero también hubo una hermandad en torno a la menstruación: hay historias de mujeres mayores que se hicieron amigas de jovencitas confundidas, quienes comenzaron con sus periodos y no tenían a sus madres para orientarlas. Una anécdota sorprendente cuenta que una mujer le prestó a otra su ropa interior ensangrentada (muchas de ellas dejaron de menstruar debido a la desnutrición y el estrés) para ayudarla a evitar que fuera violada por los repugnantes guardias alemanes. ¡Y funcionó!

Cuando nuestro pasado y presente están llenos de historias tan increíbles y llenas de matices sobre la amistad femenina, ¿no es una locura que sigamos atrapadas en esos estereotipos? Que pensemos que es imposible tener más de una «mejor amiga», que no podemos hacer nuevas hermandades en la vida adulta, que una vez que se abre un abismo es demasiado tarde para cerrarlo.

Los mitos que perpetuamos alrededor de la amistad femenina son venenosos, tanto para las mujeres como para los hombres. Nos retienen, nos enfrentan y nos hacen rendirnos con demasiada facilidad. Estos mitos me han perseguido durante toda mi vida, haciéndome sentir inadecuada, insegura, como si no supiera dónde estoy parada. Apuesto a que tú también has vivido algo de esto y asientes con la cabeza mientras lo menciono.

Porque eso es lo que sucede con la amistad: en algún nivel, todo el mundo es un experto. Con eso quiero decir que todas tenemos nuestras propias historias por contar: nuestros propios corazones rotos, dramas, amores y los altibajos naturales de esta montaña rusa que es la amistad. Y ya sea que tengamos una amiga cercana, un grupo disperso creado en distintas etapas de nuestras vidas o un círculo de amistades superficiales, todas estamos navegando por esta área gris todos los días. Tenemos que comenzar a hablar sobre la amistad femenina de esta manera: dándole voz a esas cosas casi invisibles que la convierten en la bestia tan compleja que es, que va mucho más allá de lo que sugieren esas etiquetas pegadizas. Por supuesto, deberíamos celebrar las cosas buenas y quejarnos de las no tan buenas. Pero esos pequeños momentos (el mensajito que da ánimo, el apretón de manos, el acto de amabilidad, la disculpa inesperada) son el oxígeno de toda amistad femenina y merecen ser expuestos. En este momento por lo general somos bastante malas para hacerlo, y yo no soy la excepción. Es solo a través de mi trabajo, algo de introspección y muchas experiencias personales dolorosas que he comenzado a comprender el verdadero poder de la amistad femenina y cómo hablar de ella con más sinceridad.

Me tomó más de tres décadas darme cuenta de quiénes son en realidad mis amigas, y lo más importante, de qué se necesita para que yo sea una buena amiga. Durante este tiempo, mi fe por las mujeres estaba hecha añicos, y tuve que reconstruirla lentamente, en parte mientras pasaba mis días reporteando sobre mujeres inspiradoras que hacían cosas admirables con la ayuda de esa cosa que suena tan mística y a la que se refieren como «red de apoyo». Pero, a pesar de que al exterior formaba parte de esta hermandad, por dentro me sentía como una total impostora que no sabía cómo confiar en las mujeres, y mucho menos cómo amarlas.

Porque las amistades femeninas son, en esencia, historias de amor. De hecho, para muchas mujeres, son los grandes romances de sus vidas. Piénsalo, ¿realmente cuáles son las diferencias entre nuestras amigas más cercanas y nuestros amantes? Todo está ahí: lealtad, desinterés, amabilidad, generosidad, compañerismo. Las risas y las lágrimas. La visión compartida del mundo. En otras palabras, todas las cosas que buscas en una relación y que finalmente son más importantes que dormir en la misma cama. ¿Y si una amistad termina? El dolor es igual que en cualquier otra ruptura amorosa y hasta deja heridas más profundas.

Es por eso que en estas páginas quiero revivir algunas de mis propias historias... y las de otras mujeres. Todo con el fin de descubrir los distintos rostros de la amistad femenina, y también para que podamos comprender mejor nuestras relaciones. He entrevistado a mujeres (y alguno que otro hombre) de entre 9 y 92 años, y he tenido conversaciones con muchas, muchas más.

He elegido los mejores cerebros de psicólogas, antropólogas, lingüistas y maestras de vida para juntas identificar las tendencias en la amistad femenina, por más impredecibles que estas puedan ser. Sobre todo, me siento muy honrada y enormemente agradecida con todas las personas que compartieron conmigo sus momentos más íntimos y dolorosos sobre la amistad.

A muchas de las mujeres con las que hablé les resultó difícil poner al descubierto a sus amistades femeninas, ya sea a la hora que contestaron mi correo electrónico de investigación —con preguntas y respuestas—, o durante las entrevistas formales, en las que se vieron obligadas a examinar ciertos aspectos a detalle. En muchos de los casos fue la primera vez en su vida que lo hicieron. Pero, una vez que comenzaban a hablar y abrirse, muchas dijeron sentir alivio. Incluso las expertas que entrevisté, cuando terminábamos de conversar sobre psicología o ciencia, no podían esperar para contarme sobre sus propias amistades. Esto es algo central en nuestras vidas: ya sea que lo tengamos, lo queramos o lo estemos buscando, y la historia de cada persona conduce a otra y a otra más. Hablar sobre ello es liberador. Incluso si en este momento sientes que no tienes suficientes amigos, si quieres profundizar tu amistad con alguien en particular o si te sientes bien con lo que tienes, en el fondo de tu mente queda la duda de qué hubiera pasado con esa vieja conocida de la escuela... Existen muchas mujeres que están pasando por lo mismo que tú, o que lo han hecho y lo han superado, logrando entender más sobre sí mismas y sus amistades.

A través de sus palabras y las mías quiero ofrecer esperanza, pues incluso si no tienes el grupo de amigas «perfecto», o una mejor amiga —o si todo esto en ocasiones te parece imposible—, nuestras amistades pueden ser divertidas, alegres y correspondidas. Todas esas luchas que has atravesado en el camino valdrán la pena. Puede ser que no reconozcas todas las historias de tu propia vida y que los protagonistas ya sean muy diferentes de como eran antes, pero estoy segura de que muchos de los escenarios y las emociones relacionadas con ellos te resultarán demasiado familiares. Espero lograr ayudarte a que veas a tus amigas bajo una nueva luz, y que esto sea para bien. Que sientas una nueva sensación de seguridad y orgullo por las mujeres que conoces. Este proceso a veces puede ser desafiante y requiere de mucha honestidad, tanto tuya como de tus amigas. Al menos así lo fue conmigo.

Antes de continuar, tal vez debería explicar por qué no escribo sobre la amistad entre los hombres y las mujeres. Con seguridad te has cuestionado en algún momento sobre este tema: las diferentes formas en las que los hombres y las mujeres interactúan. Tal vez te resulte más fácil hacer amistades con hombres, como a mí me sucedía en el pasado. Durante mucho tiempo yo me creía «una más del Club de Toby», y no fue sino hasta mi boda, hace tres años, cuando me di cuenta de lo contrario. Creo absolutamente que los hombres y las mujeres pueden tener amistades maravillosas —de hecho, es probable que mis amigos varones se molestarán porque no aparecen en estas páginas, y sé que para muchas mujeres sus amigos homosexuales son parte crucial de su círculo—; sin embargo, hay algo en la amistad femenina que satisface nuestras necesidades emocionales de una manera que no es frecuente que suceda con las amistades con hombres. Son todas esas cosas tácitas sobre ser mujer; las cosas que no tienes que explicarle a una amiga (o explicar de modo condescendiente), y que puede ayudar a avanzar con rapidez en la creación de un vínculo. Hay un gran hoyo negro en nuestra vida respecto a la amistad femenina, el cual me gustaría cerrar.

Hago aquí una aclaración: no todas mis amistades femeninas son fáciles, incluso ahora. Son —y serán siempre— un trabajo continuo definido por las intimidades compartidas, el esfuerzo común y, en general, el tratar de no ser una persona imbécil. Sería una mentira de mi parte decirte que tengo todas las respuestas.

De igual manera, ninguna de nuestras amistades femeninas se beneficia de todas esas ideas que nos venden en la cultura popular. Además de las mejores amigas para siempre y los grupitos de «chicas malas» —esos en los que primero se pelean y luego se reconcilian, o en los que comienzan como enemigas para terminar como amigas, o esos en los que se forma un escuadrón inquebrantable—, está surgiendo una nueva generación de amistad femenina: un tipo de amistad «real y sin adornos». Creo que este tipo de amistad todavía no es tan identificable. Películas como *Amistades salvajes, Lady Bird, Viaje de chicas, La noche de las nerds* fueron aclamadas como un parteaguas en los últimos años. Como muchas de ustedes, sentí cierto alivio al ser testigo de una representación que finalmente se acerca un poco más al verdadero amor (y a sus momentos de odio) que puede existir entre las amistades femeninas. Pero también me preocupa que toda la atención se siga centrando en la idea de tener una mejor amiga por siempre. ¿Qué esa escena en la que las dos protagonistas de *Amistades salvajes* hacen pipí la una frente a la otra y una mira dentro del recipiente y dice: «Tienes que tomar más agua» es simplemente otro ideal inalcanzable sobre la amistad femenina: que sea cruda, divertida y honesta?

Sé que nuestras experiencias cotidianas de amistad femenina podrían no ser el mejor material para películas. No estoy segura de que un filme sobre dos mujeres muy cansadas tratando de ponerse de acuerdo para ir a desayunar a través de una serie de mensajes de WhatsApp cada vez más escuetos vaya a romper récords en taquilla. Pero ¿no estás un poco harta de ver y leer una y otra vez los mismos viejos clichés sobre la amistad femenina?

Ha estado sucediendo por demasiado tiempo. En su libro *Testamento de amistad*, de 1940, Vera Brittain escribió: «Desde los días de Homero, las amistades entre los hombres han gozado de gloria y aclamación, mientras que las amistades entre las mujeres, por lo general, no solo no han sido reconocidas, sino que se han burlado de ellas, han sido menospreciadas e interpretadas falsamente». Yo agregaría a esto que se han dado por sentado.

Porque en la vida real, en nuestra clasificación de relaciones, las familias, las parejas y los niños suelen ser la prioridad. Cuando la vida se vuelve demasiado ajetreada, lo primero que dejamos de lado son las amistades. Es fácil descuidarlas. Ni de broma dejarías pasar meses sin dedicarle tiempo y esfuerzo a tu interés amoroso; sin embargo, sin ningún remordimiento podrías hacerlo con tus amigas platónicas.

Es más fácil evitar a tus amistades cuando las cosas se ponen estresantes. De hecho, mientras escribía este libro, mi amiga Alexa me dijo que si nos podíamos ver para tomar un café y ponernos al día, y mi primer instinto fue decirle que no. Que estaba demasiado ocupada, que me disculpara. ¿Qué estaba pensando? ¿Estoy escribiendo un libro sobre la amistad femenina y no tengo ni veinte minutos para ella? Esos pequeños momentos de ponerse al corriente son igual de importantes para reforzar el vínculo que cualquier viaje en carretera o incluso que orinar juntas. Entonces, ¿por qué esas amistades son siempre las primeras que se van?

Las amistades tampoco tienen prioridad alguna cuando se trata de investigación académica. Los pocos estudios que se han realizado tienden a centrarse en las estadísticas: cuántas amigas tenemos en la escuela y en la universidad, y cómo ese número fluctúa a lo largo de nuestra vida. Pero ¿y el aspecto emocional? ¿La importancia del apoyo de las amigas? ¿Y el valor que depositamos en ellas? ¿Y el amor que les tenemos? Es mucho más probable que te encuentres con uno de los muchos estudios sobre las relaciones románticas entre hombres y mujeres, de esos que se cuestionan «¿Qué es lo que hace que las mujeres sean más atractivas para los hombres» (con respuestas como: usar tacones altos[3] y maquillaje,[4] naturalmente).

Y sin embargo, la poca investigación que se ha hecho demuestra que la amistad está en el centro de lo que nos mantiene saludables. Como pronto descubriremos, incluso las amigas pueden ayudarnos a vivir por más tiempo. Eso es algo que debería alegrarnos mucho. Porque, al final de cuentas, la amabilidad y la conexión entre mujeres alimentan la felicidad, gran parte de ella. Esta, definitivamente, no se trata de una historia sobre mujeres que se portan de manera horrible entre sí.

La amistad femenina puede ayudarte a ponerle perspectiva al mundo y a convertirte en la persona que eres. Este tipo de compañerismo vibra en un nivel diferente, te inspira y te muestra las posibilidades de lo que puedes ser. De hecho, se parece mucho a nuestras relaciones románticas. Así como sabemos manejar nuestras relaciones románticas, también existen cosas que podemos aprender para profundizar nuestras amistades femeninas.

Ahora, viendo en retrospectiva mis propias relaciones, me pregunto por qué nadie me advirtió lo empedrado que podría ser el camino. Nadie me habló sobre las amistades que saldrían mal ni sobre las mujeres que dejaría de lado por perseguir el mito de «las amigas para siempre». Probablemente tú también tengas tus propios arrepentimientos o cosas que te hubiera gustado saber antes de que fuera demasiado tarde. Por eso es importante destacar las complejidades y realidades de la amistad femenina: qué sucede cuando maduras antes que una amiga, cómo hacer y mantener nuevas amistades en la vida adulta, cuándo es momento de dejar de lado una amistad tóxica, por qué duele tanto cuando alguien te abandona, el poder de las amistades poco probables, las risas...

Espero poner todos estos temas en el mapa y presentarte una visión panorámica, realista y también positiva. Porque la amistad femenina es una historia positiva. ¡Pero vaya que a veces no es tan fácil llegar ahí!

¿MEJORES AMIGAS PARA SIEMPRE?

Mito: Toda chica o mujer necesita un alma gemela femenina platónica

—Creo que ya no deberíamos ser amigas —me dice una voz que suena como la de Ana en el teléfono.

—¿Qué? —respondo.

—No. Quiero. Ser tu amiga —repite ella, separando las palabras de esa forma tan característica en la que hablan las adolescentes, un tono que usualmente utilizan con sus padres, no con sus amigas más cercanas. Con sus almas gemelas. Con sus mejores amigas para siempre.

Comienzo a llorar sin parar.

Tengo 16 años, acabo de regresar de pasar el verano en California y estoy desesperada por contarle todos los detalles a mi mejor amiga. Pero antes de que llegue a la parte del juego de Jurassic Park en Universal Studios, ella ya me rompió el corazón.

Ana y yo hemos sido mejores amigas durante tres años. Nos conocimos cuando me cambié de escuela a los 12 años. Una edad incómoda en la que todos ya habían formado sus amistades. No ayudó mucho el que de inmediato me apodaran Posh, justo dos meses después de que las Spice Girls lanzaran *Wannabe*. Todo esto gracias a mi corte de pelo lacio estilo bob con raya en medio y mi acento salido de Wimbledon.

De inmediato comencé a pegarme a Ana. Ella tenía el cabello largo y ondulado y las uñas siempre limpias, con la cutícula muy blanca. Sus oídos estaban perforados y usaba unos aretes de diamantes verdaderos. Era grosera con los maestros, pero siempre sacaba dieces. Ella era todo lo que yo siempre había querido ser. Me tomó algo de tiempo, pero lo que finalmente encontramos en común fue nuestro amor compartido por la banda Hanson (te dije que me gustaba el pelo largo). Pasábamos horas derretidas de amor por ellos. Memorizábamos sus letras y las escribíamos en nuestros cuadernos de la escuela y en nuestros brazos con plumas tipo Bic. Cuando Ana tuvo internet en casa —la primera persona de nuestra clase en abrir este futurista y resonante portal hacia el resto del mundo—, merodeábamos en las salas de chat en búsqueda de más información sobre nuestros objetos del deseo. Cuando compramos boletos para verlos en Wembley, dedicamos días enteros a redactar cuidadosamente una carta de amor. Está escrita con pluma fuente y en papel A4 rayado, como debería estarlo cualquier carta de amor respetable, y con la letra de Ana, que parecía más adulta que la mía. Dibujamos un marco de corazones rosas alrededor de ella.

No guardamos una copia, pero imagino que decía algo así:

Queridos Isaac, Taylor y Zac:

Somos dos chicas de 13 años que vivimos en Londres [*traducción: tenemos la misma edad que ustedes, por lo tanto, está bien si nos besuqueamos o incluso si llegamos a segunda base, dependiendo de cómo vean ustedes las bases, pues pueden ser diferentes en América*], ¡y somos sus mayores fans del mundo!

Creemos que es genial que escriban todas sus canciones y tenemos todos sus discos, incluyendo el de Navidad [*con el que torturábamos a nuestras familias cada diciembre hasta que les sangraban las orejas*].

Les compramos un inflable de frijoles dulces Jelly Belly porque leímos que eran su comida favorita. ¿Qué sabores les gustan más? A nosotras nos encanta el de palomitas y el de sandía [*en realidad odiábamos todos en secreto, pero todavía no se inventaban las gomitas Haribo*].

¿Alguna vez invitan a sus fans detrás del escenario? ¡Nos encantaría conocerlos! [*Por favor, quédense con nuestra virginidad*].

Con mucho amor,

Ana y Claire xxx [*En orden alfabético,*
para que fuera más justo].

¿Cuántas superestrellas galardonadas de MTV podrían resistirse ante esto?

La gran noche del concierto atamos la carta al enorme inflable de frijoles dulces, en el que habíamos gastado todos nuestros ahorros, antes de lanzarla hacia el escenario. Aterrizó en el espacio vacío entre los vigilantes y la banda, pero no nos importó. Pasamos el resto del concierto codo a codo, brincando arriba y abajo, mientras el papá de Ana nos esperaba afuera para llevarnos a casa. Nunca había sido tan feliz y pensaba que Ana sentía lo mismo. Hasta que decidió acabar su amistad conmigo: un evento que me hizo tambalear y que rompió mi corazón adolescente en mil pedazos.

Si alguna vez te sucedió algo similar, seguro sabes de lo que hablo: la sensación de que tu pequeño mundo, que gira en torno a la escuela, simplemente colapsó. El miedo a tener que ir a clases al día siguiente sin la seguridad que te da tu mejor amiga a tu lado. La preocupación de que todos te estarán viendo y pensarán: «Ay, de seguro es pésima amiga. ¿Qué habrá hecho mal? Por supuesto que es su culpa que le hayan dejado de hablar».

Sin embargo, durante muchos años no lo vi de esa manera. No solemos usar de manera natural ese lenguaje cuando se acaba una amistad: «separación», «rompimiento», «ruptura». Pero deberíamos, porque los rompimientos que más me han partido el corazón a lo largo de la vida son, sin duda, con mis mejores amigas. Me sucedió durante la escuela y la universidad, una época en la que tener mejores amigas es tan vital en la pirámide de necesidades de Maslow como el aire, el agua o el alimento. Pero las fracturas en la amistad también pueden suceder en la adultez, y ocasionan tanta agonía como una separación amorosa, o incluso más.

Yo culpo de esto al mito de «las mejores amigas para siempre». Es algo con lo que nos alimentan desde pequeñas; desde el momento en el que comenzamos la escuela y nuestros padres nos preguntan: «¿Quién es tu mejor amiga?». Está en los libros que leemos y en la televisión que vemos: que deberías tener una persona especial a la que estés unida como chicle y de la que nunca te separarás. Incluso está en las canciones infantiles: «Las amigas se quieren mucho, mucho, mucho...».

Aquí es cuando comienza a formarse este «código entre chicas»: los cómo no y los cómo sí no escritos por los cuales debe operar toda la amistad femenina: «Tú cubres mi espalda y yo cubro la tuya». Lo peor es que esto no se acaba repentinamente cuando salimos de la escuela. He escuchado a mujeres adultas acusadas de «romper el código entre chicas» por cuestiones como que alguna comenzó a salir con el exnovio de una vieja conocida, o que otra no se puso del lado de su amiga en una discusión. Este cuento nos impide tener la libertad para encontrar amistades verdaderas y significativas, que no exijan lealtad basadas únicamente en el género.

Puede sonar solidario y enriquecedor, pero en realidad es demasiado protector cuando piensas en ello. ¿Cuántas de nosotras hemos ignorado algunas banderas rojas en ciertas amistades por esa devoción tan incondicional? Desde una edad temprana, el mito de «las mejores amigas para siempre» nos alienta a no cuestionar por qué somos amigas de alguien y cómo se puede mantener y mejorar esa amistad. Por el contrario, nos dice que somos amigas «porque eso es lo que hacen las chicas». Tener una mejor amiga de este tipo puede llegar a ser alentador y hacernos sentir como que pertenecemos, pero también puede traer consigo mucha presión sobre cómo te desenvuelves y un gran miedo a equivocarte. Puede hacerte sentir insegura: ¿Será mi mejor amiga por siempre? ¿Y qué va a pasar si otra chica le cae mejor que yo? ¿Se quiere robar a mi mejor amiga? ¿Cómo puedo ganarle?

Este mito es bastante específico para las niñas y las mujeres. «El término "mejor amigo" no es algo que se escuche decir a los hombres muy seguido», dice la doctora Anna Machin, antropóloga evolutiva. Como parte de su investigación inicial sobre la amistad, realizó un cuestionario en el que 85% de las mujeres que respondieron dijeron tener una mejor amiga. Un número que me parece extraordinariamente alto, pero Anna sugiere que esto podría estar relacionado tanto con el mito de «las mejores amigas para siempre» como con nuestra biología.

«Es un número muy alto y podría haber cierta presión para decir: "Por supuesto que tengo una mejor amiga, no soy una persona triste y solitaria"», explica. Pero agrega que las mujeres dan importancia a las amistades cercanas de una manera que los hombres simplemente no lo hacen. «Lo que las mujeres tienden a necesitar de sus amistades es verdadera intimidad emocional», afirma. «Están obteniendo algo que es por completo vital para ser mujer. Los hombres no buscan intimidad afectiva con sus amigos y por eso no necesitan esa relación diádica tan estrecha. Tienden a atraer grupos más grandes».

Como mujeres, nos presionamos mucho para encontrar la pareja perfecta, el trabajo perfecto, la casa perfecta, la familia perfecta, y se espera que hagamos malabares para lograr todo esto de manera impecable. Yo le agregaría a esta lista la presión para encontrar la amistad perfecta; ese tipo de alma gemela femenina con la que podrías tener una conversación completa con solo levantar una ceja... y que conoce todos tus secretos. Es una idea embriagante, pero ¿existe de verdad? Por lo general, estas relaciones son todo menos perfectas. Este mito es tan venenoso como la noción de un príncipe (o princesa) encantado montado sobre un corcel blanco. Entonces, ¿por qué diablos les hacemos creer a las niñas que sus mejores amigas para siempre aparecerán en un pequeño pony y, mágicamente, su vida estará completa? Es una invención en la que no todas las niñas ni mujeres creen, por supuesto, pero muchas de ellas sí. Incluso es posible que ni siquiera te des cuenta de que lo has hecho.

«En la infancia, cuando recién descubres que una persona fuera de tu familia puede ser muy importante para ti, existe el mito de que un amigo debe ser "alguien igualito a ti"», afirma la psicóloga y profesora de la Universidad de Cambridge, Terri Apter. «Es un mito que algunas mujeres compran... "Ella es mi hermana, es mi alma gemela". Luego sucede que las niñas se desarrollan y cambian, y se enfrentan a un dilema: "¿Eso significa que ya no es mi mejor amiga? ¿Debería cambiar mi forma de ser? ¿Qué debo hacer?"».

Esa idea de que las cosas cambian en la amistad es algo que nos preocupa a todas. Cuando eres joven y fiel a la idea de «las mejores amigas para siempre», puede resultar abrumador el miedo cuando tus amigas comienzan a moverse hacia otra dirección, pues es algo que está íntimamente ligado a tu incipiente sentido de identidad. ¿Debes prepararte para la posibilidad de perder a tu «alma gemela»? ¿O debes cambiar para que las cosas se mantengan igual? ¿Eso significa que ya no son mejores amigas?

Simplemente puede ser difícil encontrar el espacio para cambiar cuando las fuerzas externas sugieren que «hartarse» de una relación o tomar distancia de ella es de alguna manera haber fracasado en ser una buena mejor amiga. Y esto no necesariamente se vuelve más fácil de negociar cuando somos más grandes: no solo darles espacio a nuestras amigas para encontrar nuevos caminos, sino también rechazar el impulso a mantener nuestras viejas amistades en una caja de cristal, esperando que se mantengan igualitas a como eran cuando las conocimos. Pongamos por ejemplo que tú y una amiga se encuentran en la misma situación. Están solteras y con los altibajos naturales y dudas sobre el futuro que esto conlleva. Luego, tu amiga conoce a alguien y tú te quedas pensando dónde se encuentra su amistad en la lista de prioridades... y si todavía tienen algo en común. Esto puede llevar, como dice Terri Apter, a la sensación de que «Te ha traicionado, porque ella fue la que cambió».

De todas las mujeres que entrevisté, Lauren es la que probablemente conoce más sobre los cambios en la amistad y cómo pueden funcionar para bien. Ella comenzó su transición cuando vivía con su amiga (cisgénero) «M», y me contó cómo esto ayudó a profundizar su vínculo.

«Fuimos compañeras de casa durante el tiempo en el que comencé a cuestionar mi género», me dijo. «Regularmente sales del clóset antes con tus compañeros de casa que con tus amigos y familiares, porque comienzas a experimentar con tu vestimenta, y ni modo de quedarte encerrado en tu habitación. M y yo recordamos con nitidez una noche que pasamos juntas acostadas en el jardín, mirando las estrellas, y conversando sobre el género y la aterradora y confusa sensación de vértigo que había sentido a lo largo de mi vida por este tema.

»Después nos mudamos y seguimos en contacto. En ese momento mi identidad vagaba entre "no sé qué soy" a "sé que no soy un hombre" y "sé que tampoco soy una mujer" y descubrí, tal vez gracias a la nueva psicología, a los cambios hormonales o al nuevo código social, que esta vulnerabilidad se sentía cada vez más natural. Me resultó más fácil y menos aterrador decirle a la gente que estuviera fuera de mis intereses románticos: "Te quiero. Te extraño. Me siento muy afortunada de conocerte". Antes me resultaba muy difícil expresar todo esto, incluso a sabiendas de que lo sentía. No quiero generalizar, pero siempre tuve la sensación de que los hombres no deben decirse estas cosas entre sí.

»A medida que me volví más clara con mi propia identidad, todas estas preocupaciones y barreras sobre mostrar afecto y vulnerabilidad desaparecieron. Mi amistad con M fue una de las primeras que se benefició de este proceso. Descubrí que podía abrirme con ella, en un sentido platónico de la amistad femenina, sobre todas esas cosas que tenía tanto miedo de nombrar, y que ella también podía nombrarlas».

◆ ◆ ◆

Por supuesto, con todo esto no quiero decir que las mejores amigas no existan; claro que existen, pero solo para unas cuantas afortunadas. Solo es cuestión de escuchar algunas historias como la de Lauren para confirmarlo. La diseñadora de moda Justine Tabak también tiene uno de esos lazos inquebrantables, ya que conoce a su mejor amiga desde hace más de cincuenta años, desde que sus madres se conocieron en clases prenatales.

«Nos gusta insistir en que nos conocemos desde que nacimos, y la gente nunca nos cree», dice Justine. «Somos muy diferentes, pero compartimos valores muy similares, por eso creo que nuestra amistad ha durado tantos años. Siempre decimos lo que pensamos y nos damos consejos que a veces pegan duro. Nos hemos guiado mutuamente a través de cada fase de nuestras vidas: matrimonios, separaciones, hijos, dilemas laborales, duelos. Me siento muy afortunada de tener una amistad como la nuestra. Mientras más vieja me hago, más me doy cuenta de lo especial e inusual que es esto. Ella es mi "hermana" en toda la extensión de la palabra».

Ese lenguaje de ser «como hermanas» sigue siendo muy poderoso en el grupo de mujeres adultas que me cuentan que tienen una amistad de toda la vida. Una de ellas es la activista Nimco Ali, que ha sido la mejor amiga de Carrie Symonds, la esposa de Boris Johnson, desde antes de que ella estuviera en el ojo público.

«Creo que el hecho de que esta situación no haya cambiado su personalidad, ni tampoco haya cambiado nuestra amistad, es algo increíblemente importante para mí», me cuenta Nimco, de 38 años. «No pienso en ella de manera distinta a mis otras mejores amigas, aunque ella es más como una hermana para mí que cualquier otra cosa. Tal vez no siento la misma protección con mis otras amigas como la que siento con ella. Creo que decir que es amor es algo fuerte, pero siento por ella lo mismo que sentiría por una hermana».

Algunas mujeres se avergonzaron al decirme que tenían una mejor amiga por siempre. «Encuentro el término bastante cursi, como si formaras parte de algún clan rosa», me dijo una, antes de comenzar a describir a la mujer que no podría faltar en su vida. Es lo truculento de tener una mejor amiga: por un lado podemos sentir vergüenza si la tenemos, pero también vergüenza si no la tenemos. Tal vez deberíamos aceptar que estamos buscando algo que no existe como un estándar único que se adapta a cualquiera. Aceptar que recrear el tipo de amistades tan intensas que vemos en la pantalla o que leemos en los libros es prácticamente imposible.

«Cuando era niña, siempre anhelé tener una mejor amiga», me cuenta una mujer de unos 30 años. «Mucho de eso era culpa de los personajes que veía en la televisión, porque ellos siempre tenían una amistad de toda la vida». Pero la razón por la que esto funciona en la televisión es la misma por la que esto no funciona en la vida real: las personas somos mucho más complicadas. Vamos evolucionando y tenemos distintas cosas que ofrecer en diferentes momentos. Si bien creo que las mejores amigas son posibles, también pienso que no en todos los casos son para siempre. Esa es la parte poco realista.

Tal vez debamos dejar de lado el concepto de «mejores amigas para siempre» y comenzar a utilizar el de «mejores amigas por ahora». Como dice Lyz Pryor, la autora de *¿Qué hice mal?*, y experta en el tema de la amistad: «No es el mejor de los términos porque ejerce mucha presión sobre las personas que no tienen una. Y no creo que sea algo tan común como lo afirma nuestra cultura. Como solía decir mi madre, es un regalo y no todo el mundo lo recibe».

Para mí, el concepto de las mejores amigas es erróneo porque asume solo una jerarquía. De hecho, ¿en realidad qué significa «mejor»? Soy la mejor siendo yo y tú eres la mejor siendo tú, pero eso no significa que siempre vamos a sacar lo mejor de la otra. Además, poner todos los huevos en una canasta —y una tan platónica— es demasiada presión. Una imposición que la mayoría de las relaciones no soportan. Es demasiado. Ninguna persona amiga puede satisfacer todas tus necesidades de amistad, así como ninguna pareja romántica puede ser tu «todo». Es una fantasía esperar que una sola persona pueda satisfacerte emocionalmente. Ese mito nos lleva directo al fracaso y a la decepción, y así es como el «código entre chicas» puede terminar siendo bastante controlador y posesivo. Pero nadie se atreve a decirlo. Así sobrevivimos, tratando de forzar un modelo defectuoso de amistad para intentar hacerlo funcionar. No es extraño que sea tan frecuente que esto termine mal y triste.

¿No te suena también bastante familiar esto con las relaciones adultas? Los cimientos de la idea de que existe un alma gemela romántica se alimentan del concepto de las «mejores amigas para siempre». A la larga, la mayoría de nosotros nos damos cuenta de que no existe tal cosa como «el elegido» en lo que concierne al amor. Entonces, ¿por qué todavía nos sometemos a la falsa creencia de que «la elegida» existe entre las amistades femeninas?

Así como me han roto el corazón mis amigas, también lo han hecho varios hombres a lo largo de mi vida, y de distintas maneras, cada una más dolorosa que la otra. A veces pienso que mi corazón es una especie de Frankenstein, que ha sido fracturado y vuelto a unir en repetidas ocasiones, con esas horribles puntadas que se entrecruzan como si fueran unas vías del tren. Pero cuando te rompe el corazón un novio, al menos puedes distraerte encontrando uno nuevo, por muy mala que parezca esta idea. Sin embargo, las amigas no se pueden reemplazar tan fácilmente. No puedes servirte un par de tragos y salir a buscar una nueva amiga en un bar que huele a puro sudor.

O llamarle a una vieja amiga a medianoche para invitarla a venir a tu casa...

Es más, después de cada una de mis rupturas amorosas, la gente de mi vida me busca para preguntarme si estoy bien. ¿Después de mis rupturas con amigas? Nada. Eso dice todo lo que necesitas saber sobre cómo clasificamos nuestras amistades en comparación con nuestras relaciones.

Es muy fácil decir que estas son nimiedades, pero se quedan con nosotras por mucho más tiempo del que logramos admitir. Ser abandonada por una mejor amiga es una de las cosas más dolorosas que te pueden pasar cuando estás tratando de formar tus primeras relaciones significativas fuera de tu familia inmediata, usando las pocas emociones —mal desarrolladas— que tienes: amor, odio y necesidad.

Podría sonar dramático decir que la vida nunca volverá a ser la misma, pero el hecho de que me abandonara por primera vez mi mejor amiga desató una cadena de reacciones que me hizo desconfiar de la amistad femenina... y me llevó décadas recuperarme de esto.

Quinn y yo estábamos en el mismo salón en nuestra escuela para niñas y nuestros escritorios estaban juntos, lo que, cuando tienes 5 años, significa que están destinadas a convertirse en mejores amigas. Me encantaba ir a su casa. Tenía un cuarto mucho más grande que el mío, en el cual pasábamos horas inventando coreografías de baile y jugando con sus muñecas Cabbage Patch. Aún mejor: nuestras madres eran amigas, por lo que podían pasar días enteros mientras ellas hablaban de cosas de adultos. Estaba segura de que Quinn sería mi mejor amiga por siempre. Así que el día en que ella decidió machacar nuestra amistad todavía me hace un nudo en el pecho más de 25 años después.

Era 1993 y una nueva niña se incorporó a nuestra escuela. Ella tenía lo que a mí me faltaba: misterio. Sus padres estaban divorciados y no conocíamos a nadie más cuyos padres estuvieran separados. Era imposible que yo ganara.

Los papás de Quinn tendrían una de sus fiestas en casa. Si lo considero ahora, tengo que reconocer que eran muy buenos en eso. En sus reuniones siempre fluían las bebidas, los adultos bailaban canciones de David Bowie y fumaban por todas partes. Mientras tanto, nosotras nos escondíamos detrás de los sofás mirando con los ojos bien abiertos. Por supuesto, como la mejor amiga de Quinn que era, yo esperaba ser la primera en su lista de invitados. Así que siempre recordaré el momento en el que volteó hacia la chica nueva durante el recreo para decirle:

—Mis papás tendrán una fiesta en casa. ¿Quieres venir?

Y luego para rematar.

—Claire estará ahí, pero solo porque nuestras mamás son amigas.

Mis ojos se llenaron de lágrimas y mi rostro se contrajo. No entendía lo que acababa de pasar, solo que dolía como nunca antes, mucho más que cuando me astillé el trasero. Quería que Quinn volviera a ser mi mejor amiga, pero ¿cómo? Fue la primera vez en mi corta vida que sentí como que yo no era suficiente.

Esto nos ha sucedido a muchas de nosotras.

«Cuando tenía 11 años, en el internado había un grupito formado por cuatro de nosotras y una de las niñas decidió que ya no había más espacio para mí. Así que decidió poner una nota debajo de mi puerta, donde me lo dijo», me cuenta la escritora y presentadora de pódcast Pandora Sykes, de 35 años. «Es desgarrador, porque a esa edad sientes como si lo hubieras perdido todo. Esas experiencias son muy formativas y, como todo lo que sucede en tu infancia, pueden llegar a ser traumáticas».

Es extrañamente reconfortante escuchar que otras mujeres todavía llevan consigo estas huellas de dolor de la infancia, alojadas en lo profundo de sus cuerpos como si fueran fragmentos de balas. Recuerdos tan nítidos que podemos revivir cada angustioso detalle a la perfección, cuando a veces ni siquiera logramos recordar lo que desayunamos ayer.

«Cuando tenía 13 años, llegué a clase un día y mi mejor amiga se había mudado a un escritorio diferente», recuerda Jane Lunnon.

En 2020, Jaene fue nombrada la mejor directora de una escuela pública en la publicación *Tatler*. En ese momento ella estaba al frente de Wimbledon High, la escuela a la que asistí entre los 5 y los 12 años, y donde tuve algunas de mis experiencias formativas en mis relaciones con otras niñas. Ella piensa que la idea de «las mejores amigas para siempre» nos ha sido impuesta y quiere que las futuras generaciones comiencen a contarse una historia diferente. «La forma en la que son criadas las niñas fomenta la idea de que deben tener amigas íntimas», dice Jean. Ella culpa a las «imposiciones de género que suceden durante la infancia y la crianza: que las niñas juegan a las muñecas, y la idea de que la feminidad está tan estrechamente alineada con las relaciones efectivas. Que "eso es para lo que somos buenas"».

«También ha surgido un tipo de comercialización en torno a la noción de la "mejor amiga"», agrega, «concepto que ha sido exacerbado por las redes sociales. En los últimos años ha surgido una especie de culto a las mejores amigas».

«Desde los 4 años, a mis hijas se les ha vendido con insistencia esta idea de tener una mejor amiga por siempre. Un mito que me parece bastante destructivo», dice Emilie McMeekan del sitio web y pódcast *The Midult*. «Encuentras un sinfín de camisetas, pulseras y dijes... ¡todo esto es tan tóxico! Una de mis hijas sí tiene una mejor amiga, pero a la otra le ha resultado más complicado y siente como si algo estuviera mal con ella. La idea de que todas estamos destinadas a tener una mejor amiga por siempre es extremadamente difícil».

Esa creencia absoluta en las mejores amigas y el poder que ejercen la una sobre la otra me queda mucho más claro después de mi conversación con Rose, de 9 años, sobre su amiga de la escuela, Elsie.

«Ella es mi mejor amiga, pero a veces es buena conmigo y a veces no. A veces dice: "No puedes jugar este juego", pero otras veces sí me deja jugar», me dice Rose.

También me cuenta que su familia está a punto de mudarse y que irá a una escuela diferente en otra ciudad. Le pregunto si se mantendrá en contacto con Elsie o si prefiere conocer un grupo más amplio de amigas en su nueva escuela.

«Me gustaría tener una mejor amiga, porque si tuviera muchas, habría demasiada gente queriendo jugar conmigo. Y si hubiera demasiada gente queriendo jugar conmigo, entonces no podría jugar con todas. Y entonces, algunas de las personas que quisieran jugar conmigo podrían ponerse tristes porque no pueden hacerlo», dice Rose. Lo cual es el mejor resumen que he escuchado de mis culpas en mi vida adulta.

Le pregunto si cree que ella y Elsie serán mejores amigas para siempre.

«Probablemente no».

¡Uf! Se avecina un corazón roto de esos que te marcan para toda la vida.

◆ ◆ ◆

El culto a las mejores amigas se ha construido durante décadas. En la escuela, en los años noventa, hablábamos constantemente sobre quiénes eran nuestras mejores amigas. Nos copiábamos entre nosotras el estilo, como signo de admiración, teníamos las mismas mochilas escolares y los mismos clips de mariposa para el pelo. Comprábamos collares que se partían en dos, para que cada una pudiera usar su parte, como muestra pública de nuestra unidad y adoración. Dos mitades de un corazón, sol, luna o un osito de peluche como símbolo de la amistad.

Todo podía parecer dulce e inocente, pero estos collares están cargados de significado, y no siempre del bueno. Si bien pueden sentirse como algo muy valioso para la pareja involucrada, es muy probable que aquellas a quienes excluye se sientan terriblemente marginadas y heridas. Es un *performance* sobre lo que significa ser mejores por siempre, uno que grita exclusividad y excluye deliberadamente a las demás, convirtiendo la amistad femenina en algo sobre lo que debes alardear, en un símbolo superficial de estatus.

Además, esta fantasía puede resultar perjudicial incluso para las poseedoras: si por alguna razón comienzan a tomar distancia, a pesar de los adornos que combinan, es probable que se sientan todavía más fracasadas si antes alardearon tanto sobre su vínculo tan especial. Estos objetos presionan a las niñas a que estén encadenas las unas a las otros como almas gemelas. También pueden llegar a ser bastante pasivo-agresivos si se compran como un regalo, ya que se le impone a la destinataria una supuesta amistad cercana cuando, en realidad, es posible que no se sienta así. Por lo mismo, también pueden ocasionar sufrimiento. Una amiga me confesó que cuando encontró una nueva mejor amiga en la escuela, le devolvió la mitad de su collar de yin-yang a la que antes era su mejor amiga para siempre. ¡Brutal!

Yo tuve mi propia versión: un corazón plateado, partido en dos, con un delfín grabado en cada lado. Mi amiga Izzy y yo lo compramos juntas cuando nuestra amistad comenzó a tambalearse por el hecho de que nos pusieron en distintos salones en el colegio. En ese momento estábamos buscando cualquier cosa que nos diera certeza. Funcionó de forma temporal; pero a medida que fuimos creciendo, también pasó a representar una relación infantil a la que el tiempo alcanzó. Al final lo puse en una pequeña caja, donde permanece hasta hoy como un recuerdo confinado de la idealización de la amistad en la que creía con todo el corazón en ese entonces.

Volver a leer mi diario de esa época no solo fue mortificante, sino también revelador sobre la importancia que le damos a tener una mejor amiga (y en ocasiones una segunda o tercera como refuerzo por cualquier cosa).

Viernes, 10 de febrero de 1995

Querido diario:

Llamé a Izzy para decirle que tenía su suéter y su pintura, pero no quiso hablar conmigo porque su vecina Sally estaba de visita de nuevo. Se supone que yo soy su mejor amiga.

Con cariño, Claire.

Sábado, 6 de mayo de 1995

Querido diario:

Madeleine dice que soy su segunda mejor amiga. Me da la impresión de que Izzy se siente un poco excluida. ¡Amo a Keanu Reeves!

Con cariño, Claire.

Jueves, 28 de septiembre de 1995

Querido diario:

Ya comencé la escuela secundaria. Izzy no está en mi clase y tengo miedo de que se pierda nuestra relación. Somos mejores amigas. Mañana tengo gimnasia.

Con cariño, Claire.

Puras cosas fascinantes, lo sé. Ahí te voy, Samuel Pepys. Buen intento, Virginia Woolf. Estoy esperando en cualquier momento una llamada del departamento de manuscritos importantes de la Biblioteca Británica con una solicitud para guardar mis diarios, *c.*1993-1998, por el bien de la nación. Tal vez les resulte todavía más interesante saber que las primeras páginas del volumen de 1996 están pegadas entre sí con una sustancia que se ha negado a perecer en el último cuarto de siglo (solo puedo suponer que es pegamento blanco). Pero si las sostengo a la luz y miro a través de ellas puedo distinguir las siguientes palabras: «Una lista de mis mejores amigas»... y lo que parecen ser los nombres de Rhiannon y Lauren, a ninguna de las cuales recuerdo haber conocido.

Tal vez eran nombres en clave de mis verdaderas amigas (siempre me daba paranoia que mis hermanas se pusieran a leer mi diario). O eran mis mejores amigas fantásticas, evocadas por mi imaginación infantil. O tal vez eran personajes olvidados de la televisión, porque ahí es donde el culto a las mejores amigas realmente hizo su trabajo antes de que existieran las redes sociales. Blossom tenía a Six. Moesha tenía a Kim. Buffy tenía a Willow. Daria tenía a Jane Lane. Cher tenía a Dionne. Tia y Tamera, de *Hermana, hermana,* eran gemelas, como mis propias hermanas menores, y también eran mejores amigas. ¡Hazme el favor! También fetichizamos las amistades de la vida real: Courteney Cox y Jennifer Aniston, Drew Barrymore y Cameron Diaz, Gwyneth Paltrow y Winona Ryder.

Lo que realmente me pone los nervios de punta es que, al mismo tiempo que nos inculcaron todos estos ejemplos «perfectos» de amistad femenina, también nos dijeron que podíamos estropearlos en cualquier momento. Desde nuestros primeros días de escuela, nos dicen que las niñas somos «mezquinas», que tenemos «peleas entre nosotras» y «cambios de humor». No nos detenemos a analizar la acción que pudo haber llevado a una niña a sentirse molesta con sus amistades. En vez de eso, nos enfocamos en su reacción, a menudo tachada por los padres y maestros como un comportamiento «tonto». Incluso tenemos el término «amienemigo», un acrónimo de «amigo» y «enemigo», que se aplica, sobre todo y de forma abrumadora, en las mujeres para describir a ese tipo de amiga que podría abrazarte de frente y después apuñalarte por la espalda. «Doble cara» es otra forma de nombrar esto. Apuesto a que nunca has escuchado estos términos para referirse a niños u hombres.

«Seguido escucho a la gente decir que: "Las niñas pueden llegar a ser bastante arpías"», me cuenta Pandora Sykes, quien tiene una hija pequeña. «Y sé a lo que se refieren, porque a medida que vas creciendo, cuando quieres ser cruel con alguien entierras ese sentimiento en otras capas, mientras que cuando eres niña esa crueldad está ahí, latente en la superficie». Ella cree que esto no se debe a que las niñas pequeñas sean unas «arpías» por naturaleza, sino que se debe a que están probando sus límites: descubriendo todas estas emocionantes formas adultas de relacionarse las unas con las otras y descubriendo cómo se siente tener el control.

Cuando hablé sobre esto con mi esposo, él logró recordar cómo un maestro suyo le dijo, cuando tenía solamente seis años, que las niñas «se pelean todo el tiempo» y «guardan rencores».

¿Y qué pasa con los niños? Bueno, ellos solo se enojan por cinco minutos y luego «lo dejan pasar». A lo largo de nuestras vidas se ha dado por sentado que las mujeres o somos chicle y mugre, por así decirlo, o nos queremos ahorcar. ¿Y qué hay de los hombres y los niños? Ellos fluyen. Lo único que necesitan es ver algún deporte y tener una bebida a la mano y ya se conectaron entre ellos.

Aunque resulta un poco molesto, sí hay algo de razón en eso último. Sí, es una generalización —algo que los académicos con los que hablé se apresuraron a señalar—; sin embargo, la mayoría coincidió en que las mujeres quieren que sus amistades se centren en compartir sus intimidades emocionales. ¿Y los hombres? Bueno, como lo dice el profesor Robin Dunbar, antropólogo evolutivo de la Universidad de Oxford: «Mientras la otra persona pueda llevarse un vaso de cerveza a los labios es más que suficiente».

«Los chicos se desarrollan en este mundo en una especie de club anónimo en el que la identidad de los miembros del grupo —es decir, la identidad de sus amigos— no es en verdad tan importante, siempre y cuando haya alguien ahí», agrega. «No piensan en las relaciones con ese tipo de profundidad. Es simplemente patear una pelota de ida y de vuelta en la calle. Creo que, tal vez, eso protege un poco más sus amistades y las hace más difíciles de romper. Pero, por otro lado, sacrifican el apoyo emocional que las niñas obtienen de sus amistades».

«Si miras hacia atrás y piensas cómo era tu vida cuando tenías unos 8 o 9 años, notarás que las amistades de las niñas son muy específicas en cuanto a individuos, muy uno a uno: si Frida no te invita a su fiesta, realmente es el fin del mundo para ti».

O también, como sucedió con Quinn, desearías que no te hubieran invitado.

◆ ◆ ◆

Si mi primera dosis de realidad como «mejor amiga por siempre» me hizo sentir incómoda conmigo misma, la segunda me transformó en una especie de «amiga beta»: pasiva, servil y ansiosa por complacer. Era 1995. Acababa de comenzar la escuela secundaria y de repente ya no contaba con mi amiga Izzy. Esto significaba que tenía que hacer otra mejor amiga en mi nuevo salón.

Madeleine tenía una increíble colección de plumas de colores y a los dos nos gustaba el príncipe William, lo que por supuesto significaba que estábamos destinadas a ser almas gemelas. El único problema era que otras dos chicas también pensaban lo mismo. Desde fuera tal vez parecíamos una feliz pandilla de cuatro. Pero la verdad era que tres de nosotras estábamos muy entretenidas en una lucha de poder bastante amarga, en una competencia constante para ver quién se sentaba junto a Maddy para compartir su papelería. Era agotador y, mirando hacia atrás, no tengo idea de por qué pensaba que estas chicas eran mis amigas en primer lugar. No es como que Maddy nos pusiera en contra, sino que simplemente disfrutaba esta atención, ¿quién no lo haría?

Sin embargo, al fin se decidió un día, y yo definitivamente no fui su mejor amiga. Entonces crucé una línea invisible. Las demás chicas dejaron de hablarme y se negaron a sentarse conmigo, me aplicaron la ley del hielo. Todos los días me hacía la valiente, pero en cuanto me subía al coche de mi madre me echaba a llorar, y así continué todas las tardes, soltando lágrimas sobre mis libros de texto con la aplastante seguridad y certeza de que yo no era lo suficientemente buena.

Así fue como decidí que debería cambiar. Sacar la mejor versión de mí misma. Alguien que se riera de los chistes de las otras personas y que estaba de acuerdo con cualquier cosa que le dijeran. Alguien que elogiaba todos los estuches para lápices de Groovy Chick habidos y por haber. La clásica acompañante perfecta, satisfecha con el segundo lugar a expensas de sus propias necesidades emocionales. Justo como lo había leído en el libro *¿Estás ahí, Dios? Soy Margaret* de Judy Blume. En el que Margaret trata de ser alguien que no solo sea capaz de encajar. Aunque esto no había funcionado con ella, ¿habría la posibilidad de que funcionara conmigo?

Esta depreciación de mí misma coincidió con una de las cosas más terribles que te pueden pasar cuando creces en una familia feliz en la Zona 4 suburbana: me cambiaron de escuela. En parte porque estaban preocupados por mi aislamiento, pero también para ayudar a que aceptaran a mis hermanas pequeñas. A pesar de lo miserable que me sentía sin amigas, no quería dejar la única escuela que había conocido. «Todo mejorará, les prometía a mis padres» (porque yo mejoraré). «Sí, ¿por favor?».

Pero la decisión ya estaba tomada. Lloré hasta quedarme dormida todas las noches durante un año, o incluso por más tiempo. La idea de tener que encajar en la nueva escuela era horrible y me generaba mucha tensión; además, siempre parecía sobresalir en cosas en las que no quería hacerlo. Mi voz era un poco más grave, como resultado de mis años en clases de teatro. Mi cuerpo todavía no estaba tan desarrollado. Siempre había sido delgada, pero nunca lo había considerado un problema, sino hasta que mis nuevos compañeros de clase comenzaron a decírmelo.

«¿Dónde están tus pechos?».

«¿No usas brasier?».

«Te verías mucho mejor si usaras un poco de maquillaje».

«Parece que eres anoréxica».

Las chicas se acercaban a mí en el área de casilleros y me picaban las caderas. En el día de vestimenta libre, una supuesta nueva amiga se indignó muchísimo por cómo se me veían las piernas con un par de pantalones acampanados color carne de H&M (muy llamativos, lo sé) y me pegó con fuerza en la mejilla. «Solo era una broma», me dijo, mientras una huella roja brillante aparecía en mi rostro.

Si por un segundo yo había pensado que, como chica nueva en la escuela, me sería fácil —o incluso posible— hacer una nueva mejor amiga, me topé con una cruda realidad.

Entonces pueden entender por qué mi amistad con Ana, cuando al fin sucedió —después de más de un año de siempre ser simpática con ella y de tratar desesperadamente de ganármela—, significó tanto para mí. También por qué me dolió tanto cuando ella decidió dejar de verme. Yo pensaba que íbamos a ser mejores amigas para siempre. Por fin la vida era buena conmigo.

California había sido nuestro primer viaje al extranjero, luego de una vida entera de escapadas cercanas a las lluviosas costas de Cornualles. Regresé con la piel dorada y llena de historias. Recuerdo haber marcado el número de Ana y escuchar su voz por primera vez en semanas. Estaba recostada de espaldas en el sofá y con el teléfono rotatorio color crema haciendo equilibrio en mi pecho. El cable estaba enredado entre mis dedos. Algo se sentía diferente. De forma solemne, ella me explicó que había estado saliendo con otro grupo de chicas. Habían estado escuchando música diferente y «haciendo cosas que tú no aprobarías», me dijo. Sollocé hasta que colgó. En la escuela, le puse el regalo que le había comprado en Estados Unidos —un cuaderno hecho con clips reciclados— en su casillero. Nunca me dio las gracias.

Lo que se me quedó más grabado, el detalle sobre el que reflexionaba todas las noches cuando me acostaba en mi cama individual era ese molesto comentario: «haciendo cosas que tú no aprobarías». No sabía a qué se refería con eso. No solo me hizo sentir como que yo no era tan buena como para ser su mejor amiga, sino que también había algo intrínsecamente infantil en mí. Que yo era inmadura de una manera difícil de identificar y, por lo mismo, difícil de cambiar.

Cuando les pregunté a mis amigas de la actualidad sobre el mito de las mejores amigas para siempre, me confesaron que les hubiera gustado que las alentaran a cuestionarse antes sobre lo poco realista que es esto, ya que es algo que todavía les causa problemas en su vida actual. Sameeha Shaikh, de 27 años, me cuenta que estuvo obsesionada con tener una mejor amiga en la escuela y en la universidad, y que mantuvo esta «forma de pensar durante mucho tiempo. Ese fue mi talón de Aquiles, porque estaba rodeada de personas maravillosas, pero las expectativas que tenía de ellas eran demasiado altas», dice. Kayra se siente acorralada por esta idea incluso a sus 39 años. «Tengo una amiga que dice que soy lo más importante para ella, y me lo escribe en mensajes y tarjetas, pero me hace sentir un poco incómoda porque yo no siento lo mismo», declara. «Yo no quiero tener una sola amiga. Francamente, creo que en la edad adulta no deberíamos seguir usando estos términos».

Si pudiera contarle todo esto a mi yo de 9 años, ¿habría ayudado? ¿O es mejor aprenderlo por las malas? De una cosa estoy segura: si no hubiera creído que las mejores amigas deberían ser para siempre, es muy probable que no hubiera soportado muchos de los comportamientos que aguanté. Seguramente tampoco habría sufrido tanto cuando terminaron esas amistades. Tal vez ni siquiera hubieran terminado si las niñas fueran educadas para ver más allá de este mito. Ana podría haber tenido su nuevo grupito y seguir siendo mi amiga también. Es por eso que creo que debemos alentar a las niñas a no depositar toda su energía en una sola persona, sino en tener muchas amigas de diferentes grupos sociales. Con suerte las estaremos preparando mejor para su vida adulta.

Shasta Nelson, *coach* de vida experta en el tema de la amistad, y autora, cree que podemos comenzar a ver el mito de «las mejores amigas para siempre» de otra manera. «Podría debatir que la etiqueta de "mejor amiga" no es algo que deberíamos conferir a nadie. Es un reconocimiento para una relación que ya se ha desarrollado», dice ella. «Vamos por el mundo preguntándonos: "¿Soy la mejor amiga de alguien? ¿Quién es mi mejor amiga?", en vez de pensar: "Puedo tener varias mejores amigas" y ver el concepto de "mejor" como una cualidad en lugar de una cantidad. Podemos tener más de una. Eso solo significa que una relación ha alcanzado el suficiente estándar para volverse significativa. Me parece que nos hemos hecho mucho daño creyendo que debemos encontrar a esa persona en algún punto o ser elegidas por ella. Es una locura».

Me encanta la forma en que Shasta ve la amistad como algo cualitativo en vez de cuantitativo. Una idea que puede aplicarse a cualquier amistad significativa, con el tiempo, si ambas lo quieren. Cuando lo pones así, le quitas muchísima presión. Hay otra cosa, Robin Dunbar afirma que ha notado un patrón cuando —y no solo si—, las mujeres tienden a decir que tienen una mejor amiga. Es algo que afirmamos cuando somos jóvenes y luego nuevamente cuando nos acercamos a la vejez. «Me sorprende el hecho de que hay un declive en la mediana edad, pero luego regresa con fuerza; eso es lo que he observado, sin ahondar mucho, en las mujeres mayores», explica. «Creo que tiene mucho que ver con el hecho de que tu capacidad para relacionarte con cualquiera se ve afectada por tu momento reproductivo».

Es una forma de verlo. Otra podría ser que, a medida que nos acercamos a la mediana edad, el mito de las mejores amigas para siempre comienza a perder poco a poco su dominio. Claro, estamos cansadas por el impacto de nuestras carreras, familias, viajes, declaraciones de impuestos y problemas mobiliarios, pero también estamos hastiadas de que nuestras amistades hayan resultado todo menos perfectas, de una forma en la que no estábamos preparadas para lidiar con ello. Luego, cuando eres mucho mayor y tus amigas comienzan a irse de este mundo, te descubres queriendo volver a iniciar esta búsqueda, armada de toda una vida de sabiduría, como me lo contó Helge Rubinstein, de 91 años, a quien conocerán más tarde. Quizás esos son los dos momentos de nuestras vidas en los que más necesitamos el mito de las mejores amigas para siempre: cuando somos niñas y estamos dando nuestros primeros y temblorosos pasos en el mundo social, y cerca del final, cuando nuevamente nos encontramos solas.

◆ ◆ ◆

Después de todo, estaba mejor sin Ana. Ahora que estaba libre para almorzar con otras personas y me iba a sentar con otras chicas en el parque que estaba atrás de la escuela (siempre íbamos en grupos grandes para asegurarnos de que superábamos en número a los exhibicionistas), poco a poco comenzaron a florecer otras amistades.

Una de ellas fue Marie. Durante años habíamos compartido el mismo salón de matemáticas: las dos chicas de nuestra clase con las peores calificaciones en esta materia. Al conocerla mejor, me di cuenta de que había mucho más en ella aparte de lo que en un inicio me había intimidado: sus tacones altos, su chaqueta bomber y su pelo corto, como una versión morena de Gwyneth Paltrow en *Si yo hubiera*. Ella era divertida, amable y le gustaba la música indie. Comencé a verla como una amiga, y no solo como a alguien con quien me podía quejar de lo complicadas que eran las ecuaciones

Cuando pasamos a sexto grado, un año después, todo volvió a cambiar. Se incorporaron nuevas chicas a la escuela y, de pronto, nuestros viejos lazos de amistad comenzaron a aflojarse. Se sentía como un nuevo comienzo, con compañeras nuevas de clase que nunca nos habían visto llorar en educación física y que no conocían las vergonzosas rupturas que habíamos atravesado con nuestras amistades pasadas.

Marie y yo formamos un trío con una de las chicas nuevas. De repente, el panorama de mi vida social (¡tenía una vida social!) había cambiado. Conocimos a un grupo de chicos de sexto grado en Fulham y empezamos a ir al *pub* los viernes por la noche. Siempre lográbamos entrar, pues ¿qué respetable sucursal de Slug and Lettuce rechazaría a tres adolescentes todas emperifolladas? (Lo que en 2001 significaba pantalones de *tweed*, sandalias de tacón y un top de tiras de Bay Trading). Durante todas las clases de Historia nos dedicábamos a pasarnos notas, diseccionando cada detalle del viernes anterior. Por supuesto, no aprendíamos nada sobre la situación económica de Alemania entre 1889 y 1989. Íbamos a conciertos juntas y al día siguiente llegábamos a tropezones a la escuela oliendo a Marlboro Lights.

Tenía otras nuevas amigas: chicas con las que platicaba en el área común, chicas con las que dormía en la biblioteca, chicas con las que me iba almorzar al café local. Para mí, ellas eran todo y nada. Me caían muy bien, pero no estaba segura de cuál era mi posición. Me preocupaba que se aburrieran o que yo hiciera algo mal. De lo que no caí en cuenta, y no lo haría durante años, fue de que estaba probando lo que podría ser la amistad si no me ataba a una sola persona y la idolatraba por encima de todas las demás: romper con el mito de las mejores amigas para siempre.

Y es que cuando lo piensas de esta manera, que debes encontrar a tu alma gemela femenina, ser «elegida» por alguien o regirte por el código de las chicas... todo esto huele sospechosamente a otro conjunto de reglas poco realistas con las que las mujeres deben vivir. Reglas que solo nos ponen más presiones.

La verdad, ¿no es mejor ser honestas? Muy pocas de nosotras tendremos realmente una mejor amiga por siempre, y eso está bien. En lugar de eso, con suerte haremos distintas amigas a lo largo de nuestras vidas, cada una desbloqueará ciertas partes de nuestra personalidad y satisfará alguna de nuestras necesidades emocionales.

La realidad es que la mayoría de nosotras en algún punto aprenderemos que queremos un buen portafolio de amistades, no un pequeño culto claustrofóbico de dos. ¿No sería mucho más poderoso (y perderíamos menos tiempo) si todas supiéramos esto desde antes?

Podría tomarte años lograr que esto no te importe. Aun cuando ya tienes en mente que se trata de un mito, puede permanecer en el fondo de tu cabeza como una molesta vocecita que insiste en que estamos defraudando a nuestras amigas. Es por eso que nos sentimos tan mal cuando, en vez de conocer perfectamente la respuesta —pues claro, somos almas gemelas—, entramos en pánico y comenzamos a navegar a través de nuestros mensajes de WhatsApp buscando la dirección de una amiga para mandarle una tarjeta de cumpleaños de último momento. O buscamos con desesperación ese mensaje con la fecha en la que nació su bebé porque lo hemos olvidado. Esta especie de chip nos hace sentir culpables por un montón de problemas menores en la amistad: desde un principio se nos vendió el peso de la expectativa y la perfección. Pero eso no es cierto. Como una sabia compañera de clase me lo dijo pocos meses después de mi ruptura con Ana: «Me caes mucho mejor ahora que dejaste de pasar a segundo plano».

Viéndolo en retrospectiva, desearía haber aprendido esta lección antes de que fuera demasiado tarde.

LA FÓRMULA DE LA AMISTAD

Mito: Tus amigas nunca te entenderán como lo hace una pareja romántica

Vapor para vaginas. Huevos de jade. Gránulos de coliflor. Parece que no tiene fin esta lista de tendencias de bienestar extremas —y casi siempre seudocientíficas— que se supone nos ayudan a sentirnos mejor y ser más felices. Es hora de sacar la mejor versión de ti. Es posible que incluso ya hayas caído en las redes de alguna: ya sea un detox digital o limpiar tu casa para que se sienta más *hygge* (un término escandinavo que básicamente se refiere a aventar un montón de velas y mantas por todas partes). Estamos obsesionadas con vivir más y mejor. Pero hay un área de nuestras vidas que nos puede ser de gran ayuda para lograr ambas cosas. La tenemos justo ahí en frente de nosotras y la pasamos de largo: la amistad.

Los estudios demuestran que tener una amistad es igual de bueno tanto para nuestra salud mental como física. Las amistades pueden ayudarnos a bajar la presión arterial, evitar que subamos de peso,[5] estimular nuestro sistema inmunológico,[6] protegernos contra enfermedades cardiacas[7] y hasta evitar que nos resfriemos.[8] Reducen nuestros niveles de estrés,[9] mejoran nuestro estado de ánimo y nos hacen reír,[10] lo que libera esas endorfinas que tanto nos hacen sentir bien y anhelamos, pues nos ayudan a lidiar con el dolor físico.[11] «Las amistades son mejores que la morfina», como lo puso en su titular la revista *Time* en una edición de 2016.

En cambio, no tener amigas puede ser en realidad perjudicial para nosotras. Julianne Holt-Lunstad, profesora de psicología y neurociencia en la Universidad Brigham Young de Estados Unidos, descubrió que estar socialmente desconectado puede aumentar el riesgo de muerte en 26%. Puede ser tan nocivo como fumar 15 cigarrillos al día, predice mejor una muerte prematura que los efectos de la contaminación del aire o la inactividad física y es peor para la salud que la obesidad. Así pues, puedes ser una persona que no fuma, vive en el campo, corre maratones y tiene el mejor índice de masa corporal del mundo, pero ¿si no tienes amigos? Es igual a que desayunaras un Big Mac todos los días. No importa si tienes una mejor amiga o no, las amistades son la esencia de la vida. Si bien algunos de los beneficios de salud que mencioné anteriormente se aplican para todas las personas, otros son exclusivos de las mujeres.

Checa esto: antes del año 2000 no se había hecho ninguna investigación sobre si el instinto de supervivencia de «luchar o huir», que supuestamente es la principal fuerza motora de los seres humanos, también sucede en las mujeres. El análisis que había llevado a esa conclusión en la década de los años treinta se realizó solo en hombres.

La profesora Shelley Taylor de la Universidad de California se preguntó si, tal vez, esta investigación pudiera estar sesgada, y si las mujeres podrían reaccionar de manera distinta ante el estrés. ¿Adivina qué? Sí lo hacemos. Concluyó que la hormona oxitocina, cuando se libera en momentos de ansiedad, se mezcla con nuestro siempre encantador estrógeno. Lo que significa que la mayoría de las mujeres tenemos un patrón diferente al de los hombres en tiempo de crisis, al que ella llama «cuidar y hacer amigos». Un instinto que nos lleva a proteger a nuestras crías (si las tenemos) y estrechar nuestros lazos con otras mujeres.[12] Por eso es que cuando las cosas se ponen mal, decidimos levantar el teléfono y llamar a alguna amiga o a nuestra madre en vez de retraernos. Es el elíxir de las relaciones femeninas; por decirlo de otra manera, es una forma de combatir el estrés y el peligro, cuando buscamos a nuestras amigas en los momentos más vulnerables o cuando nos sentimos acorraladas.

«El hecho de que los hombres sean más propensos a lidiar con el estrés a través de la lucha o la huida, y que las mujeres tiendan a lidiar con lo mismo mediante el cuidado a sus seres queridos y el hacer amigos, puede ayudar a explicar esa brecha de género en la mortalidad del mundo», concluyó el estudio. Algo en realidad increíble, si nos detenemos a pensarlo bien.

Básicamente, la amistad femenina está configurada en nuestro código genético. Nuestro pasado evolutivo sugiere que las mujeres que formaban estructuras de apoyo social fuertes tenían más probabilidades de sobrevivir. En todos los continentes y en todas las culturas humanas que existen, nos aliamos para criar a los niños y apoyarnos las unas a las otras. Nos quedamos sentadas alrededor del fuego, contando historias y formando nuestras comunidades, mientras los hombres salían a cazar al tigre que acompañaría nuestro té.

La evidencia todavía está ahí en algunas sociedades. La isla japonesa de Okinawa tiene la esperanza de vida promedio más alta del mundo para las mujeres, que es de 90 años. Se cree que uno de sus secretos es un concepto llamado *moai*. Las residentes de este lugar forman, desde una edad temprana, una burbuja social de cinco amigas que se apoyan durante toda la vida.

Todos hemos visto lo poderosa que puede ser la solidaridad femenina con el movimiento #MeToo, o también en las manifestaciones contra las leyes antiaborto en Polonia, América, Argentina y México, así como en las protestas masivas y la ira colectiva en respuesta a las violaciones y los asesinatos de mujeres en lugares como España, India, Argelia, Austria, América del Sur, Kirguistán, Francia, Sierra Leona, Kosovo, Sudáfrica y Clapham Common.

Ser mujer puede ser peligroso, y la amistad femenina se convierte en una zona segura. Las mujeres con las que he hablado se han apoyado mutuamente en los peores momentos de su vida: abuso doméstico, asesinato, divorcio, adicción, depresión, demencia, infertilidad, cáncer, soledad, duelo. Se han acompañado y han dejado comida en sus puertas. Han sido honestas y vulnerables.

Sus historias, que leerás a lo largo de este libro, tienen tanto en común que no pude evitar hacerme estas preguntas: ¿existe alguna especie de fórmula tácita para la amistad femenina?, ¿un conjunto de técnicas o un modelo que todas seguimos o intentamos seguir sin darnos cuenta?

La doctora Anna Machin, autora del libro *¿Por qué amamos?*, ha estudiado la amistad femenina durante años y sabe más que nadie lo que significa para nosotras. Me cuenta que se sorprendió mucho con lo que descubrió cuando comenzó a explorar el tema: que las mujeres heterosexuales tienen más intimidad emocional, que pueden ser ellas mismas con más facilidad y que tienen más cosas en común con sus amigas que con cualquier otra persona en sus vidas, incluyendo a sus parejas románticas masculinas.

Considerando cuán firmemente creemos que el romance es la respuesta a todo, resulta sorprendente detenerse y reflexionar que en realidad las mujeres obtienen estas conexiones y apoyos fundamentales de sus amistades femeninas. Damos por sentado que nuestra pareja nos «completará». «Tú eres mi mejor amigo», les decimos; pero, según la ciencia, ellos no pueden llenarnos emocionalmente ni entendernos de la misma forma en que lo hacen las mujeres de nuestras vidas. Me parece muy importante esto, pues esa supuesta «verdad» que nos dicen sobre que el romance es el camino hacia la felicidad eterna tiene una gran rivalidad: la amistad femenina.

«Cuando observamos los estudios de escaneo cerebral podemos ver que las mujeres experimentan de forma muy positiva los momentos íntimos de conexión emocional con sus amigas», dice Anna. «Vemos mucha activación en las neuronas del placer, y la activación de la amígdala disminuye [la parte del cerebro que gobierna nuestras respuestas emocionales], lo que significa que no tienen miedo ni se sienten estresadas por esta intimidad. Si pones a los hombres en esta situación, regularmente obtienen una respuesta bastante negativa. Su amígdala se dispara y esa es una señal de miedo: “En realidad, no me gustaría estar teniendo esta conversación tan íntima con mi amigo”».

Esto explica por qué, en general, las mujeres prefieren estar sentadas frente a una amiga en un bar que frente a una copa de vino, disfrutando del contacto visual y de conversaciones profundas. Mientras que los hombres podrían preferir algo como, digamos, ir en un grupo grande de ciclistas. Analicemos lo siguiente: a pesar de lo fantásticas que pueden ser las amistades femeninas para nuestra salud física y emocional, ¿qué tan alto las calificamos en la jerarquía del amor?

«Tenemos un verdadero problema», admite Ana cuando le pregunto por qué nos resulta tan difícil articular lo que sentimos por nuestros amigos. «Entrevisté a varias personas y les pregunté "¿Amas a tu perro?", y me contestaron "Por supuesto", y luego agregué: "¿Amas a tus amigos?"... "Esteeee... no lo sé". Hay una verdadera reticencia a nombrar la palabra *amor* cuando se trata de una amistad. Me parece bastante gracioso, pues eso no sucede en los países mediterráneos. Cuando hablas con personas de estos sitios te responden: "Amo a mis amigos con pasión". Así que se trata de una cuestión completamente cultural el que tengamos que cuestionarnos si la palabra amor aplica con nuestros amigos, mientras que estamos muy de acuerdo en utilizarla con nuestros perros».

Todo esto me parece asombroso. Estamos tan obsesionados con la idea de que las relaciones románticas son el elemento definitivo de nuestras vidas que nos estamos perdiendo lo que está justo frente a nosotros (y hasta poniendo a nuestras mascotas antes que a nuestras amistades).

A las mujeres se nos enseña que nuestra vida debe girar en torno a los hombres, y lo hacemos desde el comienzo de nuestros primeros intereses románticos. Pasamos horas descifrando el significado de un comentario cualquiera o un momento insignificante de contacto visual. Aprendemos a existir para una audiencia masculina imaginaria que vive en nuestras cabezas, a afeitar y depilar nuestros cuerpos incluso cuando nuestro plan de fin de semana solo implica unos buenos pants y el control remoto de la televisión. Nos sentamos solas en cafés para leer un libro y solo podemos pensar si nos vemos lo suficientemente misteriosas y sexys. Echamos la cabeza hacia atrás y cerramos los ojos mientras nos bañamos como si estuviéramos en esos anuncios medio pornográficos de shampoo. En su novela *La novia ladrona* Margaret Atwood escribe: «Eres una mujer con un hombre dentro mirando a una mujer», y ese ojo interno, esa mirada masculina internalizada, es lo que ocasiona que las mujeres heterosexuales no le den suficiente valor a sus relaciones entre ellas.

Como ya lo sabemos, a las mujeres se nos cría en un cuento de hadas, lo que nos hace creer que enamorarnos y casarnos será la forma en la que todos nuestros sueños se harán realidad. Yo ya he hecho ambas cosas y puedo asegurar que, aunque son maravillosas, no son para nada el pináculo de mis logros. Sin embargo, utilizamos esos términos todo el tiempo «mi media naranja»... y lo digo como alguien que obligó a sus amigos y familiares a cantar *Dos se convierten en uno* el día de su boda.

«Es ridículo porque nos limitamos ante este enorme espectro que es el amor», dice Anna Machin. «Tenemos mucha suerte, como humanos, de tener estos grandes cerebros que nos permiten enamorarnos de tantas maneras diferentes y de tantas personas. Pero menospreciamos todo eso y pensamos que el amor romántico es la fuerza principal. Eso me molesta mucho, porque como sociedad nos enfocamos por completo en el amor romántico. Todo esto es muy raro».

Necesitamos comenzar a cuestionarnos de verdad sobre el amor en las amistades femeninas. Replantearnos qué lugar le damos en nuestras vidas. Sentirnos más cómodas con la idea de decirles a nuestras amigas que las amamos. ¿Te imaginas cuánto más relajadas y seguras se sentirían nuestras amistades si pudiéramos hacer eso? ¿Y qué tal si existiera una fórmula en las amistades que incluyera decir «te amo» y esto no tuviera nada de malo? Al menos todas sabríamos en dónde estamos paradas.

«Estamos adoctrinados para creer que es algo que solo le podemos decir a nuestra pareja romántica y a nuestros hijos. Esas son las únicas caras aceptables del "te amo". Fuera de eso, en otras situaciones es un poco incómodo», dice Anna. «Pero con tus amigos tienes la elección de estar o no estar ahí, y eso de alguna manera significa que si la respuesta es sí, estás eligiendo ese amor, por lo que podría decirse que es aún más poderoso».

El amor en la amistad es totalmente condicional. Cada vez que le hablas a una amiga, se van a tomar algo o compartes algo personal con ella, estás tomando una decisión consciente de invertir en esa relación. Como lo dijo la autora Hanya Yanagihara: «La amistad es la relación más subestimada en nuestras vidas... Pero en realidad es la única relación que no se rige por la ley, la sangre o el dinero, sino por un acuerdo tácito de amor».

Sin embargo, no tenemos un lenguaje adecuado para hablar de ello. Por supuesto, todos damos y recibimos amor de diferentes maneras: para algunas personas, los actos de bondad son lo más importante; para otras, es el tiempo de calidad o la cercanía física. Pero si en todo el mundo habláramos sobre la importancia de nuestras amistades femeninas daríamos un gran paso para elevar su estatus.

Por ahora muchos de los términos y frases que utilizamos para referirnos a la amistad femenina son un poco cursis o no tienen sentido: hermandad, tribu, chicas superpoderosas, amigas antes que tipos, compañeras de ovarios, mejores amigas para siempre.

Tal vez tendría más impacto si utilizáramos el lenguaje del romance para describir nuestras amistades femeninas. Así todos sabrían a qué nos referimos. Cuando se trata de hablar de rupturas y desamor, hemos creado marcadores sociales. En el espectro emocional, sabemos cómo nos hacen sentir el amor y el dolor. Si dijéramos que nos «mueve el tapete» una potencial nueva amiga platónica con la que vamos a tomar el té y un pastel, sería un buen término para capturar esas pequeñas bromas y momentos de intimidad que van y vienen cuando estás conociendo a alguien. Podríamos admitir que sentimos «mariposas» cuando conocemos una nueva amiga o reconectarnos con una vieja amistad. Solo necesitamos dejar atrás la idea de que cada vez que hablamos de intimidad con alguien nos referimos al sexo; la mayoría de las veces, la intensidad de nuestros sentimientos es emocional y no tanto física.

No obstante, todavía confundimos estos dos. Es por eso que la novela de Simone de Beauvoir de 1954 *Las inseparables* —que trata sobre una intensa amistad entre mujeres, y es autobiográfica— fue considerada como «demasiado íntima» para publicarse en su momento, y no salió sino hasta 2021. Captura a la perfección el amor platónico que puede existir entre las chicas, sin banquetes de medianoche, publicaciones en redes sociales ni collares de corazón partidos a la mitad. Se basa por completo en la intimidad emocional, que es, como ya lo vimos antes, la piedra angular de la amistad femenina.

Antes de la primera cita con mi esposo, Tim, estaba sudando tanto en el tren que consideré seriamente bajarme y regresar a casa. O al menos parar en una farmacia para comprar un desodorante de bolsillo y ponérmelo disimuladamente mientras iba a bordo de la Línea Central. Puedo recordar a la perfección cómo estaba revuelto mi estómago: sentía nervios, excitación y pánico al mismo tiempo. Siendo honesta, he sentido exactamente lo mismo con mis amigas: de esas veces en las que te aseguras de escoger un atuendo bonito y de pintarte con más cuidado que de costumbre mientras te imaginas de qué van hablar y te sientes un poco pegajosa.

«Trato a cada una de mis amistades como si fuera un romance. Por lo que, aunque me encantan las cenas grupales, trato también de ver a mis amigas una a una. Y no en lunes por la noche para cenar temprano sin alcohol y regresar a casa lo antes posible, sino en viernes por la noche, cuando nos ponemos los mejores trapos y salimos a algún lado», cuenta Pandora Sykes. «Dolly [Alderton] y yo siempre convertimos en un "evento especial" nuestras cenas, y siento mariposas en el estómago de la misma manera que me sentiría en una cita con mi esposo, o incluso más. Cuando llevas mucho tiempo cohabitando con otra persona, las emociones fuertes vienen de tus amistades. Esas relaciones nunca envejecen, a menos que renuncies al romance en las amistades —o creas que, desde un principio, no son dignas de un romance».

Por mi parte, creo que lo son. En mi opinión, así como los mejores romances se basan en la amistad, las mejores amistades se basan en un poco de romance.

Mi esposo siempre bromea diciendo que solo me rasuro las piernas, me depilo el área de bikini y compro ropa interior antes de irme de vacaciones con mis amigas. ¡Y tiene razón! Es como tener un amorío de fin de semana, con toda esa intimidad, bromas internas, vino tinto y fogatas que el corazón tanto desea. Todo menos sexo. Y quiero sentirme lo más bonita posible para eso. Estar rodeada de mis amigas es más satisfactorio que cualquier fiesta de sexo de 48 horas en la que tienes que pretender que la tanga cubierta de plumas que te compraron en Agent Provocateur es la cosa más cómoda que jamás has usado, y no un viaje en primera clase a la candidiasis.

Y además de no decirles a nuestras amigas que las amamos, también somos totalmente disfuncionales cuando las cosas se ponen complicadas, como cuando hay un conflicto.

Muchas de las mujeres con las que hablé cuando escribía este libro me dijeron que la amistad femenina debería ser sencilla y que tomarían distancia si las cosas se pusieran «demasiado difíciles». Que eso era una señal de que algo estaba fundamentalmente mal, agregaron. Por supuesto que en ocasiones esto podría ser cierto. Pero también nos aferramos a este mito de que la amistad femenina siempre debe ser risas y diversión o puras cosas agradables. Es tan fácil idealizarla, así como lo hacemos con el romance, utilizando las narrativas poco realistas que nos han inculcado. Pero toda relación íntima en nuestras vidas es una mezcla de emociones: los altibajos, los desacuerdos, el potencial para ocasionar dolor; la emoción, la anticipación y la alegría; la capacidad para ocupar un lugar especial en el corazón de alguien, para bien o para mal.

Sabemos y aceptamos esto cuando se trata de un matrimonio, pues esta información está tanto en los votos como en los consejos de todas esas personas que se acercan a ti con sus buenos deseos. Aquí algunas cosas que nos dijeron a mí y a mi esposo antes de nuestra boda:

Ambos admitan que a veces se equivocan.

Siempre sean gentiles.

Respétense, apóyense y ríanse con frecuencia.

Motívense el uno al otro para amar la vida.

Siempre encuentren un momento para irse a tomar una cerveza.

Resuelvan los desacuerdos con un juego de piedra, papel o tijera.

No te pongas brasier (el único consejo que realmente me tomé a pecho).

Me resulta reconfortante que, en medio de todas las felicitaciones, también se reconozca que el matrimonio no es fácil. Que cuesta trabajo. La idea de que no todo tiene que ser perfecto todo el tiempo es muy motivadora y te da la confianza de que puedes superar los momentos difíciles. Le quita un poco de presión al cuento de hadas. Entonces, ¿no resulta condescendiente decirles a las niñas y a las mujeres que las amistades femeninas —muchas veces las relaciones más íntimas e importantes de nuestras vidas— deberían ser fáciles y libres de conflictos? ¿Por qué no nos damos la oportunidad de experimentar toda la gama de emociones humanas con nuestras amigas?

Antes de que montara mi propia montaña rusa de la amistad yo tampoco pensaba de esta manera. Mi mundo estaba dividido en dos: las personas que pensaba que habían sido «buenas amigas» y aquellas que eran «tóxicas». Pero es ridículo pensar que tus buenos amigos siempre van a estar alineados contigo todo el tiempo. Por supuesto que no. ¿Te imaginas lo cansado que sería esto? No puede ser más falso. Toda amistad, incluso con las mujeres más maravillosas del mundo, tendrá altibajos. No puedes llegar a la cima del Everest si no comienzas por abajo.

Todo se reduce al hecho de que, para la amistad femenina, no existe una fórmula establecida. No existe un libro de reglas. Cuando se trata de nuestros romances, tenemos un montón de rituales para simbolizar que renovamos un compromiso, pero ¿con nuestras amigas cercanas? Nada.

Además, es muy fácil sentirse poco seguro con una amistad. ¿Qué prueba tenemos de que alguien es nuestro amigo? ¿De que realmente le caemos bien? Mensajes de texto, claro. Tarjetas de cumpleaños, por supuesto. Pero ¿esas cosas cuentan? ¿O son solo un marcador social del deber y la obligación?

Por nuestra naturaleza humana, buscamos hitos que nos tranquilicen y midan la importancia de nuestras relaciones. «Es normal etiquetar una relación romántica y hacerle saber a la gente que esa es tu persona especial; por el contrario, estamos poco dispuestos a etiquetar una amistad y ponerle nombres, tal vez por miedo a que no se sientan de la misma manera», me escribe por correo electrónico Rebecca, de 35 años. «Todos esos tonos grises, que son muy comunes en la amistad, serían inaceptables cuando estás saliendo con alguien. Creo que una amistad cercana requiere el compromiso de que se evalúe y comprenda la relación... y ambas partes definan cuánto, si es que va a durar».

«Cuando me diagnosticaron cáncer de mama, me sorprendió lo mucho que se profundizaron y fortalecieron mis amistades, justo en el momento en el que más las necesitaba», dice la periodista Rosamund Dean, de 41 años. «Mis amigas me mandaban pañuelos para la cabeza y calcetines de seda, y sus ganas de estar ahí durante un momento tan sombrío me hicieron sentir tan agradecida que a veces quería llorar (y lo hice). Tomábamos largas caminatas y hablábamos sobre la muerte, los miedos y las ambiciones como nunca lo habíamos hecho. Y no solo fueron mis amigas cercanas las que me mostraron apoyo. Antiguas compañeras de la universidad me enviaban mensajes por primera vez en años para hacerme saber que estaban pensando en mí. Mujeres con las que apenas había intercambiado algunas palabras a la salida de la escuela me dejaban cacerolas con comida en la puerta y se ofrecían a cuidar a los niños para que yo pudiera descansar. Me ayudaron a sentirme más tranquila y atendida mientras me enfrentaba al brutal triunvirato de la quimio, la cirugía y la radioterapia. Haber tenido cáncer no tiene muchos aspectos positivos, pero esta nueva apreciación de las mujeres de mi vida sin duda fue uno de ellos».

El amor está ahí, solo tenemos que aprender a traducirlo en palabras en el día a día, así como lo hacemos en los momentos dolorosos o alegres.

Uno de los momentos simbólicos que tenemos en la cultura popular para celebrar la amistad es el Día de Galentine. ¡Sí, eso existe! Es un concepto inventado por el personaje Leslie Knope en la serie de comedia *Parks and Recreation*, de 2010. La idea es que el 13 de febrero te reúnas con tus *gal pals* (amigas más cercanas, en inglés) para cenar, beber champán, hacerse un manicure, pintar tazas o cualquier cosa que les llame la atención. De hecho, hasta existen tarjetas de felicitación para celebrar este día especial a la venta en distintos comercios, y revistas femeninas que crean listados de regalo para animarnos a demostrar el amor que le tenemos a nuestras amigas comprándoles camisetas bordadas con pezones. Como lo dijo la revista *Cosmopolitan:* «¡OMG! No te estreses. Así como puedes saltarte el Día de San Valentín, también lo puedes hacer con el Día de Galentines. Pero, teniendo en cuenta que se trata de una ocasión para demostrar tu cariño por tus amigas, ¿por qué querrías hacerlo?».

¡Cero presiones! ¿Cierto?

Yo no creo que necesitamos un «día» especial para celebrar a nuestras amigas y comprarnos regalos. En especial después de saber lo que Anna Machin descubrió:[13] que los obsequios en realidad no mejoran las amistades femeninas y hasta pueden hacerlas menos íntimas emocionalmente, ¡así que mejor ahorra tus centavos! Para mí, reducirlo de esta manera resulta demasiado comercial y artificial. ¿No sería mejor si creáramos nuestros propios hitos personales, así como lo hacemos con las relaciones amorosas?

La lingüista y experta en amistad Deborah Tannen, autora de *Tú no me entiendes,* cree que esto es más complicado porque nuestras amistades no suelen tener un momento decisivo, como la primera cita o el primer beso. No existe algo tipo: «Empezamos como amigos y luego nos convertimos en novios», dice ella. «Empezamos como conocidas, luego nos convertimos en amigas y luego ya en mejores amigas». No hay un punto de partida tan específico.

Nuestro cerebro tiende a grabarse bien todas estas fechas de aniversario con nuestras parejas: el día en que se conocieron / cuando se besuquearon por primera vez / cuando se mudaron juntos / cuando se comprometieron / cuando se casaron /

cuando adoptaron un gato. Pero ¿esa falta de un punto de partida en específico significa que no podemos celebrar los hitos de nuestras amistades? Lo sé, no quieres agregar más fechas por recordar a tu calendario. Pero esos hitos o puntos importantes no requieren de mucho: irse a tomar un café, una llamada telefónica, una tarjeta o un simple mensaje de texto. El punto no es generarnos más trabajo emocional o agregarle pendientes a nuestra vida, sino encontrar una forma que funcione para ti y tu amiga de reconocer lo que han construido a pesar de las presiones y las responsabilidades interminables. Sin lugar a dudas vale la pena celebrar esto tanto como cualquier beso o juego de llaves de una casa.

Una parte importante del problema actual es el tiempo: las presiones de nuestro día a día nos hacen sentir que no nos alcanza para todo lo que deseamos. Es un milagro que logremos mantener nuestras amistades, o incluso hacer nuevas por el tiempo que esto conlleva. Agárrate bien: pues así como necesitas cierta química para comenzar una amistad femenina exitosa, también hay algo de matemáticas involucradas en este proceso. Un estudio de 2018 que realizó Jeffrey Hall en la Universidad de Kansas[14] concluyó que necesitas estar cincuenta horas con una persona para pasar de conocidos a amigos superficiales; noventa horas para pasar de amigos superficiales a amigos significativos; y más de doscientas horas para convertirse en amigos cercanos. En definitiva, tienes que esforzarte. «Los amigos no se hacen en un abrir y cerrar de ojos», dijo Hall. «Mantener nuestras relaciones cercanas es uno de los trabajos más importantes que tenemos en la vida».

Aun así, no sé a ti, pero a mí doscientas horas me parecen abrumadoras. Cien sesiones de dos horas de tomar tragos en un *pub*. O doscientas citas en un café. Entre 75 y setenta salidas a comer. Eso es un montón de alcohol, cafeína y platos de queso solo para forjar una relación.

No es la información que querías escuchar, ¿cierto? Si eres como yo, probablemente ya te sientes muy angustiada y con muchísima culpa porque no logras ver a tus amigas, llamarlas o enviarles mensajes de texto con la frecuencia suficiente. Te preocupa que piensen que eres una «mala amiga» cuando en realidad no tienes más que buenas intenciones. Piensas que se sienten ignoradas cuando simplemente a veces la vida no te alcanza, pero luego tú también te sientes un poco ignorada cuando no encuentran tiempo para buscarte.

La clave para darle sentido a todo esto es aprender a priorizar. Ahí es donde entra al juego el número de Dunbar. Es un invento del profesor Robin Dunbar de la Universidad de Oxford, antropólogo evolucionista, a quien ya mencioné antes. Comenzó su carrera estudiando a los primates y estaba convencido de que existía una relación entre el tamaño de su cerebro y el tamaño de su grupo social. Él y sus colegas decidieron aplicar esta teoría a los humanos. Extrapolaron la proporción de los primates y estimaron que el «número mágico» de contactos sociales para las personas era de alrededor de 150. Descubrieron que este número, 150, resulta ser un patrón a lo largo de la historia humana. Es el tamaño máximo para un grupo ideal y se encuentra desde las primeras comunidades de cazadores y recolectores, en las unidades del ejército romano y las villas del Libro Domesday. Pero también debería ser la lista de tarjetas navideñas que quieres enviar, y el registro de las llamadas telefónicas que pretendes hacer en el transcurso de un año. Más de esto, y la red tiende a irse abajo o a colapsar.

Según la teoría de Dunbar, este número suele dividirse en distintos círculos. El más cercano está formado solo por cinco personas, nuestros seres queridos, con los que interactuamos a diario. Luego vienen nuestros «mejores amigos», las diez personas que más valoramos y con las que estamos en contacto de forma semanal. Le siguen los «buenos amigos» (alrededor de 35 personas), y por último están nuestros amigos o conocidos (aproximadamente cien personas). Las personas pueden entrar y salir de estos círculos y, si alguno de ellos se encuentra lleno, es probable que cualquier nuevo amigo tomará el espacio de uno de los antiguos miembros. También hay matices en la personalidad: mientras que los introvertidos se enfocan más en su círculo interno de cinco, los extrovertidos se dispersan más. Y, por lo general, las mujeres tienen más amistades cercanas que los hombres.

Incluso si uno no está de acuerdo con las conclusiones de Robin Dunbar, su teoría señala que todos tenemos un límite en el número de contactos con los que podemos mantener una relación de manera realista. Cada uno de nosotros decidirá, consciente o inconscientemente, quién se queda en qué círculo y cuánto tiempo dedicamos a estas personas.

Mi despedida de soltera fue el ejemplo perfecto de esto. No pude evitar voltear a verlas y reconocer esa variedad tan aleatoria de mujeres ahí reunidas en un *pub* rural con botas de lluvia e impermeables. Una amiga de la escuela, otras tres de la universidad, mis hermanas, algunas compañeras de trabajos anteriores, otra que conocí gracias a un exnovio. Muchas de ellas no se conocían. Yo era su único lazo. Porque después de años de intentarlo, fallar y volver a intentarlo, esa es ahora mi fórmula para la amistad. No tengo una mejor amiga. No tengo una compañera de vida platónica ni mucho menos un alma gemela.

En vez de esto, tengo un surtido de amigas, un grupo suelto de mujeres que he conocido en distintas etapas de mi vida. Algunas se dividen en grupos pequeños de tres o cuatro, con otras tantas nos vemos a solas. Ese es mi método. El tuyo puede ser distinto. Pero sin importar cómo se vean, nuestros círculos de amistad toman su energía de una mezcla de pasado, presente y futuro. Puede que tengas viejas amistades de hace muchísimo tiempo, o que hayas aprendido valiosas lecciones del pasado mientras vas creando nuevas. El punto es que, en definitiva, tu grupito de amigas no es una fórmula preestablecida, sino algo que depende de ti.

Lo que debemos apreciar, que demostraré en los próximos capítulos, es que hay muchas formas de experimentar la amistad femenina. El punto es encontrar lo que te funciona y lo que te hace sentir mejor. El vapor para vaginas, los gránulos de coliflor y el *hygge* son opcionales.

AMISTADES TÓXICAS

Mito: Las amistades tóxicas siempre son culpa de alguien

Necesito un trago, pero no puedo ir al bar porque tres de mis amigas me están mirando fijamente. Quieren que acepte un plan que, pensándolo bien, debería haber rechazado al instante y haberme dado la vuelta, pero ahora estoy a punto de aceptarlo.

Es mi primer año de universidad y, después de haber vivido pegados como chicles en las residencias estudiantiles durante unas cuantas semanas —éramos más de seiscientas personas en un edificio lleno de asbesto que demolerían hasta los cimientos un año más tarde— de pronto nos piden que nos subdividamos en grupos para elegir a nuestros futuros compañeros de casa. Estoy segura de que me van a rechazar. O, en el mejor de los casos, que me van a elegir por lástima. Alguien tiene que vivir con ella... hazlo tú... No, tú.

Lo que este sentimiento significa es que estoy desesperada por hacerme amiga de cualquier persona que me acepte. El control de calidad se ha escapado por la ventana. Así que en vez de tomarme mi tiempo y analizar con quién voy a conectar, o unirme a alguna de las sociedades... me aferro al grupo de chicas más cercano. ¿Y qué hago cuando esas chicas —con las que comparto un corredor, pero no más— me sugieren que compartamos casa para el segundo año...? ¡Yo me habría cortado una extremidad para que esto sucediera!

Estamos sentadas las cuatro en mi cama individual llena de resortes con su colcha de manchas azules y blancas de Debenhams (la misma que tenían en la casa de *Big Brother* el verano anterior), cuando sucedió.

—Claire, ¿quieres vivir con nosotras el próximo año? —me dijo Naomi, con su voz cantarina.

Casi se me sale el corazón del pecho.

—Será tan divertido —agregó Leonie—. Podremos salir todo el tiempo y así.

¿Qué significa «y así»? No estoy segura, pero quiero descubrirlo. Tal vez este sea mi boleto de entrada al club secreto de las mejores amigas, ¡por fin!

Miro el *collage* de fotos en la pared de mi habitación, con las caras recortadas de mi familia, Izzy y Marie sonriéndome. Seguro se sentirían felices de que esté haciendo nuevas amigas, pienso. ¿Y será tal vez que estas chicas sean más afines a mí? Comienzo a imaginar que tal vez estoy creciendo y encontrando a mi gente.

La realidad, por supuesto, resulta ser mucho más complicada que eso. No es ningún secreto que muchas mujeres batallan con la amistad durante la universidad. Es la primera vez que viven fuera de casa, con todas esas expectativas de formar vínculos estrechos de por vida y pocas responsabilidades más que hacer que eso suceda. Es un entorno de alta presión que, sin duda, se desborda para algunos.

Mucho de lo que sucedió durante mi segundo año en la universidad lo había dejado atrás. De hecho, desenterrarlo para este libro ha resultado bastante doloroso. Tuve que confrontarme con mi propio comportamiento de aquellas épocas

—que era todo menos ideal— y entender que seguramente mis amigas de entonces ni siquiera se reconocerían a sí mismas en este capítulo. Sin duda tendrán su propia perspectiva sobre lo que estoy a punto de contarles. Pero al compartir la mía, espero que cualquier persona que experimente una situación similar pueda reconocer a tiempo los rasgos tóxicos en una amistad y se aleje, ahorrándose así mucha angustia en el futuro.

Si pudiera volver atrás, es posible que nunca hubiera participado en la gran estafa del dormitorio de 2003.

El asunto era este: hicimos un sorteo para elegir quién dormiría dónde en nuestra nueva casa.

Éramos cinco. Naomi era la líder autoproclamada. Era bonita, ingeniosa y autocrítica (pero no sin antes llevarse a su amiga entre las patas): «Mis pies son muy puntiagudos... pero mira lo larguiruchos que son tus dedos». Desde el primer día se aventó un comentario así: «Tienes unas cejas muy bonitas, aun cuando se encuentran en el medio».

Leonie y Poppy eran su mano derecha e izquierda. Las tres ya se conocían desde antes y tenían amigos en común. Ahora que miro hacia atrás, eso debió haber sido una señal de alerta: la universidad no es el lugar ideal para encontrarte un grupito de amigas e intentar colarte en él. Pero en ese momento me pareció el pináculo de la amistad femenina.

Otra chica de nuestro pasillo, Malia, también había sido reclutada para vivir con nosotras, pues la casa era una oportunidad demasiado buena como para que ella la dejara pasar. Después de todo, estaba en pleno centro de la ciudad estudiantil de Birmingham. Había un dormitorio principal con una cama tamaño king, dos cómodas habitaciones de tamaño mediano, un cuartito miniatura que apenas si podía albergar una cama individual y un dormitorio en la planta baja (con una ventana que daba a la calle y a la cual la clientela de la tiendita cercana disfrutaba aventar sus cartones vacíos).

Las tres chicas que me miran fijamente en el *pub* quieren asegurarse de que ninguna de ellas terminará durmiendo en el cuartito. Lo que sugieren es que hagamos un sorteo con los números del uno al cuatro para elegir qué dormitorio queremos (y al que le toque el uno será la primera en escoger), y luego, cuando Malia llegue al *pub*, volvamos a hacer el sorteo, pero solo para engañarla, pues esa vez todos los papeles del sorteo tendrían escrito el número cinco para garantizar que ella se quedara en el cuartito. «A mí me tocó el número uno», exclamaría la vencedora, que seguramente elegiría el cuarto con la cama king, y ocultaría su papelito con el número cinco.

Sentada en una mesa alta, con el tipo de taburetes tan incómodos que te hacen sentir como si estuvieras en la peor entrevista de trabajo del mundo, analizo mis opciones: 1) Seguir este plan truculento, no decir nada y por fin encontrar a mis mejores amigas para siempre; 2) decirles que no quiero ser parte de él y verme obligada a vivir en los departamentos de estudiantes recién construidos, también conocidos como «el bloque de los perdedores»; 3) salirme de la universidad.

—¿Quién va primero? —pregunté, fingiendo una sonrisa.

Me muero de vergüenza al recordar esto ahora. Era tal mi deseo de ser aceptada que, en vez de oponerme a algo que sabía que estaba mal, me puse a buscar en mi bolsa un viejo recibo en el que pudiéramos escribir los números con mi delineador Collection 2000.

Durante mucho tiempo me he cuestionado dos cosas sobre ese día. Primero: ¿qué había hecho nuestra quinta compañera de casa para merecer esto? La respuesta: simplemente creo que a las otras tres chicas les pareció que ella no armaría un escándalo por pagar una habitación tan pequeña en la que fueran inexistentes las posibilidades de que alguna vez pudiera invitar a alguien a quedarse. La misma cantidad de renta, pero no la misma cantidad de sexo.

Segundo: ¿a mí también me estafaron? Yo elegí el número cuatro de ese pegajoso vaso de pinta que, momentos antes de la tragedia, había contenido un trago conocido como «mordedura de serpiente». Por lo que me quedé con la habitación helada de la planta baja junto a la puerta principal de los dormitorios, que se cerraba de golpe toda la noche mientras los demás estudiantes entraban y salían. Para intentar dormir, terminaba tapándome los oídos con cinta adhesiva azul.

Tengo todas las razones para sospechar. Naomi eligió el número uno; Poppy y Leonie, los números dos y tres. En ese momento no me importó: me habían incluido y me sentía eufórica. Así es como se siente ser parte de un escuadrón de chicas. Así es como se siente tener el control...

Ese es el problema con las falsas amistades: no se muestran de inmediato como un fraude. Te deslumbran con su generosidad («¿Por qué no te pruebas mis botas nuevas?») y su atención («Claire, ¿puedo sentarme a tu lado en el cine?») para hacerte sentir en deuda con ellas. Luego te menosprecian sutilmente, de una manera tan imperceptible que apenas si te das cuenta. Peor aún, es posible que ni siquiera noten que lo están haciendo.

La universidad es un momento de mucha vulnerabilidad. Es cuando se supone que debes conocer a «tu tribu», no a esas personas circunstanciales con las que compartiste el mismo código postal. No solo se trata de una experiencia formativa para tu futuro académico, es donde nace tu familia de amigos. Pero muchas de las mujeres que conozco estarían de acuerdo en que batallaron para hacer amigos la primera vez que vivieron fuera de casa, y que tomaron malas decisiones. Como yo lo hice ese viernes lluvioso a las cuatro de la tarde en el *pub* The Gunbarrels.

Aprender a lidiar con estas experiencias más temprano, dice Jane Lunnon, nos puede dar las herramientas para hacerles frente a lo largo de nuestras vidas. Por eso, cuando fue directora de Wimbledon High en 2016, introdujo lecciones sobre la amistad tóxica para enseñarles a las niñas que la decepción es parte de la amistad, y que no deben recriminarse si algo sale mal. «Es crucial que enseñemos a los niños la realidad sobre las relaciones, que no siempre son brillantes ni llenas de colores», explicó en ese momento.

«No es descabellado decir que una amistad realmente tóxica puede tener un impacto similar a otras formas más tradicionales de abuso», agrega Jane cuando hablamos por teléfono. De hecho, hasta inventó una lista de preguntas que podemos hacernos para evaluar si una amistad se ha vuelto potencialmente tóxica.

1. ¿Te sientes ansiosa cuando se reúnen? En ocasiones te puedes sentir nerviosa cuando te encuentras con una amiga —digamos, por ejemplo, si no se han visto por un tiempo—, pero si es algo recurrente, deberías cuestionarlo.

2. ¿Hay desequilibrio de poder? ¿Siempre se ven en el lugar que decidió tu amiga o hacen lo que ella quiere?

3. ¿Cómo reaccionan? ¿Tu amiga te ignora si intentas sugerir algo que te gustaría? ¿Reacciona de forma exagerada, insultándote o haciéndote menos?

4. La cuarta es un poco más complicada de detectar, porque la verdad es que este tipo de amistades suelen ser bastante entretenidas. «La amiga con poder puede llegar a ser muy encantadora», dice Jane.

> «Lo que sucede es una mezcla de emociones extrañas... te la estás pasando muy bien, pero luego sucede algo raro que lo cambia todo y sientes como si hubieras hecho algo mal».

Ese es exactamente el punto: una «amistad tóxica» no es tóxica todo el tiempo. Es tan atractiva como para que sigas regresando a ella y logres poner alguna excusa sobre los malos ratos. Es por eso que existen términos como «amienemiga». Los momentos dolorosos lastiman aún más porque hace cinco minutos eran inseparables.

¿Quieres otra verdad dolorosa? Es probable que no todo mundo vea a tu amiga tóxica como tal. A menudo, como lo explica la *coach* de amistad Shasta Nelson, lo venenoso suele ser la dinámica y no tanto las personas en sí.

«Hace un par de años tuve una amistad a la que me podría referir con esa palabra, pero otras personas la amaban y tenían una gran relación con ella», cuenta. «Así que no creo que ella fuera una persona tóxica, sino más bien fue tóxico el patrón que desarrollamos en conjunto. Sin embargo, eso no quiere decir que toda la gente o todas tus amistades tengan algo de tóxicas».

¿Crees que ese fuera el caso con mis antiguas compañeras de casa?

Después de la gran estafa del dormitorio, Naomi y yo nos volvimos muy cercanas durante ese primer año de universidad. Veíamos *Sex and the City* en su cuarto, nos ayudábamos una a la otra con nuestros ensayos, intercambiábamos ropa y salíamos con chicos del mismo grupito. No podía ser más perfecto. Externamente, yo parecía feliz. Pero por dento, sentía que mi cabeza (¿en verdad tienen algo en común?, ¿estás siendo fiel a ti misma) y mi corazón (finalmente tienes amigas, no lo vayas a arruinar) estaban peleando todo el tiempo. Y cuando al fin nos mudamos a nuestra nueva casa, esta amenaza se convirtió en una guerra total.

Comenzó de forma gradual. Naomi me invitaba a ir de compras, y luego decía que no era cierto y que no había espacio suficiente para mí en el auto. Todas dejaban de hablar cuando yo entraba a la habitación. Leonie arruinó mis nuevos tenis Adidas de gamuza tirándoles caldito de atún. Los tallé durante días y no puede quitarles el olor. Después de eso comencé a dejar cerrada con llave la puerta de mi cuarto.

Son esos pequeños detalles los que, cuando vivía con estas chicas, comenzaron a devorarme lentamente y de modo silencioso. Me sentía muy ansiosa de decir o hacer algo que las pusiera en mi contra para siempre.

Comencé a dormir mal por primera vez en mi vida. Siempre había sido el tipo de persona que se queda dormida apenas pone la cabeza en la almohada y, si nadie la molesta, podría seguirse unas buenas diez horas sin problemas. Es algo que siempre ha enfurecido a los insomnes y madrugadores de mi vida, pues yo duermo plácidamente sin necesidad de un antifaz y, según dicen, con una tranquila sonrisa en la cara.

Cuando era estudiante, me conocían por poder quedarme dormida de pie recargada en las bocinas de los antros. A mis 20 años, cambié al sanitario de las fiestas caseras. Más de una vez forzaron la puerta del cuarto de baño porque la gente que estaba en la cola pensaba que había tenido algún tipo de accidente horrible. Pero ahí estaba yo, soñando de lo más tranquila. Pero en ese entonces era un zombi. Incluso Malia, que casi siempre se quedaba en casa de otras amigas, comenzó a notarlo. «¿Estás bien?», me preguntó, mientras que sus ojeras también dejaban mucho que desear.

Agotada e infeliz, comencé a desquitarme con mi novio, Dan. En ese entonces ya llevábamos juntos un año. Habíamos conocido a nuestras familias mutuas. Sabía el nombre de sus antiguas mascotas de la infancia y qué canción escuchaba la primera vez que se masturbó. Viéndolo desde afuera, en realidad no congeniábamos mucho: él era científico y deportista y yo una estudiante de letras cuyo mayor ejercicio era darlo todo en la pista de baile de algún lugar. Pero vaya que lo intentaba. Incluso fui a un viaje de esquí de la universidad e intenté caerle bien a un montón de personas vestidas con overoles para nieve (el mío era prestado y demasiado corto) y a mi novio le decía Danny Boy o Dan The Man.

Poco a poco comencé a necesitar más atención. Le insistía a Dan para que me acompañara a casa de regreso del campus, a pesar de que solo vivía a un par de calles de distancia. Estaba sedienta por recibir pequeñas muestras de cariño. Todo el tiempo le pedía que me confirmara que me veía bien. No era vanidad, como él creía, sino que mi autoestima cada vez estaba más baja. Cada vez que trataba de contarle sobre mi situación en la casa, él lo menospreciaba y decía que eran cosas insignificantes de chicas: «¿No pueden ser todas amigas y ya?», me decía, como si yo no hubiera pasado la mayor parte del año intentando lograrlo.

La noche en la que terminó conmigo estábamos sentados uno al lado del otro en mi cama, mientras la luz verde de la tienda de papas fritas de enfrente parpadeaba a través de mi ventana y le iluminaba la cara. «Solo siento que no puedo hacerte feliz», me dijo, mientras yo jugueteaba con mis uñas. «Lo siento». Me besó en la frente y se marchó.

Naomi estaba furiosa. Ante sus ojos, yo había arruinado nuestro cómodo arreglo con el grupito de chicos. Me dejó de hablar durante varios días y el resto de mis compañeras de casa hicieron lo mismo. Se sentía brutal, y el hecho de que yo pudiera estar mal porque acababa de terminar una relación ni siquiera les pasó por la cabeza. Comencé a dejar de ir a clases, y el incipiente puñado de amistades que había hecho con mis compañeros comenzó a desvanecerse con rapidez.

Recuerdo que entré en pánico. ¿Cómo era posible que estuviera a la mitad de mi experiencia universitaria —un periodo supuestamente mágico— y no tuviera ni novio ni amigas para demostrarlo?

La gota que derramó el vaso fue cuando intenté lidiar con mi acosador. Sí, lo llamaré Acosador, para que no quede ninguna duda. De hecho, durante mucho tiempo dudé si eso era en realidad lo que estaba pasando, y la reacción desdeñosa de mis compañeras de casa no ayudó.

Acosador iba un año más arriba. Lo conocimos una noche que salimos de fiesta, con ocho vasos de vodka y Red Bull, y una vomitada táctica. Nunca pensé en él más allá de eso. Pero unas semanas después de mi ruptura con Dan, durante las vacaciones, me envió un mensaje: «Hola, estoy en Londres y me acordé de ti. ¿Quieres que nos veamos?». En ese momento yo estaba ocupada con una pasantía en un periódico: «No puedo, nos vemos de regreso en Birmingham», le contesté. A veces me preguntó si debería haber accedido a ir solo por un trago. O tal vez no responderle en lo absoluto. ¿Cuál habría sido la opción más cortante?

Ahora entiendo que este es un caso clásico de culpar a la víctima. Así que terminemos de una vez con ese venenoso mito: que te acosen no es tu culpa. Y es algo totalmente distinto al amor no correspondido. Si alguien se niega a dejarte en paz porque le gustas o está enamorado de ti, no está siendo «romántico», sino que te está acosando.

Volviendo a cuando estaba en la universidad, empecé a sentirme muy nerviosa. Los mensajes de texto de Acosador se intensificaron y comenzó a llamarme a las tres de la mañana, y con frecuencia solo se escuchaba su respiración agitada. Me enviaba mensajes pidiéndome que nos viéramos en distintos lugares a las afueras de la ciudad. Empecé a mirar hacia atrás antes de cerrar la puerta y a comprobar que la ventana de mi dormitorio estuviera bien cerrada antes de irme a dormir. Pero cuando les conté esto a mis compañeras de casa, actuaron como si estuviera inventando todo esto para llamar la atención. «Es un chico muy lindo», decían cuando salía su nombre. «¿Es tu acosador?», me cuestionaba Naomi cada vez que sonaba mi teléfono, como si me tuviera que sentir halagada por ello. «Simplemente le gustas», decían, intercambiando miradas casi siempre a mis espaldas. Me hacían sentir como que tal vez yo hubiera malinterpretado el asunto, como si no tuviera que fijarme en todos los rostros cuando salía de clases para asegurarme de que no estuviera ahí esperándome.

El punto crítico llegó una noche antes de un examen, cuando estaba muy estresada estudiando en mi habitación y Naomi puso música pop de lo más cursi a todo volumen, justo arriba de mí. En ese entonces me quedaba a dormir en la casa de mi novio Stephen con regularidad, lo cual no era tan conveniente, pues vivía en una parte distinta de la ciudad. Pero era un buen pretexto para alejarme de mi casa y del estrés de que Acosador se apareciera en la ventana en cualquier momento.

Stephen y sus compañeros de casa eran todo lo que le faltaba a mi hogar estudiantil: generosos, amables y divertidos. Se entretenían con la típica diversión clasemediera fácil de digerir (jugar Mario Kart hasta la dos de la mañana, cocinar carne como si estuvieran en la final de MasterChef, decirle a todo mundo «compa»), pero que es menos divertida si no tienes amigas mujeres con las que puedas burlarte de ello con sutileza.

Mi creciente ausencia fue interpretada como un desaire directo hacia Naomi. De pronto dejó de hablarme por completo, al igual que las demás. Cuando entraba en la sala luego de un fin de semana de estar fuera, ella se levantaba del sofá y se iba de ahí, casi chocando con mi hombro en el camino. «Ay, perdón, no me había dado cuenta de que vivías aquí», decía.

Tal vez debí intentar sentar a mis compañeras de casa y explicarles por qué estaba pasando tanto tiempo fuera. Pero parecía inútil tratar de hacerles entender lo que para mí era obvio, y sentía como que ni siquiera mostrarían interés por escucharme si hubiera encontrado las palabras adecuadas. Es un ejemplo de todas las cosas que se quedan sin decir en las amistades femeninas, algo que los académicos de la Universidad de Arizona, Walid A. Afifi y Laura K. Guerrero llamaron «evitar el tema» en su estudio de 1998.[15] Llegaron a la conclusión de que no confesamos ciertas cosas a los amigos en gran parte por autoprotegernos. Abrirse y mostrarse vulnerable casi siempre es complicado, sobre todo cuando la persona o las personas involucradas tienen un signo de interrogación sobre sus cabezas. ¿Puedes confiar en ellas? ¿Te van a rechazar o a traicionar? Es más fácil quedarse callado y protegerse, y todos hemos usado esa armadura emocional en algún momento de nuestras vidas, incluso si, como lo descubrirás más adelante, dejar pasar estos pequeños problemas puede hacer que las cosas sean más difíciles a la larga.

Esa noche antes del examen subí a cuatro patas las escaleras de madera hasta la habitación de Naomi, como un animal asustado, y llamé a la puerta.

—Naomi, ¿te molestaría bajar un poco la música? —pregunté con la voz tensa por el esfuerzo de sonar amable.

No hay respuesta.

—Estoy tratando de estudiar...

El volumen se duplica.

Algo se rompió dentro de mí. Ardiendo de rabia y humillación, regresé a mi habitación para utilizar mi única arma disponible: la caja de fusibles, que casualmente se encontraba en un pequeño armario encima de mi cama. Este era mi botón nuclear y no tenía miedo de usarlo. La satisfacción fluyó por mi cuerpo cuando bajé el interruptor que decía «electricidad del segundo piso» y la música se apagó. Escuché los pasos de Naomi y a Leonie quejándose de que su ensayo se había perdido. Pero ya no me importaba nada. Empaqué una maleta, me subí a un autobús rumbo al departamento de mi novio y no volví a esa casa sino hasta unas semanas después, cuando mi papá vino a buscarme al final del curso.

El incidente fue para mí la prueba absoluta de lo que mis dos décadas en la Tierra habían estado tratando de insinuarme: que no se puede confiar en las amistades femeninas. Que te decepcionarán y descartarán como calzones sucios del día anterior. Me digo a mí misma que soy una chica que se lleva mejor con los chicos, de las que disfrutan la carne barata y mal cocinada, y el Nintendo.

Me hice las mismas preguntas una y otra vez durante mucho tiempo después: ¿ellas querían humillarme deliberadamente?, ¿o me inventé estas historias en mi cabeza? ¿Estaban creando, de forma perversa, un vínculo más cercano entre ellas al dejarme afuera? Tal vez algunas de sus acciones fueron errores involuntarios, pero no podía ser que todos hubieran sido así.

Seguramente yo también fui un poco responsable de lo que pasó. Llegué a esa situación a sabiendas de que saldría decepcionada. Estaba tratando de ser otra persona. Renuncié al control de mis propias emociones, de la misma manera en que muchos de nosotros lo hacemos cuando tratamos de encajar, o cuando cedemos a una situación debido a la presión de los compañeros. Lo mismo puede suceder en una relación romántica, cuando parece más fácil (aunque falso) acceder a lo que quiere la otra persona para mostrar tu devoción y ganarse su cariño.

Mi único contacto con Naomi, Leonie y Poppy después de eso fueron algunos mensajes cortantes sobre facturas pendientes. Me sentía aliviada, pero ¿qué sucedería ahora? Estaba por comenzar mi último año de universidad sin amigas y viviendo con dos chicos, a quienes conocía a través de Stephen.

Buscando una distracción, y sin tener nada que perder, me uní al periódico universitario, un grupo ecléctico de personas que pasaban la mayor parte de sus días en una pequeña habitación sin ventilación en las entrañas del edificio del consejo estudiantil. Llevaba solo unas pocas semanas escribiendo cuando mis editoras, Eleanor y Bella, anunciaron que iban a renunciar y que estaban buscando un reemplazo. Solicité el puesto.

Eleanor y Bella eran gemelas. Idénticas, hermosas y muy elegantes, flotaban por el campus con sus faldas largas y sus cabellos recogidos con donas de terciopelo. Me intimidaban muchísimo, pero de alguna manera decidieron que yo era la mujer adecuada para el trabajo. Me enviaron un carismático correo electrónico en el que describían mis responsabilidades y me compartían algunos chismes sobre el equipo. «Solo una cosa», me pusieron. «Tu adjunta es Agatha. Es buena, pero no creemos que sea tu tipo de persona. Nos parece que son bastante diferentes».

Dieciséis años después, Agatha y yo todavía nos reímos de esto. Luego de una semana de trabajar juntas, nos dimos cuenta de que íbamos a ser amigas. Las gemelas tenían razón, somos muy diferentes en los aspectos más superficiales. Yo soy una sureña con cabello lacio y gusto por la carne seca. Agatha es una citadina de cabello rizado que, cuando le pregunto cuál es su mayor emoción, responde que «el hummus». Ella siempre piensa en los demás antes que en sí misma y pasa gran parte del año donando sangre. Yo en pocas ocasiones logro pensar en los demás (después de hacerlo en mí) y ni siquiera conozco mi tipo de sangre.

Agatha es intensamente sociable y tiene una asombrosa habilidad para mantenerse al día con amigos de todos los rincones del país. Yo finjo ser sociable pero, en secreto, nada disfruto más que una noche sin salir y un baño en la tina. Y como casi nadie usaba la que estaba en su casa de estudiantes, Agatha me dejaba regocijarme en ella. Llegaba a su puerta con una toalla y una novela bajo el brazo, confundiéndome un poco con sus compañeras, y me encerraba en su baño para acabar con el suministro de sus velitas de IKEA del semestre.

Sin embargo, lo que en verdad importa es que tenemos el mismo sentido del humor. Nos gusta la misma música y los mismos libros. Ambas somos cercanas a nuestros padres. También, las dos pasamos por experiencias incómodas con nuestras antiguas compañeras de casa. Así como me pasó a mí, en su segundo año Agatha vivía con una chica que, por razones desconocidas, decidió dejar de hablarle. Muchas mujeres me cuentan que les sucedió algo similar en los años posteriores a la graduación.

Estas extrañas dinámicas no siempre resultan ser claramente tóxicas. Para mí, la toxicidad es cualquier comportamiento que te hace sentir menos, o que estás en una relación en la que no hay equilibrio de poder. Puede ser una amiga que siempre te juzga cuando le confías algo. O alguien que siempre se pone celosa; tanto, que comienzas a sentir que no quieres compartirle tus buenas noticias. O cuando esa persona es tan posesiva que se siente mal si pasas tiempo con otras amigas. O que le guste demasiado el chisme, una razón importante por la que algunas mujeres me dijeron que les resultaba difícil confiar en sus amigas y preferían no irse a «viajes de chicas».

Podría ser una amiga que está tan envuelta en sus propios dramas que nunca escucha los tuyos. O cuando te hacen sentir que debes ir con demasiado cuidado para que no se ofendan, o siempre son negativas. Tal vez es alguien a quien le gusta comprar tu afecto. O una amiga que te presiona, «Ándale, comparte la botella de vino conmigo», cuando ya le dijiste que no quieres tomar. Una compañera que nunca toma la iniciativa para hacer planes o estar en contacto y siempre te deja el trabajo pesado. Alguien que solo aparece cuando necesita algo: un hombro sobre el que llorar, un contacto de trabajo, compañía para pasar el rato cuando vuelve a estar soltera.

Apuesto a que tienes, o has tenido, una amiga en tu vida que encaja en una de esas categorías. Ese tipo de amistades no solo las encuentras en la escuela o la universidad. Pueden suceder en cualquier momento de tu vida y con cualquier persona. En ocasiones, las amistades que has tenido durante años pueden llegan a ser las más dañinas de todas, y sueles pasar por alto todos esos comportamientos negativos por un sentido de lealtad. Tal vez ya te acostumbraste a sentirte incómoda.

Radhika Sanghani, autora de *Treinta cosas que me gustan de mí*, tiene un sistema basado en puntaje para determinar si una amistad es saludable o no. Cuando se reúne con alguien, se cuestiona si salió de ahí sintiéndose animada (más dos), más o menos (cero) o peor (menos dos).

«Para mí, es una forma de averiguar si una amistad o una conexión es positiva o no. Porque a veces pasas el rato con tus amigos en piloto automático», dice. «Pero es importante tomarte un momento después de reunirte con ellos para preguntarte: ¿Cómo me siento? ¿Estas conversaciones me llenan o me agotan? Si te llenan, fantástico, de esas quieres más. Sin embargo, si te agotan, y esto sucede de forma recurrente, entonces tienes que aceptarlo: "Esta amistad no me aporta nada. Necesito tomar distancia"».

Podría parecer una forma bastante calculadora de considerar tus amistades, pero de cualquier manera, creo que es algo que muchas hacemos de forma natural: te das cuenta perfectamente cuando sales de ver a una amiga y te sientes llena de felicidad y energía, y eres incapaz de dejar de sonreír, y te das cuenta cuando te sientes cansada o agotada al llegar a casa después de reunirte con alguien. Se trata de tomarse un momento para reconocer en realidad estos sentimientos y atribuirles un patrón.

Vemos tan seguido en la pantalla esta dinámica negativa que nos hemos vuelto casi inmunes a ella. No soy la primera persona en señalar lo falso que es el personaje de Carrie Bradshaw en *Sex and the City*, y me duele hacerlo porque creo firmemente que necesitamos más mujeres imperfectas en la televisión y el cine, y menos estereotipos de la «chica buena». No tiene nada de malo mostrar las partes menos agradables de nuestra personalidad y las cosas que hacemos por culpa, celos y supervivencia. Es por eso que programas como *Fleabag* son tan populares: no les da miedo mostrar el dolor que las amigas pueden ocasionarse entre sí, así como la alegría que puede traer tomarse un café en un establecimiento alegre en donde convives con conejillos de indias.

Necesitamos hablar sobre lo falsos que son estos personajes y no caer en la fantasía tóxica de que lo que estamos viendo es un modelo perfecto de amistad femenina. De hecho, muchas mujeres sintieron alivio cuando supieron que el personaje de Samantha Jones no participaría en el relanzamiento de SATC, *And Just Like That*. «Destruye el mito de las amigas para toda la vida» y se convierte en «la amiga que nunca contesta los mensajes de texto», como lo expresaron algunos titulares. Esto demuestra lo poco que hablamos sobre el desmoronamiento de nuestras amistades femeninas, y la rapidez con la que pueden convertirse en algo no tan eterno como pensábamos.

◆ ◆ ◆

Somos más conscientes que nunca sobre la toxicidad en relaciones románticas y lo dañinas que estas pueden ser. El control coercitivo fue agregado como delito en 2015, lo que significa que un patrón de comportamiento abusivo en un nivel psicológico en una relación íntima o familiar ahora tiene una pena máxima de cinco años en prisión. Pero cuando se trata de amistades tóxicas, todavía nos cuesta trabajo reconocerlas.

Por supuesto, es complicado comparar una amistad controladora con una relación romántica tóxica: hay algunos factores en juego que hacen que las relaciones románticas conlleven más riesgos y puedan ser realmente peligrosas.

Pero hay algunas similitudes sorprendentes, en especial cuando se trata de detectar algunas señales de advertencia que pueden indicar que una amistad es poco saludable.

Natasha Devon, miembro de la Orden del Imperio Británico, voluntaria en refugios y autora de *Tóxica* (una novela sobre una amistad femenina problemática) creó la siguiente lista para el suplemento educativo del periódico *Times*, con algunas cosas que debes tener considerar sobre las relaciones problemáticas. Amablemente me dejó reproducirla aquí.

- Este tipo de amistad suele desarrollarse cuando te sientes vulnerable. Como cuando acabas de terminar con otra amistad cercana, alguien te molesta en la escuela o tienes problemas en casa. Esta nueva amistad aparecerá y te hará sentir especial en un momento en el que tu confianza en ti misma es baja.

- Tu amiga disfruta esta dinámica (de «salvadora») y busca mantenerte en esta situación de vulnerabilidad. Pasa mucho tiempo consolándote cuando las cosas salen mal, pero desaparece o muestra una respuesta poco entusiasta cuando tu vida comienza a mejorar.

- Tu amiga ha tenido muchas experiencias intensas de amistades en el pasado que han resultado en drama. Te cuenta sobre ellas de manera cuidadosa y editada para que no te quepa duda de que estas situaciones no fueron su culpa.

- Si tu amiga se enoja contigo, disfruta mucho castigarte privándote de su compañía o no mandándote mensajes de texto con la frecuencia que acostumbra, dejándote con la incertidumbre de qué has hecho mal.

- Cuando tu transgresión por fin sale a la luz, casi siempre se trata de algo imperceptible, como que accidentalmente la ofendiste reviviendo algo de su pasado que no te había contado. Comenzarás a sentir como que tienes que caminar de puntitas en esa relación.

- Al principio la amistad será increíblemente intensa. Por lo general, esta amiga tendrá varios problemas (lo cual está bien, todos los tenemos) pero se negará a buscar ayuda para manejarlos. En cambio, pondrá este peso sobre ti y exigirá que le des un trato especial a estos secretos. Suelen ser personas encantadoras que cuentan muchas historias en las que siempre terminan como las heroínas. Le comprarás esta campaña publicitaria y te hará sentir como que es más especial que tú.

- Las amistades tóxicas casi nunca son unilaterales. Tú también te comportarás de formas de las que después no te sentirás particularmente orgullosa, porque estarás confundida y molesta con el comportamiento de la otra persona. Cada vez que te plantees la idea de confrontarla o de acabar con la amistad, recordarás que tú tampoco eres inocente y te dará miedo que ella te recuerde las razones por las que eres una terrible persona.
- Lo más importante: tu amiga podría leer todo lo anterior y no reconocerse en ninguna de estas descripciones.
- Si un buen número de las cosas anteriores están presentes en esa relación, no necesariamente significa que la «perpetradora» sea una persona horrible, sino que la dinámica entre ella y su «víctima» no dejará nada positivo para ninguna de las dos. Lo más saludable para ambas partes sería mantenerse a distancia.

Los dos últimos puntos son muy importantes. Esta no es una historia del bien contra el mal. No existe tal cosa como «chicas buenas» y «chicas malas». No es tan simple como que yo fui la heroína lastimada y mis compañeras de la universidad las villanas agresoras. De hecho, es muy probable que lean este capítulo y, como dice Natasha, ni siquiera se reconozcan en él. Tal vez nunca se dieron cuenta de cómo me sentía yo en realidad. Y aunque yo sí logré entender que nuestra situación era tóxica, tal vez ellas no lo hicieron. Después de todo, no es fácil reconocer tus comportamientos negativos en una amistad: darte cuenta de que tu honestidad tan brutal puede llegar a sentirse como crítica; que a veces nadie pide tus «grandes consejos» y se pueden llegar a sentir como prejuiciosos; que el querer pasar siempre tu tiempo libre con alguien puede resultarles agobiante, controlador o como si los quisieras aislar.

Todas estamos en el mismo espectro de la amistad femenina y pasamos por los distintos puntos de esa escala a lo largo de nuestras vidas. Tan solo piensa en los aspectos básicos que estás buscando en una amistad: alguien con quien puedas hablar abiertamente, alguien a quien puedas acudir en busca de apoyo, alguien cuya compañía disfrutes. Pero es frecuente que estos fundamentos de la amistad se vean afectados por los cambios de la vida, y las características que más necesitabas en una amiga también pueden cambiar, o alguna volverse más importante que en otra. Esto puede llegar a desequilibrar tus relaciones. La clave es no dejar que tus necesidades de ese momento en específico se conviertan en un comportamiento que pueda afectar de forma negativa a la otra persona.

Ese desequilibrio es la razón por la que, en la universidad, elegí un número de ese vaso pegajoso sin pensarlo mucho: porque en ese momento deseaba sentirme aceptada. Es la razón por la que apagué esa caja de fusibles: porque en ese instante me di cuenta de que ninguna de mis necesidades de amistad estaba siendo cubierta. También es la razón por la que fui a una fiesta de disfraces en la casa de estudiantes de Agatha ataviada con un par de tijeras gigantes hechas de papel aluminio a las pocas semanas de conocerla, porque sabía que había encontrado a alguien cuya compañía —y buen humor— podía disfrutar.

Podría parecer que la estoy librando de culpas, pero Naomi no es más monstruosa en esta historia que yo. La universidad también fue un periodo de formación para ella, con todas las presiones que esto conlleva. Ahora puedo verlo con más claridad, e incluso si ella no logró darse cuenta en ese momento, estoy segura de que lo hizo más tarde. Casi dos años después de graduarnos recibí un mensaje de texto de una amiga en común.

«Hola, Claire. Naomi me pidió que te mandara este mensaje, espero no te moleste. Ella se siente muy mal por cómo terminaron las cosas entres ustedes y le gustaría que consideraras volver a ser su amiga. ¿Qué opinas?».

¿Que qué opinaba? Ahora era yo la que tenía el poder... y cualquier gran poder conlleva una gran responsabilidad. Así que mejor lo borré.

Eso es lo que pasa cuando experimentas una dinámica de amistad tóxica: llega el momento en que tienes que ponerte a ti misma primero. Tal vez eso signifique confiar en tu intuición de que algo anda mal. O tal vez eso signifique intentar abrir la conversación. Pero lo más probable es que signifique que tengas que respirar hondo, confesar que esa amistad no es buena para ti y alejarte.

Por supuesto, no es fácil, y probablemente sentirás distintas cosas, como vergüenza, culpa, confusión, arrepentimiento y soledad. Seguro extrañarás esta relación, pues como ya lo vimos antes, toda amistad tóxica también tiene sus partes divertidas. Pero si le das un poco de tiempo, comenzarás a notar que te sientes mejor sin ella en tu vida, y que no eran la amiga o las amigas adecuadas para ti.

También está el asunto de que debes perdonarte a ti misma, lo que suena muy cursi, pero es cierto. Eres humana y las personas cometen errores. Por eso me tardé tanto tiempo en replantear mis preguntas internas del tipo «¿Qué hice mal?», para convertirlas en «OK, hice algunas cosas mal y lo llevé todo al extremo, pero durante este tiempo me hicieron sentir como que no era suficiente». Para mí, ese perdón incluye hacer cosas que disfrutas hacer a solas, como ir al cine (una pequeña acción para recuperar tu sentido de identidad y restablecer tu personalidad) o buscar unirte a otras situaciones sociales positivas, como el periódico estudiantil, a pesar de lo intimidante que esto se puede sentir en un principio.

No puedes cambiar a las otras personas, pero puedes cambiar la forma en la que te tratas a ti misma. No es una tarea fácil, pero es el camino a seguir. Porque tan pronto como dejas ir lo que no funciona, empiezas a hacer espacio para lo que sí.

AMISTADES DEL TRABAJO

Mito: No es buena idea formar amistades con tus colegas

Todo comenzó con un correo electrónico.

«¡Qué pena que llevo todo el día hablando de mi novio! Seguro piensas que soy una insensible. Espero que estés bien».

Corría el Día de San Valentín del año 2006, y una colega acababa de arrojarme el equivalente emocional a un balde de agua fría sobre la cabeza. Yo la admiraba y pensaba que era buen material para convertirse en mi amiga, pero ahora me daba cuenta de que en realidad me tenía lástima. Genial.

Digámoslo con honestidad: las amistades en el trabajo pueden ser un poco extrañas. Básicamente, te están pagando por interactuar con personas a las que nunca hubieras elegido ver más que a tu propia familia y amigos. Al igual que en el patio de la escuela, en un entorno de oficina solo tienes un número finito de posibilidades, y puede llegar a ser complicado saber por dónde empezar a relacionarte (incluso más difícil si eres autónomo o trabajas por tu cuenta).

A muchos de nosotros nos resulta confusa la idea de formar un vínculo personal pero que, al mismo tiempo, siga siendo profesional. Alguien que sea más que una simple compañía rumbo a la máquina de café. Una persona en la puedas confiar y que también confíe en ti como en cualquier otra amistad, pero que al mismo tiempo quiere el puesto que tú tienes o que está peleando por ganarse el mismo proyecto que tú deseas.

Sin embargo, como dice Shasta Nelson, autora de *El negocio de la amistad:* «No todos estamos seguros de que deberíamos hacer amigos en el trabajo. Pero todos somos más felices cuando lo hacemos». Tomando en cuenta que pasamos entre un cuarto y un tercio de nuestra vida adulta en el trabajo —y aquí los límites son más borrosos que nunca—, puede ser bastante útil encontrar personas con las que te lleves bien y que no te envíen correos pasivo-agresivos a las 11 de la noche («No quiero molestarte, pero por favor pon esto en tu lista de prioridades»). Es de mucha ayuda tener a alguien que entienda las presiones únicas de ese trabajo o industria, que conozca a tus horribles jefes y sus malas actitudes. Alguien con quien puedas despotricar, conspirar y también celebrar. Alguien que pueda hacer que el trabajo se sienta un poco menos como trabajo. Pero tener amigos en el trabajo tiene más beneficios que solamente hacernos más llevaderos los días. De hecho, pueden hacernos sentir menos solos, más productivos y, en general, más felices.

En su libro *Amigos vitales,* Tom Rath descubrió que las personas que tienen al menos tres buenos amigos en el trabajo tienen 96% más de probabilidad de decir que están «extremadamente satisfechas con la vida» que los que no los tienen. Esto también puede significar un impacto positivo en nuestra salud mental, pues casi la mitad de nosotros califica el «apoyo práctico y emocional» como la cualidad más importante de las amistades en el trabajo, según una encuesta realizada en 2019 por Milkround,[16] un sitio web para buscar empleo. (Aunque me gustaría fingir que no leí también el estudio que afirma que nosotros, los *millennials*, vemos a nuestros jefes como «padres del trabajo». He tenido directores muy buenos, pero, a diferencia de mi mamá y papá, nunca he recibido una llamada de ellos para preguntar cómo copiar y pegar un texto, ni para pedirle a mi pareja que les vaya a arreglar la impresora).

La evidencia apunta hacia una dirección: deberíamos valorar nuestras amistades laborales tanto como cualquier otra. Aunque una de cada cinco personas podría tener sexo con algún compañero del trabajo[17] (o, si son como yo, llegar a casarse con él), no es buena idea dejar pasar de largo la idea de formar una amistad.

Y muchos lo hacemos. Una encuesta realizada por Totaljobs en 2018 encontró que 60% de las personas se sienten solas en el trabajo en comparación con su vida personal.[18] A los jóvenes les resulta particularmente difícil hacer amigos en el trabajo debido a la ansiedad social y la falta de dinero para salir. Casi la mitad llegó alguna vez a reportarse enfermo por sentirse solo en el trabajo, y uno de cada tres renunció por no tener amigos. Entre las deudas de los préstamos estudiantiles, las rentas altas y los salarios bajos, no sorprende el hecho de que no haya mucha oportunidad de hacer amistades laborales. A eso hay que sumarle el cambio a la comunicación digital —por no mencionar el trabajo autónomo o el inicio de un negocio propio—, que lo ha hecho todavía más difícil. Esas salidas por un trago los jueves por la noche con tus compañeros o contactos de trabajo simplemente no son lo mismo por Zoom.

Se podría decir de alguna manera, entonces, que nunca había existido un momento más importante para formar un vínculo en el lugar de trabajo. Tiene sentido. Shasta Nelson encontró un método de tres puntos para ayudarnos a hacer precisamente eso: una empanadita samosa de amistad, por así decirlo. Identificó los elementos que, según ella, son vitales para hacer una primera conexión, los cuales después te ayudarán a que la relación se convierta en una amistad hecha y derecha.

1. **Positividad:** la amistad te hace sentir bien y apoyado.
2. **Constancia:** se toman el tiempo para conocerse.
3. **Vulnerabilidad:** comparten quiénes son realmente.

Estos puntos se aplican para todos los tipos de amistades, pero son aún más importantes cuando se trata del entorno de la oficina, me cuenta Shasta.

«A los amigos del trabajo no los elegimos porque sobresalen del resto de las opciones ni porque son mejores que todas las demás personas que conocemos», dice ella. «Los elegimos porque los vemos con regularidad. Nos pagan por interactuar con ellos y lo hacemos de forma consistente; después llega este vínculo con las personas que vemos de forma frecuente, con las que sentimos que llegamos a conectar y que nos dejan con un buen sabor de boca».

¿Recuerdan ese estudio de la Universidad de Kansas[19] que descubrió que necesitamos pasar cincuenta horas con alguien para dejar de ser conocidos y convertirnos en amigos superficiales, noventa horas para convertirnos en amigos significativos, y más de doscientas horas para volvernos cercanos? En el trabajo, necesariamente le invertimos este tiempo a nuestros colegas, por lo que no es de extrañar que muchos de nosotros terminemos haciendo amistades duraderas. Es algo que, en lo personal, ni siquiera imaginé que fuera posible.

Estaba de regreso en Londres después de la universidad y había comenzado mi primer trabajo como pasante en la oficina de relaciones públicas de una casa de subastas, lo que, en las infames palabras de Daniel Cleaver en *Bridget Jones,* significaba que pasaba mis días «jugando con comunicados de prensa». En los momentos de distracción aprovechaba para buscar en Facebook fotos de mi exnovio —que me había dejado por teléfono después de la graduación— y su nueva novia. Estaba destrozada, en cualquier descuido le enviaba un montón de mensajes a Agatha para contarle que había llorado sobre mi escritorio o para decirle que estaba «muy triste e hinchada». Creo que mi actitud fue como la de Igor durante al menos seis meses, hasta que recibí ese correo electrónico de San Valentín en el que mi colega se disculpaba. Y, aunque probablemente tenía una buena intención, me pareció bastante vergonzoso.

Ahora entiendo por qué Agatha me insistía en que pusiera mis cosas en orden. Tenía razón. Tenía 22 años, vivía sin pagar una renta (léase: en casa de mis papás) y había encontrado un trabajo estable. Mi única preocupación real era el hecho de que, en mi primer día de trabajo, rompí la enmicadora de la oficina de quinientas libras al poner un plástico al revés sin darme cuenta. No había una verdadera razón para estar deprimida.

Pero no podía quitarme la sensación de que estaba haciendo todo mal. Se suponía que este era mi gran comienzo: la utopía del posgrado de ganar tu propio dinero y tener que pensar en cosas de adultos, como mejorar los números de tu cuenta bancaria. Sin embargo, me sentía infelizmente soltera y lejos de las pocas amigas que tenía, quienes estaban ocupadas siguiendo con sus propias vidas. Izzy y Marie continuaban en la escuela, mientras que Agatha había decidido quedarse en su casa de Birmingham, lo que solo significaba una sola cosa: que llegué a ser clienta muy frecuente del Megabús los viernes por la tarde. Después de una larga semana de trabajo, me entregaba al conductor de rostro rubicundo, como de caricatura, con su gorra amarilla para viajar en el tiempo a mi tercer año de universidad. De regreso a esa reconfortante y familiar casa con su hermosa bañera. De regreso a los bares en los que habíamos desgastado nuestros asientos favoritos. De regreso a un momento de vida en el que sí tenía amigos.

Durante la semana, sin embargo, seguía durmiendo en el dormitorio de mi infancia y me sentía sola y perdida. Me quedaba en vela tratando de entender por qué había regresado ahí, recordando lo mucho que me había costado hacer amigas después de dos décadas de intentarlo. Y aunque todavía lo fueran, ahora teníamos vidas y ciudades diferentes.

«Cuando pensamos que no le caemos bien a la gente o no nos sentimos a salvo, nuestro cerebro automáticamente mira a su alrededor e intenta comprobar lo que sentimos», dice Shasta Nelson. «Por eso en tales momentos te tomas todo personal, supones lo peor y te sientes excluido. Si, al contrario, te sientes que "eres digna y elegida", tus ojos y tu cerebro intentarán buscar esa evidencia».

Estar rodeada de la parafernalia de mi infancia (mi osito de peluche amarillo y varios *trolls* con el pelo todo enmarañado) no ayudaba a mis ojos ni a mi cerebro a buscar algo positivo. Al contrario, mi mente hacía una recapitulación desde las primeras rupturas con mis amigas de la escuela como el rastro de vapor de un avión del que yo estaba al mando pero no sabía pilotar. ¿Qué revelaría la caja negra de mi amistad si pudiera escucharla?

Decidí que el camino a tomar, para evitar más decepciones, era perfeccionar el acto que había comenzado en la universidad de que yo era una chica de chicos: ese estereotipo de «mujer genial» que da la impresión de amar el futbol y los chistes candentes. Que adora los videojuegos, bebe cerveza barata y disfruta la comida rápida. Tal como lo veía, había construido este artificio para mantener mi corazón a salvo de la imprevisibilidad de la amistad femenina. Quería ser el tipo de chica que ninguna mejor se atreve a tocar porque es una más del club de Toby, protegida por su propia indiferencia juvenil. ¡Deja de hablarme! ¡Choca contra mi hombro! Me. Tiene. Sin. Cuidado.

Lo que eso significaba, en realidad, era que pasaba la mayoría de mis tardes viendo *Top Gear* con tipos al azar. Por supuesto que no era feliz, pero no sabía qué hacer al respecto hasta que recibí ese correo electrónico el Día de San Valentín. Podría parecer insignificante, pero para mí fue como una llamada de atención. Había sido tan infeliz y egoísta en el trabajo que no había hecho ni una sola amistad. Por el contrario, sin darme cuenta alejé a las personas y les di la impresión de que era inaccesible.

Tuve que empezar a pensar en lo que en realidad quería —en vez de simplemente dejar que la vida sucediera—, y volver a confiar. Si todavía no había arruinado mis posibilidades gracias a mi eterna cara de sufrimiento, de seguro podría hacer más amistades significativas, y el trabajo podría ser un buen lugar para comenzar. Para ser más precisa, el comedor de trabajo.

Sé lo que te estás imaginando: que las comidas en las casas de subastas son un asunto lleno de estilo, que la gente noble del mundo de las artes se reúne para dar la vuelta por el salón antes de disfrutar de un festín de tres platos, que puede haber por ahí un pájaro metido dentro de un pájaro metido dentro de un cerdo. Pero en realidad solo nos hacíamos muecas a lo lejos en un cuarto con persistente olor a pescado. El comedor era también el lugar donde se ponían al corriente sobre los asuntos más importantes del día, y con esto me refiero a un recuento de lo que había sucedido la noche anterior. Para un joven de 22 años que buscaba hacer nuevos amigos, la casa de subastas tenía algo importante en su favor: una entusiasta cultura de la bebida. De lunes a viernes, siempre había un grupo de compañeros en el bar de al lado de la oficina; comenzaba uno y lo alcanzaban todos. Así le hice yo también y todo comenzó a cambiar. Por supuesto, con la ayuda de varias onzas de alcohol por noche.

La hora feliz se tomaba muy en serio, salíamos de la oficina con nuestros vestidos cruzados como una manada de ñus sedientos que atravesaban el desierto y entraban en estampida al bar. Bebíamos kir royales hasta que se acababa el dinero o hasta que alguien de mayor rango se ofrecía a abrir una cuenta nueva. Nos besuqueábamos y bailábamos como maniquíes borrachos de Diane von Furstenberg en el Club 151 de King's Road. Comíamos kebabs en Chelsea y nos quedábamos dormidos en los autobuses y trenes nocturnos de todo Londres. Una vez me desperté en Woking.

Al centro de todo estaban las mujeres. Chloe y yo trabajábamos en la oficina de prensa; Eve, en el departamento de carteles; Johanna, en el de artes decorativas, y Amanda, en el de arte moderno. En la actualidad no sé dónde viva la mayoría, si sentaron cabeza o si se mudaron del otro lado del mundo; excepto una, que me pidió que fuera la madrina de su hija. Más sobre ese tema en breve. Por ahora estábamos demasiado ocupadas conociéndonos, compartiendo cigarros mentolados mientras temblábamos afuera de los *pubs* y jugando a quién te coges, a quién matas y con quién te casas con nuestros colegas masculinos.

O intentando jugar. Pues los hombres de la oficina eran demasiado propios. El tipo de chicos que si lograra persuadir a una mujer para que fuera a su departamento en Kensignton, preguntaría «¿Te molesta si te desabrocho el brasier?», y a la mañana siguiente te serviría té en una tetera Burlington. Todos parecían ser parte de una dinastía. Si te besuqueabas con alguno de ellos una noche, podías pasar el día siguiente fantaseando con la idea de casarte con un partidazo, incluso si no te gustaba ni te interesara la idea de ser una esposa mantenida (o si cuando regresaste a casa pasaste horas tallándote la lengua con el cepillo de dientes por el asco).

Pero cada romance, mensajito coqueto y extensión de cabello dejada accidentalmente debajo de la cama de algún jefe nos acercaba más como amigas. Aprendí de primera mano a compartir secretos (y no solo sobre hombres), a admitir miedos, a reírnos y apoyarnos las unas a las otras —y luego a pasar todo el día en el trabajo actuando como si la cerámica del siglo XIX fuera lo único en el mundo que nos importara en la vida.

◆ ◆ ◆

Una mujer que sabe todo sobre cómo combinar la amistad con el trabajo es Pandora Sykes, quien presentaba el popular pódcast *The High Low* junto con Dolly Alderton. La evidente química entre esta pareja les ganó un ejército de fanáticos muy devotos que esparcieron el hashtag #friendshipgoals por todas las redes sociales. Incluso una mujer admitió que había cambiado los nombres de sus mejores amigas a Pandora y Dolly en su teléfono. Mantengan la calma, señoras.

Ellas se encontraron por primera ocasión a través del trabajo, cuando Pandora le encargó a Dolly que escribiera unos artículos para el ahora desaparecido sitio web feminista *The Debrief*. «Luego nos organizaron una cita de amigas», me explica Pandora. «Estuvimos ahí casi cinco horas platicando de todo. De inmediato supe que había hecho una buena amiga».

La clave de su éxito como amigas y socias de trabajo, piensa Pandora, es una buena mezcla de química y compromiso, al viejo estilo. «Somos realmente distintas en algunos aspectos: yo soy más receptiva y eficiente, y Dolly es un poco más soñadora. Pero somos muy similares en cuanto a lo que encontramos divertido, lo que nos parece conmovedor, los valores que tenemos en el mundo y que buscamos en otras personas. Eso definitivamente hizo más fácil compartir un negocio».

Pandora me dice que nunca llevaban la cuenta ni dividían sus responsabilidades al cincuenta-cincuenta.

«Ella me cubría una semana si yo estaba pasando un mal rato con el bebé —o lo que fuera— y yo la siguiente, así que nunca llevábamos la cuenta en nuestra amistad. Pienso que eso no sucede muy a menudo», me relata. «Dicho esto, sí tuvimos que darle prioridad a nuestra amistad. Por eso acordamos no hablar sobre *The High Low* cuando salíamos a cenar. Pero para ser honesta, no fue algo en lo que tuviéramos que esforzarnos demasiado».

En las redes sociales, se refieren la una a la otra como «mi esposa del trabajo». Un término seguramente ideado por un hombre que intentaba convencerse a sí mismo de que había dos mujeres que lo deseaban a él.

«Definitivamente lo podría considerar como un romance. De hecho, uno de los más grandes romances de mi vida», dice Pandora. «Pero por supuesto —y es algo que me entristece— siempre ha habido personas que se muestran cínicas al respecto. Recuerdo una vez que me entrevistaron y el reportero me preguntó: "La gente quiere saber si realmente son amigas". Creo que se notaría si no lo fuéramos de verdad. Soy demasiado honesta y seria para fingirlo. No soy tan desvergonzada como para fingir una amistad por un maldito pódcast».

Qué triste que nuestro modo automático de reaccionar ante dos mujeres que logran tener amistad y éxito mientras trabajan juntas sea preguntarnos si no se odiarán en secreto. Es el lugar común de «las mejores amigas para siempre» del libro, una de esas etiquetas que nos encanta ponerles a nuestras amistades. La realidad, como lo explica Pandora, es que compartir los mismos valores, límites, el sentido del humor, entre otros aspectos emocionales, es lo que ayuda a las mujeres a unirse.

Esos puntos en común son los que, con el tiempo, pueden convertir a una colega en amiga: las cualidades que buscas para establecer una conexión con cualquier persona nueva, y que no son diferentes cuando se trata de una amiga del trabajo. La cercanía no es suficiente por sí sola. Se necesita identificar similitudes y establecer una relación basada en el apoyo y la reciprocidad para que la verdadera amistad pueda florecer. El trabajo no es un ente aparte, sino una pieza fundamental de nuestra vida real, que conlleva éxitos, fracasos, decepciones, alegrías. Y encontrar a alguien que haga que todo esto parezca mejor, tanto en el nivel profesional como en el personal, es lo que deberías estar buscando.

Esto no quiere decir que no pueda haber una dosis de sana rivalidad en la relación. Lo que detesto es cuando enfrentan a las mujeres entre sí. Me sucedió en mi primer trabajo en un periódico. Ambas teníamos veintitantos años, y como los demás sabían que solo una de nosotras lograría escalar de puesto, casi alentaban la competencia de modo activo. En ocasiones otros son los que nos ponen en esta posición, y otras tantas veces lo hacemos nosotras mismas.

Esta polarización la experimentó Jane Garvey, de 57 años, quien durante años se sintió enfrentada a Fi Glover, su copresentadora del pódcast *Fortunately*. Esto impidió el progreso en su amistad.

«Seamos honestas, debido a que ambas éramos locutoras compitiendo por los mismos trabajos, pensé que nunca llegaríamos a ser amigas», dice ella. «Las dos éramos mujeres blancas, de edades semejantes y hasta de la misma altura. Con pelo oscuro y un sentido del humor muy similar. Mucha gente de la BBC ni siquiera podía distinguirnos. Aunque nos conocíamos de antes y muchas veces habíamos trabajado en las mismas compañías, en este pódcast fue la primera vez que trabajamos juntas. Ahora somos muy cercanas. De hecho, comimos la semana pasada. Escribimos un libro juntas».

Pongámoslo en palabras claras: la competencia es uno de los últimos tabúes en la amistad femenina. No puedes decir que nunca has sentido una pequeña contracción de envidia en la boca del estómago cuando una amiga te cuenta que tiene un nuevo trabajo o que recibió un aumento. Si has hecho muchas amistades en el trabajo a lo largo de los años, puede ser todavía más difícil, ya que pueden compartir metas y ambiciones en la misma compañía, y si bien estás contenta por esta persona, también puede ser un recordatorio de lo que tú no has logrado.

Llega a ocasionar noches de insomnio. Pero es casi imposible verbalizarlo sin sonar como un monstruo, sin dar la impresión de que no te gustaría que tu amiga tuviera éxito. ¡Por supuesto que quiero que les vaya bien a mis amigas! El éxito de otra persona no tiene que ser a expensas del tuyo. No es una u otra cosa. Pero si soy honesta, esto suele encender un pequeño fuego dentro de mí. Siento envidia al mismo tiempo que siento emoción por ellas. No creo que ambos sentimientos se excluyan mutuamente, y tampoco creo que los confrontemos lo suficiente. (No hace falta decir que si en verdad te alegra cuando les va mal a tus amigas hay una palabra para eso y es mucho más fuerte que *Schadenfreude*).

Ser amiga de personas exitosas te obliga a mirarte en el espejo: algo que a ninguna de nosotras nos gusta hacer. «Es doloroso ver que tus amigas tienen éxito en las cosas en las que tú has fallado», me cuenta una amiga. «Te sientes orgullosa de ellas y las quieres igual que siempre, pero también hay algo de dolor ahí. Especialmente si te atraen las personas que admiras, como nos sucede a muchos de nosotros».

La periodista y autora de *Careering,* Daisy Buchanan, de 37 años, escribió para la revista *Grazia* sobre su sensación de envidia por el éxito de una amiga: «Nuestro mundo laboral es lo suficientemente similar como para vivir en un estado constante de comparación y desesperación. No la odio, no estoy enojada con ella, pero he pasado los últimos dos años sintiendo náuseas por la vergüenza de no ser ella». Es una declaración refrescantemente honesta sobre esta capa oculta de la amistad femenina. El ver cómo tu amiga tiene éxito en el trabajo no solo puede ser doloroso, sino agregar una especie de sensación de admiración y heroísmo, pues tú anhelas estar donde ella está y hacer lo que ella hace.

«Ha sido muy difícil porque se sentía como que veníamos de un lugar parecido», me cuenta Daisy. «Un día ambas se quejan en WhatsApp sobre las facturas que no les pagan y de pronto dejan de enfrentarse a las mismas dificultades».

Lo que ayuda, me cuenta, es saber qué sucede detrás de cámaras. Porque, aunque una carrera puede parecer envidiable en apariencia, en la vida real suele ser complicada. Todo el mundo tiene malos días. Por lo que es bastante útil que la amiga exitosa sea honesta y exponga la imagen completa, así sus amigas podrán tener perspectiva y ayudarla cuando las cosas salgan mal, y celebrar con ella cuando todo va bien, como siempre lo han hecho.

«En muchas ocasiones no tienes el contexto», explica Daisy. «Lo único que ves es que todos son brillantes menos tú. Como la amiga exitosa, hay días que merecen ser contados a detalle, no para que desaparezcan las envidias, sino para que las personas que te rodean se den cuenta de que no todo es esplendoroso y perfecto».

Una de las cosas más complicadas, agrega, es cuando una amiga no te apoya y tú siempre te esfuerzas por animarla. «Me he llegado a sentir bastante herida cuando no reconocen o responden a algo que he hecho bien. Es inevitable la sensación de: "Oh, vete a la mierda entonces"», admite. «Pero tal vez en ese momento es difícil para ellas, así como en otros ha sido difícil para nosotras».

Aunque sentir un poco de envidia no significa que un gran monstruo de ojos verdes esté pisoteando tu amistad, ¿qué pasa si la envidia crece? La encuesta de Totaljobs que mencioné anteriormente también descubrió que seis de cada diez personas tenemos un «enemigo laboral». Madeleine Albright dijo: «Hay un lugar especial en el infierno para las mujeres que no ayudan a otras mujeres», pero es posible que en su afirmación no haya considerado que algunas mujeres prefieren el averno que echarle la mano a su némesis.

No quiero darle oxígeno a esa falsa narrativa de que las mujeres profesionistas siempre están con las garras de fuera. Es sumamente reduccionista pintar una imagen de que somos unas perras traicioneras, trepando unas sobre las otras para llegar a la cima, un estereotipo que durante mucho tiempo sirvió para una fuerza laboral mayoritariamente dominada por los hombres que querían mantenernos debajo. No estoy diciendo que esto nunca suceda, por supuesto que sí, pero hemos recorrido un largo camino desde los tiempos en que nos hacían sentir que las mujeres siempre teníamos que ser rivales. En general, en la actualidad creo que la mayoría preferimos cooperar que competir.

Pero también creo que muchas de nosotras en algún momento nos encontramos con una némesis en el trabajo, incluso si no lo verbalizamos. Una persona cuyo éxito nos acongoja, cuando lo que deberíamos estar haciendo es concentrarnos en el nuestro. Puede ser una gran pérdida de energía. No hay cosa de la que te arrepentirás más que de perder tu tiempo en imaginar que tu vida debería ser como la de otra persona, cuando en realidad no sabes cómo resultarían estas elecciones, y si estas serían las adecuadas para ti.

Dicho esto, vale la pena analizar un poco más a cualquier persona que desencadene una emoción tan fuerte en ti. Deja de mirarlas y mejor date un tiempo para reflexionar en ti misma. Cuestiona qué significan todos estos sentimientos que tienes hacia ellas sobre tus propias elecciones y ambiciones. Considera si incluso podrían ayudarse una a la otra.

Holly, de 29 años, se convirtió en amiga de su «némesis» del trabajo.

«Hace algunos años llegué a ser la finalista para un trabajo, pero me dijeron que la otra candidata tenía más experiencia», cuenta. «Unos meses más tarde, recibí una llamada y me dijeron que se había abierto otra posición idéntica. Me sentía nerviosa de trabajar junto a la persona que había sido considerada "mejor" que yo y temía que hubiera una comparación directa entre nosotras. Recuerdo que pensaba que ella tenía una mentalidad muy adulta para su edad y que tenía muchas conexiones. En ese entonces me sentía como una niña que jugaba a ser adulta».

Inesperadamente, la colega de Holly la invitó a reunirse un fin de semana fuera del trabajo.

«Terminamos en el mercado Spitalfields y vi un vestido que me gustó. No había vestidor, así que me escondí detrás de ella para probármelo. Ella se sorprendió un poco y luego agregó: "Supongo que ya somos amigas". El exceso de confianza siempre fue lo mío. Aproximadamente un año después tuve algunas quemaduras severas por tomar el sol en *topless*. Éramos las únicas dos personas que quedaban en la oficina esa noche, así que me desabroché el brasier y se lo mostré. Seguí su consejo y mejor consulté a un médico: resultó ser una quemadura de segundo grado. Después de todo esto me pareció apropiado que, años después, cuando me casé, ella fuera la dama de honor que me ayudó a ponerme el vestido».

La idea de que deberías formar una amistad con todas las mujeres inteligentes, amables y exitosas que conozcas, en lugar de verlas como rivales, es algo que nos beneficiaría a todas. La presentadora de *Woman's Hour*, Emma Barnett, es la reina absoluta de este concepto.

«Una de las cosas que más me gusta hacer es tratar de ayudar a conectar a las personas», dice. «De hecho, si tú has tenido un poco de suerte, o has encontrado la forma de hacer algo, es casi un deber ayudar a las otras después, porque yo no tenía ninguna conexión en esta industria cuando empecé. A través de este tiempo he conocido a mujeres realmente agradables y me he mantenido en contacto con ellas».

Emma también conoció a una mujer a la que llamó su «hada de la FIV» en un evento de trabajo corporativo y formó un vínculo único con ella. «En ese momento, ella era la única persona con la que podía hablar sobre mi fertilización *in vitro*, tal vez porque no me conocía tanto», explica. «De hecho, la tengo guardada en mi teléfono como "hada de la FIV" porque ni siquiera sé su nombre real. Pero solía enviarme mensajes de texto para animarme durante el proceso».

Me encanta que puedas hacer una conexión en un evento de trabajo cualquiera con una mujer cuyo nombre ni siquiera conoces, y que juegue un papel tan importante en una parte de tu vida: una amistad que dura por un momento determinado, pero que no por ello es menos significativa.

Otras pueden durar mucho más. Emilie McMeekan me dice que ella es «por completo una persona con esposa de trabajo». Ella y Annabel Rivkin crearon el sitio web *The Midult* en 2016 para, como ellas dicen, «tronar la burbuja de la perfección» cuando se trata de la vida de las mujeres. Se conocieron en una oficina hace casi veinte años, se hicieron amigas en el trabajo, comenzaron un negocio juntas, escriben libros y columnas juntas, graban un pódcast juntas y, la última vez que hablé con Emilie, acababan de regresar de unas vacaciones juntas.

«Anabel y yo nos enamoramos perdidamente en el trabajo, en un momento en el que nuestras vidas eran muy complicadas, con padres muertos, adicciones y un ambiente laboral complicado», cuenta Emilie. «Creo que una de las razones por las que tenemos un vínculo tan exitoso es porque lo hemos forjado con honestidad. Hubo un punto realmente crucial en nuestra relación cuando yo bebía mucho. Me peleé con alguien y le dije a Annabel: "Dios mío, no sé qué hacer, esto es un desastre". Ella me miró y contestó: "No puedo ayudarte, a menos que primero te ayudes a ti misma".

»Fue uno de esos momentos en los que me llegó al corazón porque sabía a lo que se refería, pero me lo dijo a quemarropa. Me tiró un salvavidas, pero fue una lección dura. El hecho de que podamos ser tan brutalmente honestas con lo que sentimos significa que no hay ninguna incomodidad entre nosotras, porque todo está ahí fuera».

En un ambiente laboral es más fácil hablar de esta honestidad que ponerla en práctica. Aunque he notado que algunas amigas del trabajo —o mujeres que he conocido profesionalmente— ahora están más abiertas a hablar sobre ir a terapia o de su lucha contra la ansiedad, sobre todo a raíz de la pandemia. Algo que Emilie también ha experimentado, pues en 2013 sufrió un episodio de enfermedad mental que la dejó paralizada en el baño del trabajo.

«Durante mucho tiempo no le conté a nadie sobre lo que estaba atravesando, hasta que la cosa se puso realmente difícil y escuché voces y sufrí ataques de pánico crónicos», dice. «Así que decidí abrirme con mi mejor amiga del trabajo, que también era mi jefa, y de inmediato me dijo: "Haz lo que tengas que hacer para sentirte mejor". Me arrojaron tantos salvavidas... Pero no sucedió nada hasta que empecé a compartirlo y a hablar de ello. Solemos olvidar eso. Lo mucho que las personas se acercan cuando hablan de sus fragilidades. Pero tienes que llegar a ese punto. Se trata de dejar de lado tus vulnerabilidades y de que las mujeres se apoyen mutuamente».

Si llegas a esa etapa con una amiga del trabajo y crean un sólido sistema de apoyo que les permita tener con quién contar, y con honestidad total, puede llegar a ser bastante abrumador perderlo. Si una colega cercana se mueve de trabajo, de alguna manera sientes como si hubieras perdido una extremidad, como si una parte vital de ti ya no estuviera presente. Incluso si sabes que su amistad sobrevivirá en el mundo real, el vacío que deja el no verse todos los días puede parecer enorme.

Y si este vínculo se rompe en circunstancias trágicas, el impacto puede ser devastador.

Jess Phillips tenía este tipo de relación de apoyo con su antigua colega y compañera diputada laborista Jo Cox, quien fue asesinada frente a su distrito electoral en Birstall, cerca de Leeds, el 16 de junio de 2016.

«Ella era una mujer con un contexto parecido al mío. De hecho nos eligieron el mismo día. Tenía niños pequeños como yo, y sentía que estaba siendo una mamá con un trabajo de mierda con ellos, y también dentro del parlamento», dice Jess. «No necesité muchas explicaciones con Jo, porque ambas sabíamos a la perfección lo que estábamos atravesando. Sentíamos que no fluíamos del todo y que no encontrábamos nuestro lugar en el sistema. Era como si estuviéramos constantemente haciendo algo mal en el trabajo y no entendíamos cómo remediarlo. Esa experiencia universal fue lo que generó que mi amistad con ella creciera muy, muy rápido».

Me cuenta Jess que estuvo en la casa de Jo el día antes de su muerte. Pasó por ahí de camino al aeropuerto rumbo a unas vacaciones con sus amigas. Así que estaba en una villa en

España cuando escuchó la noticia de que su amiga había sido asesinada.

«Me quedé en silencio. Mis amigas solo entraban a mi habitación y me dejaban la cena. No podía hablar», recuerda Jess. «Si te soy honesta estaba en una negación total, porque hubo un día entero que —aunque ya sabía que estaba muerta— me quedé esperando a que se reportara. Me convencí de que alguien se había equivocado. Pensaba para mis adentros: "No puede ser que haya visto a una persona hace 14 horas, le haya dicho que la amaba y le haya dado un abrazo, y ahora está muerta". No podía hacer que eso tuviera sentido en mi cabeza. Le envié un montón de mensajes de WhatsApp que decían: "Te amo. Sé que vas a estar bien, no te preocupes por nada. Nos reiremos de esto algún día. No intentes responderme, concéntrate en ti". A pesar de que estaba muerta. No puedes pasar de ser amiga cercana de alguien a no ser nada de la noche a la mañana».

Jess me dice que ha encontrado la forma de que su amistad siga viva, en particular haciéndose amiga de la familia de Jo. Ahora es muy cercana de Kim Leadbeater, la hermana de Jo, quien ganó el antiguo escaño de su hermana, Batley and Spen, en una elección parcial de julio de 2021. Por lo que ahora también son amigas del trabajo. Cuando Jess escuchó la noticia de la victoria de Kim, le envió un mensaje de texto que decía: «Te quiero mucho».

«Tienes que encontrar la forma de extender esa amistad que sentías por ellos», agrega. «Eso es lo que logré con mi relación con la familia de Jo: que reemplazara de alguna manera lo nuestro. Y bromeábamos acerca de ella todo el tiempo. Pues cuando alguien es beatificado públicamente, sueles perder la noción de que en ocasiones esa persona también era molesta».

«Recuerdo que en su funeral nos sentamos a intercambiar historias sobre la pesadilla que podía llegar a ser, y continuamos riéndonos de eso... porque no puedes simplemente apagar una amistad así. No se va a ninguna parte, no se disipa, tienes que intentar continuar con ella de alguna forma. Pero manejar esto de forma pública fue, de alguna forma, de gran ayuda. Es muy lindo ver que a la gente le importa lo que a ti te importa. Nunca he dejado de extrañarla».

Lo que en realidad llamó mi atención cuando hablé con Jess sobre su amistad con Jo fue la sensación de que ambas encontraron un espíritu afín a través del trabajo: la idea de que no necesitaron rellenar su contexto, simplemente lo entendieron y eso permitió que su conexión floreciera. Por supuesto, eso implicó un terrible vacío cuando la vida de su amiga fue repentinamente arrebatada.

Sin embargo, el hecho de que «entiendas» la situación laboral de otra persona no significa que vayan a forjar una buena amistad. A veces se necesita un poco más de voluntad que eso, y cierto intercambio de pequeñas confidencias.

«Tampoco se trata de soltar todas nuestras vulnerabilidades así como así», advierte Shasta Nelson. «Nunca debemos compartir todo, y cuando nos abrimos, debemos tener cuidado de que nadie se sienta abrumado. Tenemos que compartir de una manera que nos haga sentir bien a nosotras y a los demás. Es importante, y más en el trabajo, que también mostremos curiosidad por la vida de las otras personas, y que nos aseguremos de que les damos tiempo para hablar. Hay que hacer conciencia de que no estamos utilizando a los demás solo para sentirnos mejor».

En definitiva no quieres espantar a una potencial amiga del trabajo contándole desde el día uno cómo una vez tuviste un retortijón en la Trump Tower de Nueva York y casi te haces del baño en las escaleras mecánicas doradas. Pero compartir algo significativo y sentimientos con alguien del trabajo a quien te gustaría conocer mejor puede tener efectos casi mágicos.

Tomemos por ejemplo a la colega que un día me contó que tenía un extraño sarpullido en el muslo.

Sé mucho sobre sarpullidos. Mi familia está llena de ellos. Una de mis historias favoritas es la vez que mi madre le envió un mensaje de texto a mi hermana para decirle: «Estoy en la farmacia, te compré tu ungüento», y se lo envió a toda su lista de contactos por accidente. Y mi papá sostiene que le sale sarpullido cada vez que come Quavers.

Tal vez sea un poco raro ver a dos colegas juntas en el mismo cubículo del baño a plena luz del día, pero ahí es donde terminamos mi amiga del trabajo y yo cuando se levantó la falda y se bajó las medias negras a media pierna para mostrarme su erupción del tamaño de una moneda de cincuenta peniques que le daba comezón.

«No quiero ser alarmista», le dije mientras me inclinaba hacia la parte interna de su muslo, de la misma manera en la que Sherlock Holmes mira a través de su lupa, «pero me parece que podría ser herpes».

Unas horas más tarde recibí un correo electrónico: «Es herpes. Buen diagnóstico, doctora Cohen», me dijo mi colega luego de haberse ido a revisar con su médico de cabecera. Hasta la fecha me llama así. Fue un momento de confianza que rompió todo lo que quedaba de hielo entre mi persona y alguien que al principio me intimidaba un poco. Tal vez cuando decidió confiármelo ya sospechaba que eso pasaría. De cualquier manera, fue lo mejor que nos pudo haber sucedido.

◆ ◆ ◆

Hubiera deseado que Kate —mi amiga del trabajo— y yo hubiéramos compartido más sobre nuestras afecciones en la piel antes de irnos a vivir juntas. Yo ya estaba harta de dormir en el cuarto de mi infancia y ella acababa de terminar con su novio, por lo que necesitaba mudarse lo antes posible.

Viéndolo en retrospectiva, fue una decisión un tanto apresurada. Realmente no nos conocíamos. Solo me encontré con una persona que trabajaba en el mismo lugar que yo, bebía en los mismos lugares que yo y era un poco mayor que yo: una verdadera adulta, pensé. ¿Qué podría salir mal? Además, me había contado algunas anécdotas de terror sobre su anterior compañera de departamento: una historia relacionada con gusanos. Y si estos animales eran su colmo, todo bien conmigo.

Nuestro presupuesto no alcanzaba para mucho en el oeste de Londres. Vimos un alojamiento en Hammersmith que no tenía calefacción central y otro cerca de Fulham que debí haber reportado al departamento de salud ambiental. Al final encontramos un pequeño espacio en primer piso un tanto destartalado y demasiado caro para lo que era. Sus alfombras estaban quemadas y la cocina a primera vista parecía tener un patrón en forma de remolino pero, viéndolo más de cerca, en realidad era suciedad incrustada. Fuera de eso, era perfecto.

Cocinábamos juntas y platicábamos en el sofá casi todas las noches. Llegamos a tener amigos en común. Nos íbamos juntas y regresábamos a casa juntas.

Todo iba muy bien hasta que no fue. Nuestras diferencias comenzaron a superar nuestras similitudes, que de pronto pasaron a segundo plano. Resulta ser que no te puedes mudar con una amiga equis del trabajo y convertirte en su mejor amiga por siempre al instante.

Kate podría haber marcado la línea con los gusanos, pero no le importaba dejar pedazos de queso a medio comer en el suelo cuando estábamos en medio de una feroz infestación de ratones. No le importaba tomar mi ropa prestada y regresarla con quemaduras. No le importaba dejar su bicicleta en la sala, por lo que los pisos siempre estaban llenos de lodo y tenía que saltar el manubrio para llegar a la televisión.

Como cualquier persona madura lo hubiera hecho, le enviaba mensajes de texto con mis quejas cuando yo estaba fuera. Por supuesto, ella los ignoraba (lo que me parece bastante justo).

«Hola, chica. Te agradecería mucho si dejaras tu bicicleta abajo. Estorba un poco. ¡Muchas gracias!».

Luego comenzó a salir con un hombre verdaderamente desagradable que solía decirle que se veía gorda (no lo estaba), mientras que él tenía más pelo en los nudillos que en la cabeza. Era grosero y no muy amable, lo que me hizo sentir que tenía que proteger a Kate. Comencé a ignorar la bicicleta y a limpiar el queso en silencio. Pero luego cometí un gran error. Se separaron después de una discusión particularmente desagradable y al día siguiente, mientras la consolaba en su habitación, Kate me preguntó qué pensaba de él.

—¿Honestamente?

—Sí, por favor —lloriqueó.

Tomé una respiración profunda y me dejé ir.

—Pienso que te hacía menos. Nunca fue muy cariñoso. Creo que te mereces algo mucho mejor. Además —dije ya entusiasmada con el tema—, no creo en absoluto que estés gorda de ninguna manera.

Kate asintió.

—Era un poco horrible, cierto —dijo con tristeza.

Luego volvieron a estar juntos —por supuesto que lo harían— y nuestra amistad nunca se recuperó de esto. Conseguí un trabajo en un periódico nacional, por lo que dejamos de trabajar juntas. Cuando llegó la hora de renovar nuestro contrato un par de meses después, decidimos tomar caminos distintos.

El último mensaje que me mandó fue el viernes que se fue: «Ya limpié toda la cocina, así que no tendrás mucho por hacer antes de irte», escribió. Llegué a casa del trabajo para encontrar el linóleo aún más sucio que cuando me había ido esa mañana, y todos mis cubiertos habían desaparecido. Nunca volvimos a hablar.

Muchas personas tienen historias horribles con sus compañeros de casa, sobre todo a los veintitantos años. Tengo una amiga que regresó a su departamento después de un largo día de trabajo, abrió la puerta principal y escuchó a su compañera gritar: «¡No, no, no entres». Resultó que estaba asando salmón en la cocina desnuda y cubierta de los pies a la cabeza con crema para depilar. Otra amiga vivía con una chica que se terminaba un rollo de papel higiénico todos los días —de tres capas, acolchado— sin dar ninguna explicación. Solo aparecía un tubo de cartón vacío en el basurero junto al fregadero cada 24 horas.

Pero yo me sentía destrozada. Se suponía que este había sido mi borrón y cuenta nueva en cuanto a vivir con amigas, ya madura, relajada y respetuosa. El hogar feliz que borraría todos esos tristes recuerdos de la universidad. Mirando hacia atrás ahora puedo darme cuenta de que estaba repitiendo el mismo patrón: aferrarme al primer bote salvavidas de amistad femenina que me lanzaban, sin cuestionar si era una buena opción para cualquiera de nosotras. Supuse que por el mero hecho de que alguien estaba frente a mí, era conveniente y suficiente.

Tampoco funcionó con Kate porque básicamente en ese entonces yo todavía no había entendido qué se necesita para formar una conexión cercana ni cómo debe ser una buena amistad entre mujeres. Sin eso, nunca íbamos a pasar de compañeras de trabajo a confidentes. Y solo poco a poco comencé a entender esto después de que nos separamos. De alguna manera estoy agradecida, porque el fin de esa amistad laboral ayudó a que lograra profundizar en otra.

Eve era una chica de la casa de subastas que también se había hecho amiga de Kate. Siempre había sido el tipo de persona a la que le podía enviar un correo electrónico con problemas que a cualquiera le hubieran parecido triviales (de hecho, ella era la única que sabía sobre la enmicadora), alguien con quien me podía burlar de los momentos locos de la vida y que parecía genuinamente interesada en mí, a pesar de mi periodo como Igor. Después de que dejé ese trabajo nos mantuvimos en contacto y en ocasiones la acompañaba con entusiasmo a la estampida de la hora feliz.

Cuando le dije que Kate y yo nos habíamos peleado, ella simplemente contestó: «Oh, bueno, entonces también este es el final entre ella y yo». No esperaba esa reacción. Sin ni siquiera cuestionarlo, me apoyó. Y no se trataba de un «código entre chicas», sino de algo más profundo, una decisión consciente. Y esa lealtad me transformó, incluso si no lo sabía en ese momento. A partir de entonces fui a todos los conciertos de su banda, aunque no conociera a nadie más ahí. Cuando le partieron el corazón, hice lo mejor que pude para distraerla. Por su parte, cuando le hablé por teléfono toda borracha a bordo de un taxi por el pésimo trabajo que estaba haciendo como adulta —porque había perdido mi cartera rosa favorita con un conejo al frente— me escuchó, pero también me pidió gentilmente que me tranquilizara.

El día que se enteró de que estaba embarazada del bebé que se convertiría en su maravillosa hija mayor, mi ahijada, fui la primera amiga a la que se lo contó. Estábamos con el rostro pálido afuera de un teatro en Leicester Square la noche después de que se hizo la prueba. No tengo idea de cómo ni por qué, pero terminamos viendo la obra. Creo que era *¿Quién teme a Virginia Woolf?* Pero no estoy segura. Ninguna de las dos entendió una palabra. Más bien estábamos repasando mentalmente sus opciones en silencio, mientras que yo le apretaba la mano de vez en cuando.

Cuando le conté que estaba escribiendo este libro, me dijo que podía decir lo que quisiera sobre ella, porque «yo era su amiga más leal». Fue Eve quien me mostró el potencial de las amistades laborales. Que si no escondes tus sentimientos, si aprendes a confiar, si te niegas a ser otra cosa que no sea tú misma, entonces no solo puedes formar una amistad con alguna colega, sino también convertirse juntas en compañeras para toda la vida.

De cómo las mujeres se convirtieron en mi trabajo

(por culpa de un pene, claro)

«¿Cuántas mujeres en realidad conocen... el tamaño... del pene de su novio?», tecleo lentamente.

Estamos a principios de 2014 y estoy escribiendo un artículo sobre el tamaño de los penes. Sobre el tamaño del pene de Max Clifford, para ser más exacta. Las democracias podrían estarse cayendo, Roma ardiendo y las monarquías desmoronándose, pero para mí el tema más candente del día es la virilidad de este difunto agente de famosos. Algo sobre el tema se mencionó en el tribunal durante su juicio por agresión (por el que estuvo encarcelado durante ocho años), cuando una mujer afirmó que tenía un «micropene».

Hay una razón, y solo una razón, por la que accedo a escribir esta obra maestra: conseguir un ascenso. Necesitan una nueva editora adjunta en el periódico en el que trabajo, y estoy decidida a que ese puesto sea mío. Por lo que cuando la editora en turno me pidió que escribiera este artículo sobre el pene... me puse firme.

Funcionó, después de una ronda de entrevistas (aunque todos sabemos que en realidad fue la pieza del pene), conseguí el trabajo. De pronto me encontré en un territorio desconocido: trabajando en un equipo conformado solo por mujeres por primera vez en mi carrera. Como parte de esto, todo el día pensaba, escribía, entrevistaba y conocía a nuevas mujeres. Permisos menstruales, implantes de pompas, cómo —aparentemente— somos demasiado mandonas, toscas y ambiciosas en el trabajo. Hay mucho por cubrir sobre esta mitad de la población —51%, para ser más precisa— de la que todavía en ese momento desconfiaba en secreto. A pesar de que literalmente me pagaban por pertenecer a esta «hermandad», dentro de mí todavía había una parte que no estaba segura de poder confiar por completo en las mujeres. Aunque ese trabajo me hacía confrontar la verdad todos los días.

Ahora recuerdo esos primeros meses con un poco de vergüenza. Me portaba muy seria. No quería parecer difícil o desagradable. Estaba desesperada por llevarme bien con mis dos colegas femeninas, quería complacerlas. Mis viejos patrones de amistad estaban pasando factura en mi vida profesional. Cada vez que hacía una de esas entrevistas del tipo «¿Cómo lo hace?» —de esas en las que una persona afirma despertarse a las 5:00 a. m., estar en el gimnasio a las 5:15 a. m. y tomando un jugo verde, poniéndose al corriente en su correo electrónico y negociando la paz mundial para las 6:00 a. m—, me decían que la clave de su éxito era su «red de apoyo» de mujeres a las que podían recurrir para confiar y recibir buenos consejos. Admitir que yo en realidad no entendía a qué se referían con esto me hacía sentir como un gran fraude.

Aproximadamente un mes después de comenzar este trabajo lancé un nuevo y brillante canal en línea llamado «Trabajo» en el que alentaba a las mujeres a compartir sus dilemas profesionales, a pedir consejos y a no tener miedo.

Todo esto mientras yo misma me sentía aterrorizada y fuera de lugar porque eran cosas que no podía lograr en mi propia vida. Sentía que estaba llevando una doble vida. No es que no creyera en lo que estaba escribiendo, o que no sintiera que las mujeres no deberían ser ciudadanas de segunda clase. Volqué todos mis esfuerzos en campañas en favor de la elección reproductiva, los registros de acosadores, las ayudas a víctimas de abuso doméstico, la igualdad de condiciones laborales para las mujeres: esos temas eran mi oxígeno, la razón por la que me levantaba de la cama todas las mañanas con el puño y la mandíbula apretados, decidida a hacer una pequeña diferencia.

Pero en esos días tenía la persistente sensación de que no les estaba prestando tanta atención a las mujeres de mi vida personal como lo hacía con aquellas sobre las que estaba escribiendo. Que mi vida estaba llena de conversaciones intensas e inquisitivas con extrañas, pero que seguía manteniendo a mis amigas un poco a la distancia.

Lo que me ayudó a comenzar a unir estas dos partes de mi vida fue Taylor Swift. No suena muy lógico, pero ella fue la que me sembró la semillita. No soy alguien que suele obsesionarse con las celebridades, pero en ese momento sentía que no podía escapar de Taylor y su mentado «escuadrón de chicas».

Parecía que, de alguna manera, ella había logrado reunir a todos los especímenes fantásticos de la feminidad existentes, los hubiera convertido en sus mejores amigas y los fotografiara con ella horneando galletas en pijama. Cada noche de chicas era cuidadosamente documentada a través de *selfies* grupales en Instagram. El *hashtag* #squadgoals comenzó a cobrar fama, junto con la idea de que no tener el grupo de mejores amigas perfecto fuera una tragedia.

Tal vez no debería haberme importado. Tal vez era demasiado mayor para que me importara. Pero había algo en esta representación de la amistad femenina que no podía soportar. Era como una versión humana de esos collares de corazones partidos por la mitad. Y estaba en todas partes: es difícil explicar ahora lo mucho que la prensa se enganchó con el grupo de amigas de Taylor y el ruido que se hizo alrededor. Me pareció implacable, me sentí como alguien que no está segura con sus propias amistades femeninas, que intentaba desesperadamente entender qué había pasado con ellas. Los MTV Video Music Awards de 2015 fueron la oda máxima a esta pandilla. Swift llegó al evento acompañada de otras nueve mujeres como sus citas. La pura crema. Casi todas blancas. Principalmente modelos de Victoria's Secret. La cantante hacía alarde de su amistad con estas supermujeres en cada oportunidad que tenía, incluyendo su video *Bad Blood* y en el escenario durante su gira *1989*. Era tan obvio que estaba siendo mercantilizado. Nos vendían una imagen de la amistad femenina perfecta.

Todo este asunto estaba tocando una fibra sensible después de una vida entera de insistencia en que los grupos de amigas son el principio y el fin de todo. ¿Dónde estaba mi pandilla? ¿Por qué no tenía pijamadas semanales cuando mi agenda, seamos sinceras, estaba mucho menos apretada que la de Taylor? Si yo me sentía así por una mujer a la que nunca antes había prestado mucha atención, ¿cómo lo estarían tomando sus seguidoras jovencitas? El mensaje que estaba vendiendo era que lo que importa es cómo se ve la amistad femenina, no cómo se siente. La causa de muchos de mis rompimientos de corazón.

Yo no era la única que se sentía abrumada. BuzzFeed llamó a esto una «colección estratégica de amigas». Hubo especulaciones de que el escuadrón de Taylor fue fabricado para recuperar su imagen después de algunas peleas con otras mujeres famosas. A mí no me importaba nada de eso, pero sí me opuse a la sobreexposición de esta representación unidimensional y poco saludable de la amistad. De hecho, escribí un artículo al respecto llamado: «La amistad femenina se ha convertido en un gran negocio gracias a Taylor Swift», en el que acusaba a la cantante de transformar la amistad en un modelo de adquisición. Pero en retrospectiva, creo que la pobre Taylor estaba igual de perdida que yo.

Sin descartar que pudo haber sido una estrategia de relaciones públicas, Taylor escribió más tarde un artículo para la revista *Elle* titulado «30 cosas que aprendí antes de los 30», en el que hablaba sobre el rechazo que generó su «escuadrón», que, por cierto, para ese momento ya brillaba por su ausencia.

«No ser popular cuando era niña siempre me generó cierta inseguridad», escribió Taylor. «Incluso ahora de adulta todavía tengo recuerdos de cuando me sentaba sola en las mesas del *lunch* o me escondía en los baños, o cuando intentaba hacer una nueva amiga y se reían de mí. Cuando tenía 20 años me descubrí rodeada de chicas que querían ser mis amigas. Así que lo presumí a los cuatro vientos, compartí un montón de fotos y celebré mi recién adquirida aceptación en esta hermandad. Lo hice sin darme cuenta de que hay otras personas que todavía se sienten como yo cuando estaba tan sola. Es importante analizar nuestros problemas que venimos arrastrando antes de convertirnos en una personificación viviente de ellos».

Eso es todo. Ahí está la honestidad sobre las amistades femeninas que tanto necesitamos oír y que, si yo hubiera leído algo así cuando tenía la misma edad que la mayoría de las fanáticas de Swift, me hubiera hecho sentir menos extraña.

Pensar en el grupito de amigas de Taylor me ayudó a comprender cuánto de la amistad femenina en la cultura popular es un *performance* y cómo lo que no es visible a los ojos en realidad es mucho más importante. Porque detrás de todas esas redes de apoyo, publicaciones en redes sociales perfectas, escapadas de chicas y películas que muestran a las mujeres como almas gemelas o destructoras de almas, en algún lugar se esconde la verdad.

Esa verdad puede no ser lo suficientemente atractiva para considerarse #squadgoals, pero es lo que necesitamos escuchar para entender que todas estamos creando nuestra propia versión de una buena amistad femenina; que no existe un modelo de cómo deberían verse tus amistades, ya sea que tengas solo una buena amiga o toda una pasarela; que en realidad, como la propia Taylor llegó a comprender, ser vulnerable te vuelve más cercana.

Cuando entrevisté a Erin Brokovich ese mismo año, me dijo algo similar: «Está bien ser vulnerable, está bien hablar de nuestros miedos. Casi nunca lo hacemos, y creo que esa supresión de nuestra voz puede llevarnos por un camino angustiante», declaró.

Eso era lo que yo necesitaba: entender que no tenía que vivir una doble vida, dividida entre defender a las mujeres en el plano profesional, y desconfiar de ellas en el plano personal. Porque si la amistad femenina perfecta era una ilusión, también lo era la idea de que era algo roto en mi vida. Y si lograba abrirme mientras hablaba con las mujeres que acababa de conocer a través del trabajo, tal vez también podría hacer lo mismo con aquellas a las que llamaba amigas.

NUEVAS AMIGAS

Mito: No vale la pena hacer nuevas amigas

El sábado 4 de enero de 2014 fue la fiesta de mi cumpleaños número treinta. Toda la noche fue un poco surrealista. No porque elegí celebrarla en un bar temático de tienda de dulces, al cual se accedía a través de unas puertas que parecían un clóset, como si entraras a una especie de Narnia hedonista. Tampoco porque ese día pude ponerle mi nombre a un coctel («Cohen Down a Treat»). Ni siquiera porque después de tantos de esos cocteles me caí de las escaleras y me hice un terrible raspón con la alfombra en el brazo derecho.

No, lo más extraño de todo fue que muchas de las asistentes que estaban ahí bebiendo eran personas a las que no había invitado a ninguno de mis cumpleaños anteriores. Eran nuevas amigas. Mujeres a las que conocía desde hacía poco tiempo, pero sin las cuales no me imaginaba celebrando.

Dos años antes, mi cumpleaños había sido muy diferente. Aquella tarde, mi novio me había llevado al cine. No puedo recordar qué película vimos, solo que salí de la sala de muy mal humor, peor aún cuando mi teléfono comenzó a sonar con mensajes de amigos que cancelaban la ida al *pub* para beber esa noche. «Será algo relajado. No esperen la gran cosa», les había dicho. Lo cual, en retrospectiva, tal vez fue la razón por la que la gente sintió que no iba a ser la gran cosa. Alguien había decidido quedarse en casa de sus padres después de Navidad. Alguien más no se sentía bien, con una enfermedad indeterminada que de inmediato llamé «ojetitis». Una amiga canceló porque su perro tenía diarrea.

Le aventé mi teléfono a Tim, enojada, y le dije: «Cancelaré todo este asunto. Solo olvídalo», gruñí.

Ya para la tarde logré entrar en razón. Pero todo esto me hizo reflexionar sobre quiénes eran realmente mis amigos y quiénes preferían poner a su perro con diarrea antes que a mí. A menudo pasa que al final de nuestros veinte años comenzamos a reconsiderar algunas amistades que antes eran divertidas, espontáneas o populares. Conforme comenzamos a valorar tanto las noches en casa como las salidas —y la vida se vuelve más compleja—, también empieza a importar quién está ahí para ti y quién no.

Por cierto, y lo dejo aquí como registro, nunca eres demasiado grande para hacer nuevas amigas. Lo aprendí por experiencia propia: jamás es tarde. También les pregunté a varias mujeres, de todas las edades, incluyendo dos de 90 años, cuándo fue la última vez que habían hecho una nueva amiga, y las respuestas fueron más reconfortantes que un termo peludo de agua caliente en un día de frío. Todas habían hecho una nueva amiga de forma reciente.

Ese es el asunto cuando formamos nuevas amistades cuando somos adultos: no las esperamos. Tal vez ni siquiera estamos buscando hacer crecer nuestras redes. Además, conocer nuevas personas puede parecer casi imposible. Cuando estás en la escuela o en la universidad, hay un montón de opciones en el plato, aunque no siempre funcionen. Y tienes el tiempo. Después de lavar la ropa, desparasitar al gato y hablar con el repartidor de Amazon, con seguridad sobraban algunas horas. ¿En qué las usábamos?

Un estudio finlandés de 2016[20] descubrió que alcanzamos nuestro número máximo de amigos a los 25 años, la edad en la que somos más «promiscuos socialmente», lo que significa que hacemos más contactos sociales y estamos más abiertos a ponernos en situaciones en las que esto es posible. Después de eso, los números comienzan a disminuir, sobre todo para las mujeres. Esto te deja pensando si en realidad vale la pena hacer nuevos amigos más adelante en la vida. ¿Para qué molestarse en hacerlo?

Bueno, primero que nada, hay varias razones por las que podrías necesitar hacer nuevos contactos: mudarte a una nueva ciudad, una ruptura, cambiarte de trabajo o que todos tus amigos actuales decidan que ya no quieren beber porque «la cruda no vale la pena». Casi siempre es una cuestión de prioridades, pues a medida que tus conocidos actuales empiezan a casarse, establecerse, tener hijos o mudarse, tu balanza de amistades cambia. Las etapas que están atravesando dejan de empatar. Eso no significa que ya no se quieran, sino que necesitan nuevas personas con más cosas en común, pero hablaremos de eso más adelante.

La clave, cuenta la *coach* de amistad Shasta Nelson, es «aceptar que las amistades te importan y que puedes construirlas». Esa afirmación suena muy deliberada, pero a veces tienes que trabajar con un propósito. Al hacer una nueva amistad —recordemos que toma cincuenta horas pasar de conocidos a amigos superficiales— estás seleccionando activamente a alguien para que forme parte de tu vida. Esto significa que debes elegir de forma cuidadosa y no tomar decisiones precipitadas con la primera persona o grupo de personas que aparezcan, como solía hacerlo yo. Algo que puede ayudar es imaginar qué pensarían tus otros amigos o tu familia de la persona que te interesa. ¿Comparten atributos con aquellos que consideras más cercanos, o con alguien que ya dejaste en el pasado?

Así como la experiencia te ayuda definir qué quieres, y definitivamente qué no quieres, en una relación tu corazón también aprende lecciones sobre la amistad en el camino. Tiene sentido que no le abras las puertas a cualquiera. Pero ¿cuándo debes hacerlo? He perdido la cuenta de la cantidad de mujeres que describen el nacimiento de una nueva amistad con los mismos términos que usan para hablar del comienzo de una relación amorosa: con mariposas en la panza y una oleada de intensidad. Un periodo de luna de miel durante el cual haces el esfuerzo, vas más allá de las incómodas conversaciones triviales, compartes confidencias y hasta te pones perfume. Es emocionante e intimidante, como un amor adolescente, la idea de que podría ser alguien que potencialmente esté en tu vida para siempre si ambas logran quitar las capas suficientes y les gusta lo que ven.

«Hace unos años me llamó la atención la conversación de una mujer que pude oír hablando con otra persona detrás de mí en un evento del trabajo —sonaba increíblemente divertida—, y cuando la anfitriona nos presentó, nunca había sentido una conexión tan inmediata como esa, nos sonreímos la una a la otra de oreja a oreja», me cuenta una de mis amigas. «Hablando en serio, se sintió como los primeros momentos de una relación, como un enamoramiento adolescente pero a los 30 años. Nos reunimos para dar un paseo unos días más tarde y salí de ahí con ganas de contarle a todo mundo sobre ella, hasta mis amigas comenzaron a hacerme bromas de que estaban celosas».

Posiblemente yo era una de ellas. Puede llegar a ser desconcertante cuando tu amiga adulta hace otra amiga, algo que genera cierta inseguridad. Esto a causa del mito de las mejores amigas para siempre: la idea de que el pináculo de la amistad femenina es un alma gemela, una hermana. Aunque para estas alturas ya lo tengas bien detectado, el mensaje interiorizado sobre este «código de chicas» (de que siempre nos cuidaremos la espalda pase que lo pase) puede ocasionar que duela un poco cuando tu amiga llega a explorar nuevos horizontes. Es difícil no compararte con la otra persona o preguntarte qué está recibiendo de esa relación que tú no pudiste darle. Puede ser que eso disminuya la importancia que tú tienes en su vida. Es complicado verlo como una oportunidad, como algo que puede hacer que tu amiga sea todavía más feliz, y que incluso tú también puedas conocer a una nueva persona fantástica.

«Es maravilloso hacer una nueva amistad: te da una sensación de aceptación, de sentirte querida y valorada», afirma Cathy, de 36 años. «Una nueva persona está tomando la decisión activa de invertir en ti. Es bueno poder probar nuevas dinámicas y una versión diferente de ti misma. Es emocionante conocer las historias de alguien más y obtener una perspectiva distinta de las tuyas».

Eso que dice de probar una versión diferente de ti no significa fingir o pretender ser una persona que no eres. Simplemente se trata de reconocer que uno de los regalos que puede traer consigo una nueva amistad es la capacidad de verte a ti mismo a través de un lente distinto: expandirte y crecer en nuevo espacio, con una persona que idealmente no tiene ninguna expectativa y que recién te está conociendo. Mientras que tus amigos de antes ya tienen una idea fija de quién eres, con los nuevos amigos las distintas capas que has adquirido a través del ajetreo constante de la vida pueden convertirse en parte importante de tu esencia en esa relación, algo respecto a lo cual tus viejos conocidos tal vez te dirían que habías «cambiado mucho». Además, siempre es emocionante la idea de encontrar a alguien que no sepa que te caíste de las escaleras en tu propia fiesta de cumpleaños.

Mi madre, Jane, me contó cómo hizo una nueva amiga a los 60 años durante una conferencia en la galería de arte Tate Britain.

«Nos sentamos una al lado de la otra y comenzamos a hablar, y desde entonces no hemos parado», me cuenta. «Pareciera que nuestras vidas corren en líneas paralelas: las dos tenemos hijas, somos de la misma edad y nuestros contextos han sido parecidos. Nos podemos contar absolutamente cualquier cosa y reírnos a carcajadas ante lo absurdo de nuestras vidas. Durante los momentos trágicos o difíciles nos apoyamos una a la otra, y siento que pocas veces he encontrado a una amiga más cariñosa que ella. Siempre decimos que somos muy bendecidas de habernos encontrado. No vive cerca, pero hablamos por teléfono dos o tres veces por semana y nos vemos de forma regular. La amo con todo el corazón. Nuestra amistad es la más importante de mi vida».

¿A ti también te entró algo en el ojo?

Lauren, a quien conocimos en un capítulo anterior, me cuenta que desde su transición ha logrado sentir «mariposas» con sus amistades femeninas. Algo parecido a lo que experimentas con tus primeras amistades y cuando estás descubriendo nuevas experiencias (como el alcohol, tu atractivo sexual, la alegría de viajar); pero ahora, en vez de esto, le hacen ver una nueva versión potencial de ella.

«El periodo de luna de miel es un término perfecto para esto», dice ella. «Se siente parecido a cómo la gente describe las amistades entre las adolescentes, en las cuales hay ciertos elementos de aprendizaje y apoyo, y hasta algo de vértigo. Tal vez estas relaciones no duren para siempre, puede que no sean adecuadas o que cada quien tome su camino más adelante, pero mientras duran son muy intensas y urgentes, porque ambas están en un punto de su vida en el que se necesitan».

«Conocí a una chica en Reddit que me llevaba un poco de ventaja en años en cuanto a su transición, a pesar de que era un poco más joven que yo. No éramos tan parecidas en personalidad e intereses, pero sí en esta experiencia específica. Yo me sentía insegura respecto a varios sentimientos y cuestionaba si "en realidad" eran de una persona trans, y ella tenía suficiente experiencia para decirme: "Sí lo son, porque yo también soy trans y sentí lo mismo, y mira ahora dónde estoy". Esa fue una conexión extremadamente poderosa, y quería vivirla más».

Lauren y su nueva amiga comenzaron a hablar de forma constante. Tenían llamadas telefónicas que se prolongaban hasta altas horas de la noche. «Me contaba sobre sus experiencias y yo pensaba "¿Qué?", porque sonaban igual a las mías. Estaba en un punto muy bajo con mi salud mental y realmente fue un parteaguas para mí, pues me obligó a dejar de reprimirme y a ponerlo en palabras. Como escribí en mi diario: en esos momentos me sentí vertiginosa, sin fondo, suspendida en el aire, como si volara en un sueño. Me sentía como la primera vez que me enamoré: increíble e imparable».

Al final, me cuenta Lauren, ella y su nueva amiga en realidad no tenían mucho en común: la suya era una nueva amistad que floreció en un momento crucial en sus vidas y, aunque no estaba destinada a durar, no por eso fue menos importante.

«Nuestras conversaciones sobre otros temas no fluyeron de la misma manera y finalmente dejamos de estar en contacto», recuerda Lauren. «Nos conocimos en un momento preciso y lo que recibí de ella fue algo que necesitaba muchísimo. Incluso si no volvemos a hablar nunca, espero que sepa todo lo que hizo por mí. Espero que sepa que me salvó la vida».

◆ ◆ ◆

Según el profesor Robin Dunbar, hay siete pilares de la amistad: los aspectos que consideramos cuando hacemos amigos y que demuestran que tenemos cosas en común. Mientras más encontramos, más cercanos nos volvemos; pero con algunas personas no tendremos ninguno, y eso está bien.

1. Compartir el mismo idioma o dialecto
2. Crecer en el mismo lugar
3. Tener la misma educación / experiencias en la carrera
4. Tener los mismos *hobbies* / intereses
5. Tener la misma perspectiva del mundo en cuanto moral, religión y política
6. Tener el mismo sentido del humor
7. Tener los mismos gustos musicales (ver: Hanson)

Cuando lees esa lista no parece tan abrumadora. Es probable que tengas en común algunos de estos siete pilares con ciertas personas que ya conoces, pero que no necesariamente consideres tus amigos, ya sea que trabajes con ellas, compartan clases de boxeo o vivan al lado de tu casa.

De hecho, yo agregaría otro punto a la lista: tener la capacidad de ser honesta. Y me refiero a ese tipo de verdad al desnudo que tanto me cuesta.

Un estudio de la Universidad de Kansas en 2018[21] descubrió que las conversaciones triviales son la kriptonita de la amistad. Si nunca vas más allá de hablar sobre el clima y lo que harás el próximo fin de semana, estás limitando la profundidad de tu vínculo. Mostrarte vulnerable y revelar detalles sobre tu vida fortalecerá el lazo de amistad de una manera que nunca lo hará el hecho de ponerse al día superficialmente. Para crear una relación seria con alguien tienes que ser desinteresado, u honesto, como prefieras llamarlo.

Yo no soy de esas que abren su corazón al instante, incluso con las personas a las que considero cercanas. Me produce cierto asombro cuando algunas mujeres me cuentan que llaman a sus amigas a medianoche llorando. Yo siempre he preferido sollozar en la almohada hasta dejarla húmeda y cubierta con manchas de rímel. Si tuviera que desahogarme con alguien en la madrugada, creo que sería con Becky, mi conejita suave y sufrida, y una de las mejores oyentes del mundo.

En verdad me siento como una extraterrestre cuando algunas mujeres me cuentan que tomaron el sol juntas en *topless* o que terminaron sacando las tetas en alguna fiesta. Yo siempre he optado por una vida emocional más tiesa y abotonada. De hecho, uno de los momentos más extraños y sorprendentes en la historia de mis amistades fue cuando una conocida muy nueva se subió la camisa y me preguntó: «¿Mis pezones parecen platos para la cena?».

Todo se remonta a algo que me dijo Ana cuando decidió terminar su amistad conmigo a los 16 años: «Nosotras nunca nos contamos nada». En ese entonces yo no tenía idea de lo que quería decir. Ella sabía perfectamente que la pizza era mi comida favorita. Conocía mi tienda preferida para comprar aretes con la figura del ying-yang. ¿Qué más había por contar? Para ser honesta, todavía me sentía igual que a los veinte años, aunque para ese entonces ya tenía bastantes cosas que valía la pena compartir. Solo no estaba segura de poder expresarlas después de dos décadas de haberme quedado con todo guardado, ni sin la ayuda de unas buenas cinco horas bebiendo.

«A veces es realmente complicado decirles a tus amigos las cosas que sientes, porque si las articulas, entonces se vuelven reales», dice Emilie McMeekan. «Es complicado aceptar: "¿Sabes qué? La verdad es que no estoy bien y esta vida perfecta que aparento no es tan perfecta". Pero la perfección es truculenta. Si no puedes compartir tu vulnerabilidad, tus desastres y tus fragilidades, entonces es muy difícil acercarte a las personas. Creo que es muy importante dejarse llevar y deshacerse de las cargas del pasado. Está bien ser imperfecto y compartir estas experiencias imperfectas».

Quizás el experimento más famoso creado para mostrar el poder de la intimidad emocional es el de las 36 preguntas. Tal vez lo recuerdas de una columna llamada «Modern Love» del periódico *New York Times* de hace algunos años. Cuando la escritora Mandy Len Catron lo puso a prueba y se enamoró.

El experimento, creado por Arthur y Elaine Aron en 1997, originalmente involucró a 52 grupos de mujeres y hombres heterosexuales que no se conocían entre sí. Metían a dos participantes en el laboratorio sentados uno frente al otro y les hacían responder una serie de preguntas cada vez más íntimas. «¿Cómo sería tu día perfecto? ¿Qué es lo que más valoras de una amistad? ¿Cuál es tu recuerdo más terrible?». Al final, los hacían mirarse a los ojos durante cuatro largos minutos. Seis meses después, una de las parejas se casó.

Pero este experimento no fue diseñado para ayudar a que las personas se enamoraran, sino que buscaba probar cómo funciona la intimidad emocional entre los extraños: un estudio sobre cómo el abrirte con alguien puede acelerar la cercanía. Y así fue, muchos de los participantes aseguraron que se sentían inusualmente encariñados después de solo 45 minutos de intercambiar información. Además de las parejas hombre-mujer, también participaron 19 grupos de extrañas heterosexuales.

«El hallazgo más claro —y hasta donde yo sé, este ha sido consistente con otros estudios desde entonces— es que las parejas de mujer con mujer conectaron igual que las parejas de sexos opuestos», me cuenta en un correo electrónico Arthur Aron.

Básicamente, si vas siendo sincera poco a poco con una amiga potencial y te corresponde... ¡Bingo! A mi yo de 28 años esta información le hubiera sonado de lo más estresante que pudiera imaginar. Cuando te han traicionado varias veces y tus amigos del pasado han usado tus secretos en tu contra, puede llegar a ser complicado saber qué tanto puedes abrirte en el futuro.

«He notado que muchas mujeres comparten sus sentimientos demasiado. Diría que muestran sus vulnerabilidades muy rápido. Casi siempre hacen esto porque de alguna manera se sienten solas y necesitan que alguien las vea», coincide Shasta Nelson. «O se han sentido rechazadas en el pasado y cargan encima el miedo de que a la larga volverán a ser rechazadas. Pero también está el lado opuesto, las mujeres que cometen el error de compartir poco y son más cerradas. Eso también pasa mucho porque se han sentido lastimadas y ya no confían con tanta facilidad».

Esto realmente resonó en mí: la idea de exponerte y de que te volteen la cara. Quería profundizar más en el tema e indagar por qué en ocasiones sucede así.

«Alguien a quien entrevisté lo expresó de la siguiente manera: "Cuando le cuento información personal a alguien, es como decirle: toma esta parte de mí. Eso significa que me cae bien"», dice la lingüista Deborah Tannen. «A lo que yo cuestioné de vuelta: "¿Y luego qué puede hacer esa persona con esa parte de ti?". Si la confianza está bien depositada, esto te acerca y no pierdes nada, pero es posible que alguien haga mal uso de esta información. Tal vez sin darse cuenta de que no deberían haberla soltado, tal vez repitiéndola por accidente, o tal vez repitiéndola intencionalmente para lastimarte o para mostrarte que saben cómo hacerlo».

Es un riesgo. Tienes que confiar en que la otra persona no malinterpretará, juzgará ni repetirá lo que elijas compartir con ella. Tienes que bajar las defensas y aprender a mostrar las partes que aprendiste a esconder cuando tus amistades pasadas salieron mal. Puede ser difícil renunciar a tener el control de tu información personal. El instinto de preservación es fuerte. Pero también puede valer la pena.

Según la escritora Radhika Sanghani, la clave para hacer nuevas amistades es exponerte. Después de terminar con su novio y dejar su trabajo para hacerlo de forma autónoma, Radhika se dio cuenta de que se sentía sola. La mayoría de sus amigas vivían en el extranjero, mientras que sus conocidas en Londres estaban atravesando diferentes etapas cada una. Así que decidió embarcarse en una misión consciente para hacer nuevas amigas.

«Empecé a trabajar en una nueva oficina y ahí había gente que se veía buena onda, así que decidí invitarlos a tomar un trago», cuenta. «Algunos se sintieron desconcertados y como que pensaron "¿Por qué esta chica es tan intensa". Pero los que valían la pena dijeron que sí. Y poco a poco se fueron transformando en verdaderas amistades.

»Me llevaba bien con una de ellas, pero solo platicábamos de vez en cuando junto al dispensador de agua. Y luego un día decidí llamarla por la noche. Contestó y me preguntó "¿Qué pasa?", y le respondí: "Solo llamé para saludar". Y ella estaba como... "Pero ¿por qué?". Ahora nos reímos de eso y ella me dice: "Gracias a Dios que hiciste eso". Pues tanto ella como otra mujer de la oficina ahora son mis mejores amigas en todo el mundo y las conocí hace solo tres años. Nunca es demasiado tarde: puedes encontrar buenas amistades en cualquier momento».

Radhika también descubrió el poder de mostrarse vulnerable cuando asistió a una boda y la sentaron en una mesa junto con un grupo de mujeres que conocía de la escuela: la oportunidad perfecta para caer en sus viejos y cómodos hábitos. «Pero también estaba una chica que era la novia de un compañero de trabajo del novio, una relación totalmente ajena a mí», dice. «Empecé a hablar con ella y resultó que ambas éramos autónomas y las dos nos sentíamos solas. De pronto nos movimos para quedar sentadas una al lado de la otra. Un mes después, me quedé con ella. Nos hicimos muy buenas amigas. Ese es ahora mi gran tema cuando se trata de conocer gente nueva y crear relaciones: si quieres que sea una amistad real, debes mostrarte vulnerable de alguna manera. Por eso compartí con ella que estaba atravesando un momento difícil, y ella dijo: "Oh, yo también". Entonces creamos una conexión de verdad, porque se trataba de algo importante».

Lo que más me gusta es que Radhika también creó diferentes tipos de nuevas amistades —desde conocidas hasta amigas cercanas— al hablar con sus vecinas o quedarse un poco a conversar con la gente después de sus clases de yoga. «De pronto ya tenía la agenda llena de nuevo», me cuenta. «Por supuesto, no todas esas personas se quedaron, y algunas solo se convirtieron en un café ocasional, pero se sintió bien haber ampliado mi comunidad».

Probablemente la forma más fácil de hacer nuevas relaciones como adulto es hacerte amigos de tus amigos. Después de todo, alguien que te cae bien ya hizo el trabajo duro de examinarlos. Conocí a Iona a través de una amiga del trabajo y nuestros caminos profesionales comenzaron a cruzarse, sobre todo por correo electrónico. Cabe mencionar que una vez la envié a entrevistar a un hombre que había descubierto cómo poner en trance a sus conejos domésticos (apodo: el Hoptonista).

Aunque mi relación con la compañera de trabajo que nos había presentado no duró mucho, la mía con Iona, sí. El día en que supe que íbamos a tener una amistad de verdad fue cuando renuncié a mi primer trabajo en un periódico. Por alguna razón extraña decidí que iba a tener dos fiestas de despedida en vez de una. Lógicamente, todos mis colegas llegaron a la primera y cancelaron para la segunda. De hecho, la única persona que llegó fue Iona. Yo estaba por completo mortificada, pero a ella no pareció molestarle en lo más mínimo. Me hizo cuestionarme a quién estaba tratando de impresionar. Ordenamos varias botellas de vino y dejamos la noche fluir. De pronto nos dimos cuenta de que la gran ventaja de que no hubiera nadie más ahí es que podíamos meter todo el alcohol en los gastos de la empresa y hablar con libertad de todos los que faltaban.

Recordé a mis antiguas compañeras de casa en la universidad y a mis mejores amigas de la escuela. Me habrían hecho sentir como un verdadero fiasco por organizar una «fiesta» de despedida para dos. Pero a Iona no le importaba, así que a mí tampoco me importaba. Me ayudó a mostrarme vulnerable, y seamos sinceras, lo más vergonzoso de esa noche ya había sucedido. De pronto no se trataba sobre la cantidad de invitados, sino sobre la calidad. Traté de evitar que Iona sintiera como que su compañía no era suficiente, porque lo era.

Así como lo siguió siendo una década después, cuando nos encontramos en una cena improvisada a la que asistieron varios famosos, incluyendo un presentador de Radio 4 que alguna vez me llamó «niña tonta» porque no se dio cuenta de que el mensaje importante que le mandé y no le llegó, se había ido a su correo no deseado.

Para mi alivio, no había suficiente espacio para todos en la larga mesa de la cocina, así que en lugar de amontonarnos, Iona y yo preferimos sentarnos en el sofá, con nuestros platos de *pappardelle* de ternera sobre las rodillas. Nos atiborramos de pasta, vino tinto y risas. Una mujer se acercó a mí después para decirme de forma sigilosa: «Parecía que ustedes dos se estaban divirtiendo mucho más que nosotros». Probablemente tenía razón.

Durante esas mismas fechas también conocí a Rachel. Y digo «conocer» aunque llevábamos casi cinco años trabajando en la misma oficina, pero nunca habíamos hablado realmente. De vez en cuando la veía pasar por ahí con toda su elegancia, y me preguntaba en secreto si sería tan agradable como parecía. Por supuesto, para ese entonces ya se había corrido la voz de lo popular que había sido mi segunda noche de despedida, así es que Rachel se acercó a mi escritorio un día y sugirió que tomáramos una copa antes de que me fuera. Ya estaba empacando todo, así es que pensé que si por alguna razón las cosas se llegaran a poner incómodas, nunca volvería a verla. Ahora me doy cuenta de que estaba experimentando el síndrome del impostor de la amistad: la sensación de que no estás a la altura o de que eres un fraude. Es un término que se usa más comúnmente para hablar de trabajo, y también un tema que me interesó después de haberlo sufrido.

Sucedió hace algunos años, cuando me invitaron a participar en un panel con motivo del Día Internacional de la Mujer. Sentada ahí en el escenario, junto a varias mujeres muy exitosas, comencé a sentirme como si hubiera un letrero parpadeando sobre mi cabeza que decía: ¿QUIÉN DEMONIOS TE CREES QUE ERES? Estaba segura de que en ese momento alguien iba a descubrir que yo no debería estar ahí. Comencé a sentirme avergonzada: temía que me hicieran una pregunta que revelara que no sabía de lo que estaba hablando. ¿El tema que se iba a tratar? El síndrome del impostor. Después de haber entrevistado a algunas mujeres increíbles sobre este tema para mi pódcast llamado *Impostoras* (como Priyanka Chopra Jonas, Trinny Woodall, Samantha Cameron, June Sarpong), logré comprender que este tema había impactado distintas áreas de mi vida tanto personal como profesional. Y creo que eso es cierto para muchas de nosotras.

Cuando se trata de nuevas amistades, estos síntomas aparecen. Todo parece indicar que le caemos bien a una persona y, de alguna manera, intentamos convencernos de que nos «descubrirán» en cualquier momento, que se darán cuenta de que no somos lo suficiente buenas o simpáticas. Por eso no lograba entender por qué alguien tan amigable y popular como Rachel podría interesarse en mí.

Cuánto me alegro ahora de que ella me haya invitado a tomar ese trago y de haber aceptado nerviosamente, sin dejar que mis propias dudas se interpusieran en el camino. Nos llevamos muy bien. Yo estaba en medio de un gran remolino: había terminado una relación, planeaba volver a vivir de regreso con mis padres y había cambiado de trabajo, y me di la oportunidad de hablar sobre estas tres cosas con ella. No abrí mi corazón de inmediato; empecé poco a poco, con respuestas honestas a sus preguntas, el tipo de cosas que le contarías a alguien que ya conoces. Si tratas a alguien como amiga, tal vez se convierta en una.

Rachel me presentó a otras dos mujeres de nuestra oficina, Cecilia y Louise. Se llevaban muy bien entre las tres, pero nunca actuaron como un grupito cerrado. Todo lo contrario, de hecho, me abrieron las puertas para que me uniera a ellas. En ese momento no lograba entender por qué... es más, hasta la fecha no logro comprenderlo del todo. Tal vez simplemente les gustaba la idea de hacer nuevas amigas, y eso fue una revelación para mí. Tal vez yo también podría aprender a disfrutarlo. Quizá si me esforzará por dejar atrás todo lo que creía saber y todas esas malas experiencias que me dejaron sospechando de la amistad femenina, también yo empezaría a ver las cosas de una manera distinta. Así que lo intenté. Me animé a compartir mis secretos y decepciones de una manera en la que antes me hubiera hecho sentir a la defensiva. Hablé sobre estas cosas en vez de esconderlas como si fueran una debilidad.

¿El resultado? Se sintió muy bien... ¡y funcionó! Ahora me encanta compartir. Soy una reina de la vulnerabilidad. ¿Rechazo? Me río en su cara. ¿Un mal día en el trabajo? Te cuento todos los detalles. ¿Cistitis por torsión del cuello uterino? Déjame platicarte cómo estuvo y si quieres te comparto el número de mi médico de cabecera para que te muestre los resultados de mi prueba de orina. Soy la versión humana de un libro abierto. Ok, tal vez estoy exagerando. Pero con el tiempo esas tres mujeres se convirtieron en algunas de mis amigas más queridas. Llegué a vivir con Rachel. Soy madrina de la hermosa hija de Cecilia. Louise viajó desde su casa en España para asistir a mi boda.

Nuestro grupo de WhatsApp —llamado «¡Chicas!», un excelente nombre considerando que somos cuatro mujeres que trabajan en industrias creativas— es una guía de usuario sobre temas que van desde los méritos del programa de entrevistas *Question Time,* hasta si debes o no usar calzones (en la vida, en absoluto); incluye al tipo que al final de la primera cita puso una toalla en la cama antes de tener sexo. Seguido hablamos sobre la idea de irnos a vivir en comuna cuando seamos viejitas, incluso nos enviamos enlaces a casas señoriales que consideramos adecuadas para esto.

Descubrir esta nueva capacidad de hablar más abiertamente no significó que de repente iba por la vida derramando mis entrañas con extraños en cada oportunidad, sino que lenta y sólidamente me ayudó a forjar nuevas amistades, así como a fortalecer las que ya tenía. Entendí que podía profundizar más con Izzy, Marie, Agatha y Eve. Esta epifanía también tuvo otro sorprendente efecto secundario: me ayudó a acercarme a mujeres que siempre había considerado amigas de otras personas, no mías, como las compañeras de casa de Agatha en la universidad. Ahora podía darme cuenta de todas esas historias que compartimos y lo que tenía que hacer para lograr que ciertas amistades se fortalecieran.

Era como si hubiera desatado una reacción en cadena en mi propia vida. Pequeños fuegos de amistad femenina comenzaron a encenderse por todas partes. Kiko, una mujer con mucho estilo e inteligencia a quien siempre había admirado desde lejos (del tipo que pueden usar distintos patrones que desentonan, tenis altos, aretes enormes y lucir increíbles en vez de, como lo haría yo, parecer que alguien las vomitó de los años ochenta) comenzó a convertirse en algo más que la amiga de una amiga conforme comenzamos a pasar más tiempo juntas. Hablábamos sobre nuestras vidas, las vidas de otras personas y sobre si la piñata que íbamos a hacer con forma de pene para la despedida de soltera de nuestra amiga en común debería ser de cartón o de papel maché.

Me di cuenta de que ya éramos realmente amigas cuando ella y su esposo nos invitaron a cenar y nos pidieron que adoptáramos a *Maybe*. Era el gato más dulce y pequeño, tenía el pelo negro espeso y calcetines blancos diminutos. Lo habían rescatado hacía poco y nosotros llevábamos semanas babeando por él. Resulta que el marido de Kiko era alérgico al pelo de gato al grado de tener que inyectarse esteroides. Si una amistad puede sobrevivir a este traslado de casa de mascotas, entonces creo que está lista para trascender.

«De verdad no puedo creer que se perdieran nuestra boda», decía Kiko. Apenas había pasado un año de esto y nuestra amistad había surgido hacía solo unos cuantos meses. Es algo que ella y su esposo mencionaban seguido, como lamentándose; pero a mí, debo aceptarlo, me hacía sentir valorada. Por supuesto, me hubiera encantado estar ahí, y no solo por el hecho de que pusieron una botella de whisky en cada mesa, sino también porque se siente bien que te recuerden que hiciste una nueva y querida amiga cuando menos lo esperabas. Dos, en realidad.

Hacer cosas de dos en dos brinda una perspectiva atractiva a los matrimonios. Algo que te puede ayudar a ver a tu pareja bajo una lente distinta: interactuando, compartiendo intimidades, riéndose y comportándose de una manera diferente a como regularmente los ves en casa: con sus shorts holgados y aspirando el pelo de gato del sofá.

Un estudio de 2014 de la Universidad de Massachusetts[22] descubrió que las amistades de pareja pueden incluso reavivar una chispa de pasión en tu propia relación. Y las parejas son más felices cuando tienen amistades cercanas con otras parejas. Razón por la que, obviamente, yo animo a Tim a salir a andar en bicicleta con el esposo de Rachel mientras ella y yo tomamos largos desayunos y nos arreglamos las uñas. ¿Ven? Nos conviene a todos. Con los nuevos amigos, crear un cuarteto puede ser todavía más agradable, pues los conoces tanto a ellos como a su relación al mismo tiempo. Le puede quitar un poco la carga de intensidad a mostrarte vulnerable y ayudarte a compartir cosas, pues tienes a tu pareja a un lado como apoyo y, por supuesto, para patearte amorosamente por debajo de la mesa si estás compartiendo demasiada información.

◆ ◆ ◆

Mirando hacia atrás, hacia mi cumpleaños número treinta, no puedo creer la diferencia que hacen dos años. De alguna manera había comenzado mi propia cartera de amistades: Izzy y Marie, quienes seguían de manera leal en mi vida; Agatha y Eve, quienes hicieron que dejara atrás este cliché de ser una «chica de chicos»; Rachel, Cecilia, Louise y Kiko, mis nuevas adquisiciones con las que todavía no me sentía completamente segura de mí misma, pero muy cerca de lograrlo.

Comencé a entender qué es lo que me había faltado dar en mis viejas amistades: a mí misma. Les había presentado una versión de Claire que pensaba que era deseable como amiga. Una persona que siempre estaba: «Bien, gracias» y que luchaba con la idea de ser vulnerable. Una persona complaciente, que se hacía pequeña para que otros pudieran sentirse grandes. Y que al hacer esto estableció un patrón que ocasionó un desequilibrio de poder en sus amistades. Quien, al poner una barrera tan grande, nunca llegó a que la vieran, la oyeran, ni la comprendieran correctamente.

Hasta ese momento siempre había sentido que las pocas amigas que tenía estaban conmigo porque conocían mis defectos, y quién sabe por qué me querían de todos modos. Algo que todavía pienso que es cierto en la mayoría de las amistades femeninas. Lo que me faltaba entender es que ellas no estaban todo el tiempo fijándose en lo que estaba mal en mí ni juzgándome de la misma manera en que lo hacía mi crítica interior todo el tiempo. Querían más de mí, no menos. Poco a poco encontré la confianza para darles eso.

Puede que a ti no te parezca revelador el hecho de que ser más abierta y honesta sea la clave para hacer nuevas amistades y acercar a las viejas, pero para mí sí lo fue. Y aunque ya tengas ese conocimiento —que creo que llevaba años en el fondo, pero sin apreciarlo— no siempre es fácil ponerlo en práctica. Pero créeme, vale la pena intentarlo.

LA DISTANCIA EN LA AMISTAD

Mito: Una vez que se rompe una amistad, es imposible repararla

¿Alguna vez has sentido como que comienzas a ver a una amiga desde el lado opuesto de un gran abismo? Están ahí, puedes extender la mano y tocarla, pero de repente parece haber una gran distancia entre ustedes.

Bienvenida a la distancia en la amistad. Es algo que sucede incluso entre las amigas más cercanas cuando las placas tectónicas de sus vidas se separan y dejan en medio un gran vacío. Las cosas que antes estaban alineadas, moviéndose al mismo ritmo, ahora las sientes distantes. Puedes imaginarte el terremoto en *La tierra antes del tiempo* para darte una mejor idea de lo que estoy hablando.

La distancia en las amistades regularmente no es culpa de nadie. Nadie intenta hacer daño. Los motivos para que se genere este gran y aterrador abismo suelen ser etapas de la vida muy terrenales: enamorarse, comprar una casa, subir de puesto, casarse, tener un hijo, mudarse, la menopausia, el divorcio. (Aunque también suceden por diferencias de opiniones en temas fundamentales o por falta de comprensión ante algunas experiencias vividas, pero ahondaremos en eso más adelante).

Estos rituales de la adultez nos ayudan a seguir avanzando, sin importar cuáles sean tus hitos personales. Hay una buena razón por la que nos han configurado socialmente durante siglos para casarnos y tener hijos —porque son cosas que mantienen la cinta transportadora del supermercado de la humanidad avanzando: leche, mantequilla, pan, marmite, matrimonio, pasta, papas fritas, casa con terraza, queso cheddar extramaduro, frijoles, bebés.

Quizá la distancia en la amistad más dolorosa es la primera vez que una amiga te dice que tiene una gran noticia. Es una posición poco envidiable ser la primera en dar un paso atrás para empezar a tomar decisiones adultas. Y es algo que, muy a tu pesar, puede hacer que voltees a analizar tus propias elecciones. Él ya le dio el anillo. (¿Por qué tú sigues teniendo citas tan horribles?). Compraron un departamento. (¿Por qué sigues durmiendo en el sofá de tu hermana?). Van a tener un bebé. (Tú todavía te sientes como uno y ni siquiera te pasa por la cabeza desearlo).

No solo se trata de que tú y tu amiga ya no van a viajar al mismo tiempo ni ritmo, ni van querer las mismas cosas, sino que todas estas elecciones pueden afectar la relación de maneras imprevistas. Inevitablemente se abrirán abismos, lo que importa es cómo vuelves a conectar.

Las etapas principales de nuestra vida ahora suceden cada vez más tarde, lo que puede ocasionar que el contraste entre tú y ciertas amigas sea muy marcado. La edad promedio para que una mujer heterosexual en el Reino Unido se case es de 35 años, mientras que la edad promedio para convertirse en madre por primera vez es de 29 años... y sigue aumentando. Así pues, cuando una amiga te dice que se casará a los 24 o que tendrá un bebé a los 26, por supuesto que es un tema. Una elección que las diferenciará y que puede ocasionar distanciamiento en el proceso.

Para la mayoría de nosotras, la primera vez que sucede algo así es cuando una amiga nuestra se enamora, o tal vez cuando nos enamoramos nosotras. Enamorarse, dice Robin Dunbar, implica que tienes que dejar atrás a dos amigos. Como tu pareja ahora forma parte de tu círculo cercano, eso significa que algo —o alguien— tiene que ceder, y un par de personas quedarán relegadas en tu lista de prioridades. Esto sucede, agrega: «Porque el tiempo es la base de toda amistad», y al invertirlo en tu nueva relación, tienes menos para los demás.

Este tema es algo que Greta Gerwig captura en su película de 2013 *Frances Ha:* cómo puedes sentirte reemplazada cuando una de tus amigas consigue novio y cómo se van transformando nuestras relaciones cuando entramos en la siguiente etapa de nuestras vidas. Como le dice el personaje de Frances a su amiga más cercana, Sophie, quien se ha enamorado de alguien: «Si algo divertido te sucede en el camino a la tienda de delicatessen, solo se lo contarás a una persona, y esa persona será Patch; yo nunca me enteraré».

«Cuando tenía 20 años llegué a tener relaciones bastante amorosas con mis amigas. Solía bromear diciendo que para verlas a ellas me ponía perfume y lápiz labial, mientras que para ver a mi novio llevaba pants y las axilas peludas», cuenta la autora de *Los abriles del pánico,* Nell Frizzell. «Nos íbamos de vacaciones y tomábamos vino espumoso en los balcones, cosa que tampoco hacía con mi pareja. Pero luego comenzaron a dedicarles toda esa intimidad a otras personas... y sé que el amor no es un recurso finito, pero el tiempo, sí. Hubo un periodo en el que nadie estaba más arriba en mi lista de prioridades que mis amigas, pero comenzaron a tener parejas e hijos y la situación me superó. A fin de cuentas tienen que decidir cómo usan sus tiempos y preferencias, y yo estaba al final de su lista. Algo que me resultó en verdad triste».

Sin duda alguna, los hijos son una de las cosas más dramáticas que le pueden pasar a una amistad. De pronto aparece una brecha que es más grande que casi cualquier cosa, y no me refiero solo a la dilatación. Después de todo, las mujeres nunca tenemos la edad «adecuada» para ser madres. Si te embarazas «demasiado joven», estás desperdiciando tu educación, tu carrera y tu juventud. Si esperas «demasiado tiempo», eres una egoísta, cansada y vieja con los huevos marchitos. No es de extrañar por qué nos sentimos tan confundidas cuando nuestras amigas dan este paso.

«La primera vez que alguien te dice que está embarazada, piensas: "Dios mío, ¿por qué la gente se está embarazando ahora? ¿Ya debería estar lista yo también para eso?"», cuenta Nell. «Algo que era abstracto de repente se convierte en una pregunta urgente que se instala en tu vida. Y esto puede suceder con cualquier cosa: un aumento, adoptar un perro. Todos lo hacemos».

Así es como me sentí cuando una amiga se casó y quedó embarazada cuando teníamos 26 años. No podía dejar de pensar en eso. Todo lo que habíamos hecho hasta ese entonces había sido por pura diversión. Tener un esposo y un bebé parecía lo opuesto a eso. ¿Alguna vez volveríamos a salir de fiesta de noche?

Una gran parte de lo que creo que ocasiona el distanciamiento en la amistad, en particular cuando se trata de esos primeros valores que chocan, es que la persona no solo está haciendo explotar una granada en su propia vida, sino que también está afectando la tuya. Todas las aventuras que esperabas compartir con ellas de pronto parecen estar fuera del mapa. O, como lo dice Nell: «Es como si hubieran tomado tu tarjeta de débito sin decírtelo». Si tan solo el banco tuviera una línea directa de fraude para esto.

Recuerdo haber visitado a esta amiga poco después de que me diera la noticia, emocionada por saberlo todo, y en verdad quería saberlo todo. Ella era la persona con quien había compartido a detalle cada una de mis torpezas adolescentes, por lo que urgía que me pusiera al corriente sobre cómo había quedado embarazada. Pero cuando llegué, fue imposible que estuviéramos un solo momento a solas. Simplemente su esposo no entendía que necesitábamos espacio para hablar en privado. De él. De cuál de sus revolcones había ocasionado un bebé. Le dije que nosotras saldríamos a dar un paseo, con la esperanza de que él captara la indirecta. No lo hizo, así que los tres terminamos en un *pub* cercano. Finalmente, ya en el bar, logré tener dos minutos a solas con mi amiga, pero la presión era demasiada. No podía solo aventar sin más preámbulos: «¿Cuántas veces lo hicieron?» en un lugarsucho como ese.

Había bajado de estatus y, en vez de redoblar mis esfuerzos y tratar de evitar que la brecha se hiciera más grande —como viéndolo en retrospectiva me hubiera gustado hacer—, dejé que nuestra amistad se fuera a la deriva. Ella estaba preocupada y yo me sentía fuera de lugar. En ese entonces no sabía lo que sé ahora sobre el distanciamiento en la amistad, y cómo este no tiene que seguir agrandándose para siempre. En cambio, perdí a una amiga cercana por nada más que un simple y feliz cambio de sus circunstancias.

Conforme pasa el tiempo, estas brechas en la amistad comienzan a abrirse en todas partes. Parece como si fuera un juego de Whac-A-Mole: bodas, inauguraciones de casas y barrigas de embarazo aparecen por todas partes. A la larga hay tantos agujeros de topo que cualquiera que no haya comenzado a trazar un camino similar al tuyo está por comenzar a cavar. Te sientes como la rara: la última mujer de pie que puede entretener al resto de sus amigas con historias «divertidas» de citas. Lo sientes en bodas, bautizos, fiestas de cumpleaños y en la hermosa casa familiar de tu amiga, la cual visitas para después regresar a tu cama individual en un departamento rentado. Los aspectos materiales de sus vidas pueden parecer insalvables, incluso si los fundamentos de la amistad siguen siendo los mismos.

Cuando realmente se abre una brecha es cuando piensas que una amiga te está juzgando: cuando sus prioridades son, de alguna manera, un pronunciamiento sobre tus elecciones, que al no dar ese «próximo paso» que está dando ella, tu vida de alguna manera está bajo una sombra y es lo negativo de su positivo. Recuerdo que una conocida, después de tener a su bebé, se la pasaba haciendo referencias y guiño-guiño codazo-codazo de que muy pronto yo estaría en el mismo barco. Creo que quería asegurarse de que nuestra amistad no iba a ser «desigual» por mucho tiempo, pero me hizo sentir como que la estaba defraudando por no estar lista para seguir su ejemplo.

Es probable que tu amiga no esté buscando juzgarte ni molestarte. Así como la brecha puede jugar con tu cabeza, también puede hacerlo con la de ella. Tal vez hasta anhela lo que tú tienes. Pero es más fácil decirlo que confrontarlo. Admitirle a una amiga que te sientes excluida cuando acaba de dar a luz, por ejemplo, no es algo que pronostique buenos resultados. No está muy bien visto tenerle celos a un recién nacido. De hecho, para mí una de las cosas más duras es cuando hacen nuevos amigos que también son papás. A veces me siento un poco excluida cuando mis amigas hablan de sus conocidas de los cursos neonatales o de la escuela de sus hijos. Me gusta justificarlo, para no pensar que soy una persona terrible, con la idea de que solo necesitan a alguien para enviarse mensajes de WhatsApp a la una de la mañana para quejarse de tener que limpiar las heces de otro ser humano.

Pero Christine Armstrong, autora de *La madre de todos los trabajos*, no cree que debamos descartar a las llamadas «amigas mamás» como meras relaciones de conveniencia. «La maternidad es la base de un montón de amistades femeninas. Y estas amistades basadas en la maternidad no son nada superficiales», dice. «Se generan lazos de por vida durante las mamilas nocturnas a las tres de la mañana, en las pláticas sobre niños con diarrea, en la detección de necesidades especiales o cuando alguien se cae de un árbol. Algunas mujeres que he entrevistado me cuentan que sus amigas mamás han reemplazado en importancia a sus compañeras de la universidad o de la escuela. Este grupo define ahora quiénes son, no tanto el que crearon cuando eran más jóvenes».

Auch. Me gustaría pensar que este no es el caso con la mayoría de mis amigas que tienen hijos. Por supuesto, existe cierta brecha de empatía: es complicado comprender genuinamente lo demandantes que pueden ser las mamilas nocturnas cuando nunca las has experimentado de primera mano. Pero no significa que no me importe. Y, según lo que he vivido, si ambas partes se pueden adaptar, nadie tiene por qué reemplazarse. Solo es cuestión de aceptar que las cosas ahora serán diferentes. Lo primero es dejar de lado tu ego, aceptar que por un tiempo tu cena de cumpleaños no será la fecha más importante en el calendario de tu amiga, aunque el cumpleaños de su hijo sí lo sea para ti.

«Cuando tuve a mi bebé no podía ser la misma amiga de antes. Intentar ser esa persona era agotador y me causó muchos resentimientos», dice Nell Frizzell. «Lo que debí haber hecho fue decir: "Así son las cosas. No voy a poder ir a tu fiesta, pero voy a aprovechar cuando esté durmiendo la siesta para llamarte y que sepas que me importas. Y si te das una vuelta por mi casa, puedo invitarte a cenar. Pero todo va a ser diferente a como era antes. Y dentro de unos años, volverá a cambiar"».

Esa es otra cosa que es importante tener en cuenta: es probable que estas personas no se ausenten por siempre. Así como puedes esperar a que tu amiga recién enamorada salga a tomar aire de su nueva relación (o a que una amiga que está escribiendo un libro lo termine y vuelva a salir de su cueva), le caería bien que le tuvieras esa misma paciencia a tu amiga que está en medio de las trincheras de la crianza.

Tal vez ella también esté luchando con su propio abismo, como le sucedió a Nell cuando se encontró que en su grupo de padres de las clases prenatales todos eran más ricos que ella. «Nos invitaban seguido a las casas de los demás y traté de retrasar todo el tiempo que pude que vinieran a nuestro departamento, porque me daba vergüenza», dice. «Cuando al fin vinieron, todos fueron muy amables. Me puse nerviosa y ofrecí botanas un tanto extrañas, pero básicamente todo salió bien. Recuerdo haber pensado: "¿Qué está pasando aquí? No suelo ser alguien que se estresa por el dinero, pero ahora me preocupa que estas personas sientan lástima por mí, caerles mal o que hablen mal de nosotros a nuestras espaldas". La desigualdad financiera entre nosotros me hizo sentir inferior, juzgada, nerviosa e incómoda. Y más bien era un problema mío... cuya solución no era otra más que ir a terapia para no sentir esa monumental autocrítica cada vez que alguien tiene una vida diferente a la mía».

Pandora Sykes me cuenta que le tomó tiempo darse cuenta de cómo sus dos «identidades» podían encajar juntas: ser amiga y ser madre. «Si alguna de tus amigas no ha tenido bebés, definitivamente tiene que haber una renegociación», dice ella. «No te van a invitar a todos los eventos, y en ocasiones eso duele. Es posible que a veces te hubiera gustado salir un viernes por la noche, pero que tu amiga suponga que no podrás y, tratando de ser prudente, no te pregunte si quieres ir. Ese tipo de errores de comunicación son comunes; lo importante es cómo reaccionas ante ellos y cómo los tratas».

A cierta edad, el tema de la fertilidad se convierte en una especie de bomba a punto de explotar. Siempre hay alguna de tus amigas intentando quedar embarazada y otra muy emocionada contándote a qué fruta equivale actualmente su feto (¡mango!, ¡aguacate!). Muchas mujeres me compartieron que evitan anunciar sus embarazos en redes sociales porque saben que algunas de sus amigas están batallando para conseguirlo. He visto conocidas que, al no poder tener hijos, se retiran discretamente de una amistad que tenían con otra persona con niños pequeños, pues lo sienten como un recordatorio constante de lo que deseaban con tanta desesperación.

Tampoco ayuda saber que otra amiga está pasando por lo mismo que tú. Como me lo contó Emma Barnett: «Cuando tienes problemas de fertilidad, las mujeres mayores y las mujeres menores son tus personas favoritas. Lo que quieres es evitar a toda costa a esas personas que tienen entre treinta y cuarenta años y que todavía pueden usar su matriz, porque en cualquier momento te podrían decir: "¡Estoy embarazada!". O lo contrario: "Yo también estoy batallando mucho". Y tal vez tampoco tengas ganas de escuchar eso».

Es algo muy personal y muy delicado de manejar bien, y es probable que cause daño a ambas partes. La diputada laborista Jess Phillips dice que «perdió muchas amigas» cuando sus hijos eran pequeños. «Descubrí que muy pocas personas decidieron quedarse en mi vida cuando tenía 22 años y un bebé. De hecho, mi nuevo grupo de amigas llegó porque ellas también tenían hijos», explica.

Ahora ella es la que está atravesando una brecha de fertilidad con una de sus mejores amigas, quien está buscando tener un bebé en la actualidad. «Realmente me da mucha pena con ella, porque todo nuestro grupito, a lo largo de nuestra amistad, hemos compartido nuestra experiencia, conocimientos y comprensión: ya fuera que tuvimos hijos, o que no tuvimos, o con abortos tanto espontáneos como deseados», cuenta Jess. «Pero ninguna de nosotras ha tenido experiencia con los bebés por fertilización *in vitro*. Me cuesta trabajo que no podamos ofrecerle ninguna ayuda sobre el tema. Más porque gran parte de nuestra amistad está basada en que todas hemos tenido novios de mierda, todas hemos pasado por problemas con el dinero... tenemos una experiencia universal. Puedes sentirte un poco sola si ninguna de tus amigas sabe qué decir.

»Acabamos de tener una gran discusión al respecto y, sin lugar a dudas, el problema es mío, no suyo. Simplemente no sé cómo lidiar con esta situación en particular», admite.

«Lo que he descubierto con las mujeres, y es algo difícil y peligroso, es que no puedes explicar qué importa y qué no importa a alguien que no lo ha experimentado. Por eso me gusta insistir en que: "Tener un hijo no es el todo ni el fin último de toda mujer". Pero está bien si quieres uno. Es fácil decir esto, ¿cierto? Sin embargo, no es tan fácil cuando una persona cercana siente que está fallando o que no puede lograr algo que realmente desea. También sé que después, cuando logre tener éxito, se quedará con la misma experiencia universal que todas tenemos: "Que estar embarazada en realidad es una joda"».

La psicoterapeuta Jody Day, de 57 años, sabe muy bien cómo se siente quedar fuera de la experiencia compartida de las amigas. Ella dirige Gateway Women, una red para personas que no logran tener hijos debido a la infertilidad u otras circunstancias. La brecha que experimentó con sus amistades al no poder tener hijos fue algo que definió su vida adulta.

«Yo fui una de las primeras de mi círculo en casarse», me dice Jody. «Pero no empezamos a intentarlo sino hasta después de unos años, y para ese entonces ya todas las demás tenían hijos. Nunca hubo alguna razón clara por la que no pudiera quedar embarazada, así que me mantuve en la negación, incluso cuando mi matrimonio se derrumbó debido a tanta presión. No fue sino hasta que cumplí 44 años cuando me di cuenta de que ya era demasiado tarde.

»Ahí mis amistades comenzaron a cambiar. Había sido bastante difícil seguirles el ritmo, pero lo había logrado, ya que imaginaba que algún día sus hijos serían los compañeros de juegos de mis hijos. Aguanté ese trabajo emocional porque formaba parte de mi sueño de ser madre».

Cuando logró aceptar que no tendría hijos, cuenta Jody, sus amigas no querían reconocer esto ni hablar con ella al respecto. En vez de eso le ofrecieron soluciones y consejos que claramente no eran factibles. «Me di cuenta de que yo era quien mantenía esas amistades funcionando, y que ya no podía seguir absorbiendo todo. Estaba sintiendo demasiado dolor. Entonces, como una especie de experimento semiconsciente, dejé de lado gran parte de mi trabajo emocional. Y fue como si me hubieran borrado de la faz de la Tierra», dice. «Perdí a todo mi grupo social por culpa de la maternidad. Yo lo llamo #ApocalipsisAmistoso, y ahora sé que es demasiado común, pero en ese entonces pensaba que yo debía haber sido una mala amiga. Me sentí completamente abandonada».

Sus amigas, agrega, tenían una visión «fantástica» de su vida. «Como yo no había tenido hijos, comparaban mi vida a los 40, soltera y sin hijos, con su vida a los 20, solteras y sin hijos. Pensaban que me la estaba pasando genial. Tal vez nunca se les ocurrió que podría sentirme sola. Hay tantas cosas que no decimos, y eso es lo que descarrila una amistad, no las conversaciones difíciles. Pero tal vez porque nos educaron con la idea de que las amistades femeninas pueden sobrevivir a cualquier cosa, cuando las cosas se complican no tenemos habilidad para hablar de ello», dice. «Si lo hubiéramos hecho, tal vez se habrían salvado algunas de mis amistades».

Es importante aceptar que tener estas conversaciones tan difíciles con las amigas no será fácil. Si lo fuera, no existirían las brechas en la amistad. La clave está en escuchar. Creo que los problemas surgen cuando comienzas a suponer que sabes lo que una amiga sentiría o pensaría en una situación determinada. Las amigas de Jody dieron por sentado que ella quería que la alentaran a seguir buscando formas de tener un hijo, pero en realidad lo único que quería era que reconocieran su duelo. Comentarios como: «Toma, te puedes quedar con uno de los míos» o «Tienes tanta suerte de poder dormir de corrido» solo ampliaron la brecha porque no le dieron el espacio para expresar sus emociones abiertamente con sus amigas, pues aunque la intención de ellas era empatizar con Jody, lo que en realidad consiguieron fue que nunca pudo decirles lo que sentía de verdad. Y cuando se armó de valor para preguntarles por qué no la invitaban a ciertas reuniones sociales, le dijeron que estaban tratando de evitarle todas esas «pláticas aburridas de padres»... o el dolor. Pero ¿es buena idea excluir a alguien y no decirle por qué?

Lo que necesitas para lograr tener este tipo de conversaciones duras es ser curiosa; hacerles preguntas a tus amigas en lugar de dirigir las pláticas hacia un camino particular. Escuchar y no apresurarse a intervenir antes de saber cómo se sienten realmente. Como dice Jody: «Lo que sea que estés pensando decir, guárdatelo. En vez de eso, mejor haz una pregunta abierta».

◆ ◆ ◆

El matrimonio y la maternidad pueden ser uno de los motivos más importantes para el distanciamiento, pero también pueden acabarse en cualquier momento.

«Cuando era niña, mis dos amigas más cercanas provenían de familias de clase media», me cuenta una mujer de unos

30 años. «Siempre tenían muchas cosas que envidiaba: desde juguetes hasta vacaciones y fiestas de cumpleaños. Estas relaciones se veían afectadas por el hecho de que mi familia era de clase trabajadora y con poco dinero, por lo cual yo no podía hacer las cosas que mis amigas cercanas querían. Asistir a la escuela en la zona "fresa" de mi ciudad y estar rodeada de las hijas de familias aspiracionales de clase media ocasionó que me sintiera aislada».

Audrey Lamontagne-Defriez, de 92 años, explica que el deterioro de la salud ha abierto una brecha con una amiga a la que conoce desde 1955.

«Hemos estado en las buenas y en las malas. Nos dimos un espacio cuando estuve de viaje por un tiempo y perdimos un poco el contacto, pero cada vez que regresaba aprovechábamos para vernos», recuerda Audrey. «Ahora ella me llama casi todos los días. A veces tengo miedo de levantar el teléfono. Ella está casi sorda, así que tenemos conversaciones poco trascendentales sobre la suegra de su vecino, a quien no conozco y nunca conoceré. En realidad es un monólogo y ella no escucha ni una palabra de lo que digo, posiblemente porque no puede».

Sin embargo, tal vez lo que ocasiona mayor distanciamiento entre las amistades femeninas, después de un periodo inicial de asentamiento, es el divorcio. Es una de las cosas más desgarradoras por las que alguien puede pasar, y un momento en el que esperarías contar con tu gente más que nunca. No obstante, es sorprendente que muchas mujeres aseguran haber perdido a sus camaradas después del divorcio: entre 10% y 40%, dependiendo de a quién se lo preguntes. Para los psicólogos, las razones de esto son un tanto obvias: puede resultar amenazante una mujer soltera en un mar de parejas; o tal vez también pueden ser amigos de tu expareja y piensan que tienen que «elegir»; o podría ser puro y simple miedo. Después de todo, si te sucedió a ti, también les puede suceder a ellas.

Y no están equivocadas: la teoría del «club de los divorciados» fue comprobada por un grupo de académicos en un estudio realizado en Estados Unidos.[23] Este concluyó que una persona tiene 75% más de probabilidades de divorciarse si alguien cercano lo ha hecho.

«El divorcio es algo brutal. Hace temblar tu mundo de una manera que no podrías imaginar», dice la experta en amistad Liz Pryor. «Es probable que tu esposo haya traído a ciertas personas a tu vida y que estas lleguen a ser muy cercanas a ti. E, independientemente de las circunstancias del divorcio, tienen una lealtad tácita hacia tu esposo: él se las queda y tú no. Hay tantas personas con las que me había sentido bastante cercana durante mucho tiempo y que, hasta el día de hoy, todavía me incomodo cuando las llego a ver».

«Fui la primera persona en divorciarse en mi grupo de amigas y eso fue algo realmente difícil», coincide Jane Garvey. «Descubrí de inmediato quién se quedaría a largo plazo conmigo y quiénes eran mis verdaderas amigas. Y también a quiénes no les encantaba del todo, pero estaban ahí por alguna razón».

Lidiar con el tema de los amigos en común durante una ruptura o divorcio rara vez es algo sencillo: algunas personas sienten que deben tomar partido y otras simplemente se alejan en silencio para intentar evitar el conflicto, o porque nunca se interesaron realmente en tu felicidad. Por eso me desconcertó tanto la cantidad de mujeres que me contaron que algunas de sus amistades más antiguas, incluso anteriores a sus matrimonios, se habían terminado por culpa de una separación.

Una mujer, que me pidió no ser nombrada, quedó totalmente sorprendida cuando una de sus amigas más antiguas decidió tomar distancia.

«Un día, durante el desayuno, mi esposo me contó algo que había estado escondiendo durante muchos años y decidió ponerle fin a nuestra relación de 22 años», cuenta ella. «No lo vi venir, pues durante todos esos años yo había sido una de esas personas casadas y molestamente felices. Nuestra relación era la envidia de muchas de mis amigas. En esas primeras semanas no logré contarles lo que había sucedido y mejor asistí a un grupo de apoyo. Era más fácil hablar con extraños que no pensaran que eso me había ganado por andar de presumida.

»Luego encontré el valor para contárselo a una de mis amigas más antiguas. Era increíble. Ambas proveníamos de la misma ciudad y desde el principio le expliqué que no quería que nadie "en casa" lo supiera todavía. Quería alcanzar cierto punto en mi propio duelo antes de que la historia estuviera disponible para consumo popular. Pero una noche me llamó en pánico para decirme que se le había escapado con una amiga con la que había estado hablando. Me sentí profundamente traicionada y me recordó todas las señales de alerta que había aprendido a lo largo de los años. También tenía otra amiga que cuando se enteró se molestó mucho porque no me acerqué a ella y lo tomó como una falta de confianza. Me sorprendió mucho que durante uno de mis momentos más oscuros, una de mis personas más queridas intentara hacer que el asunto se tratara sobre ella».

A pesar de sentirse «culpable», decidió alejarse deliberadamente de esas dos viejas amigas. Lo que es todavía más sorprendente, agrega: «Es que en realidad, las personas que menos esperaba fueron las que más me mostraron cariño y se ofrecieron a cuidar a mis hijos, me invitaron a pasear o me enviaron mensajes de aliento».

Liz Pryor descubrió que, aunque el divorcio puede ocasionar distanciamiento con algunas personas, también puede ayudarte a crear nuevas amistades. «Lo bonito del divorcio es que es como una especie de club», dice ella. «Es un gran vínculo entre las mujeres que lo han vivido: "Tú ya sabes por lo que he pasado"».

Ese es un sentimiento muy poderoso dentro de la amistad femenina y algo que muchas de nosotras hemos sentido con otra mujer: ya sea por culpa de una pérdida, enfermedad, adicción, salario desigual, acoso sexual o cualquier cantidad de cosas en las que un «yo también» significa tanto. El duelo debería ser una de esas experiencias que unen a las personas y, sin embargo, cuando la madre de Lauren Libbert murió, su mejor amiga de más de veinte años brilló por su ausencia.

«Ella estaba de vacaciones cuando sucedió. Así que esperaba que, obviamente, cuando regresara se pondría en contacto de inmediato», dice Lauren. «Pero nunca lo hizo. Fue en verdad extraño. También me estaba separando de mi esposo en ese momento. Estaba pasando por todas estas cosas terribles y ella simplemente dejó de aparecer. Puedo entender cuando las personas no captan la muerte o se sienten incómodas, pero de hecho ella había perdido a su padre unos años antes, lo que resultó aún más impactante para mí.

»Me la encontré de compras unas semanas después de que regresó y recuerdo lo bien que se veía. Tenía un gran bronceado y un montón de joyas de oro puestas. Se acercó y me dijo: "¡Hola!" y ya. Fue muy extraño».

Después de ese encuentro casual, la amiga de Lauren se puso en contacto con ella y la persuadió para que se vieran, lo que finalmente hicieron en un café unos seis más tarde.

«Estaba tan nerviosa. Sentía como si fuera a encontrarme con un exnovio o algo así», recuerda Lauren. «Se disculpó, y tal vez podríamos haberlo solucionado todo, pero yo no quise. Ya había seguido con mi vida. Sentí que ella no era la persona o la amiga que creí que era... y que esa brecha ya no se podía cerrar. Supongo que es casi como si tu pareja te hubiera engañado. A lo que me refiero es: ¿cómo recuperas la confianza?».

La experiencia de Lauren explica qué esperamos de nuestras amistades. Podemos pasar por alto algún cumpleaños perdido o una cancelación de última hora para ir a comer, porque a veces la vida se pone complicada u ocupada. Pero cuando se trata de esos grandes momentos, sean felices o dolorosos, esperamos que estén ahí, que dejen todo y simplemente estén ahí. ¿Y cuando no lo hacen? Esto puede hacer temblar nuestro sistema de creencias sobre la amistad, ese que construyes a base de apoyo mutuo y que te hace sentir que en cualquier momento puedes acercarte a alguien para quejarte sobre tu jefe o para hablar sobre los problemas en tu relación. Nos hace cuestionar lo que creíamos saber sobre nuestra amistad y nos deja sintiéndonos abandonados, traicionados o incluso en una especie de duelo.

También está cierto tipo de duelo que surge de las maternidades que no se logran. Mi amiga Marie perdió a su pequeño bebé, Lenny, casi a la mitad de su primer embarazo. Me había enviado un mensaje un par de semanas antes, cuando Tim y yo regresábamos de nuestra luna de miel, para decirme que estaba embarazada: una noticia muy feliz. «¡Qué emoción, ey, ey!», le contesté. «Quiero saber todos los detalles lo antes posible».

Ella estaba viviendo fuera del país y por unos días jugamos a las escondidas: no lográbamos concretar nuestra llamada telefónica. Luego se quedó extrañamente callada. La siguiente vez que me mandó un mensaje, me dejó sin aliento: «Por desgracia, en nuestra última revisión del viernes recibimos una mala noticia sobre el bebé. Vamos a salir del radar por un trato y a pasar tiempo entre nosotros y con nuestras familias», escribió. «Los quiero mucho».

Era el mediodía de un hermoso sábado de primavera. Acababa de tomar un café con una amiga en Crystal Palace, y después me pasé al centro de jardinería para comprar unos brotes.

Todo parecía fresco y lleno de promesas, uno de esos días que se sienten demasiado saludables para ser verdad. Como si estuviera en medio de una escena de cambio de estaciones de Hugh Grant en *Notting Hill*, de esas en las que sale el sol, te quitas la chaqueta y la colocas sobre el hombro, lista para el verano.

Me detuve en medio de la calle y me derrumbé sobre un banco roto afuera de Sainsbury's, mientras los compradores del fin de semana se arremolinaban a mi alrededor. Todo me daba vueltas y no podía tragar saliva. Ella estaba sufriendo; mi maravillosa amiga estaba pasando por un dolor inimaginable y yo no podía hablar con ella. En ese momento sentí cómo se abría una brecha entre nosotras, entre mi necesidad de ayudarla y consolarla y su muy comprensible deseo de estar a solas.

Me sentía inútil. Completamente inútil. Así que solo le envié un mensaje diciendo que no esperaba una respuesta, pero que de todas maneras le enviaba besos, fotos de mi gato y mensajes de texto de «estoy pensando en ti». Ella podía ponerse en contacto de regreso cuando se sintiera lista, sin presiones. No tenía idea de si estaba haciendo lo correcto, pero la idea de permanecer en silencio me llenó de horror.

Una tarde soleada de abril, unos días después, mi amiga y su esposo se tuvieron que despedir de su pequeño hijito.

«Nos sentimos muy afortunados de ser sus padres», escribió por mensaje Marie.

«Siempre lo recordaremos», le prometí.

«No tengo palabras para decirte lo mucho que eso significa para mí», respondió ella.

Le mandé un par de libros: algo para hacerla reír y algo para transportarla a una tierra lejana. Le llamé. Unas semanas más después volé a su casa para visitarla durante el fin de semana y decirle en persona que la quería; tal vez era la primera vez que hacía eso en veinte años de amistad. Lo dije con toda honestidad.

«La pérdida de Lenny afectó mis amistades de distintas maneras», me cuenta Marie cuando le pregunto sobre estas terribles semanas y meses. «La primera vez que vi a algunas amigas en algún *pub* después de esto, ni siquiera se atrevieron a decirme nada, aunque me habían mostrado su apoyo por mensajes de texto en su momento.

»Eso en realidad me desconcertó, sobre todo de aquellas personas que anteriormente habían perdido a alguien cercano. Pensé que podrían haber encontrado un espacio para quedarnos a solas y decirme algo. Salí de ahí sintiéndome decepcionada de ellas, y desde entonces hay una brecha más grande entre nosotras. No de manera consciente, solo apareció.

»Pero otras personas se volvieron más cercanas después de esto: los amigos que realmente logran reconocer y hablar de Lenny. Para mí, son un pequeño vínculo extra que tengo con él... y por eso se han vuelto todavía más importantes de lo que eran. También he hecho nuevas relaciones y me he vuelto cercana a algunas de las amigas de mi madre gracias a Lenny».

Recientemente, después de que pasara una tarde plantando flores debajo del árbol conmemorativo de su hijo en la nueva ciudad en la que vive, y platicando con los lugareños sobre el significado de este, Marie regresó al día siguiente para descubrir que alguien había agregado otra planta en el memorial durante la noche. La próxima vez que fue a regarlas, alguien ya lo había hecho.

Coincidimos en que si estás dispuesta a verlos, puedes encontrar amigos donde sea.

◆ ◆ ◆

Hay otra cosa sobre la que no he hablado que también ha ocasionado cierto distanciamiento con algunas amistades. Soy mitad judía por parte de la familia de mi padre. Cuando era pequeña, celebrábamos la Pascua judía y la Pascua normal; Janucá y Navidad, con toda la comida y regalos que esto implica. Ya de adulta, no podría decir cuándo fue la última vez que puse un pie en una sinagoga, y además me encanta el tocino. Pero también soy muy consciente de que los padres y hermanos de mi abuelo murieron en la guerra. Ah, y tengo uno de los apellidos judíos más comunes que existen, lo que significa que muchas personas asumen erróneamente que saben todo sobre mis creencias.

Una mañana cuando estaba en la universidad, entré a la biblioteca para celebrar mi ritual de sentarme en un escritorio a fingir trabajar en mi disertación mientras por dentro entraba en pánico silenciosamente. Me abrí paso entre las estanterías del departamento de inglés y encontré un asiento libre justo junto a una amiga del periódico estudiantil. Ella, apenas levantando la vista, me dijo: «Oh, Claire, sabía que eras tú. Reconocí tu gran nariz judía desde la esquina».

Me senté. ¿Qué se supone que debía contestar a eso? Me sentí impotente y sorprendida. Esta mujer era alguien a quien consideraba una amiga, así que no sabía cómo confrontarla. Estos hirientes prejuicios y estereotipos ocasionaron una brecha insalvable entre nosotras. Se sintió como estar de vuelta en las clases de Historia de nivel A, cuando mi maestra volteó a ver hacia nosotros y dijo: «Claire, tú eres judía. Cuéntanos sobre el Holocausto». En ese entonces también me quedé en silencio.

No quiero hacer un catálogo de mis experiencias con el antisemitismo. Pero cuando empecé a reflexionar sobre el tema para este libro, me di cuenta de lo poco que había cuestionado a mis amistades sobre sus propios roces con la discriminación. No busco compararlas —no existe una jerarquía para el odio—, sino que el hecho de recordar lo que me dijo esta supuesta compañera de estudios me hizo caer en cuenta de que algunas amigas mías también tienen historias dolorosas por contar. Y por lo general somos muy malas haciéndolo. Si crees que la amistad en general es un tema que, lamentablemente, han estudiado poco los académicos y lo han representado mal en el cine y la televisión, detente a pensar sobre las amistades entre lesbianas y mujeres heterosexuales. O las amistades interraciales.

Mi amiga Joan, cuya madre es negra y su padre es blanco, me contó que tuvo que reevaluar algunas de sus propias amistades a la luz del movimiento Black Lives Matter.

«Hubo muchas ocasiones en las que intenté explicar cómo algo que es diferente para mí de lo que es para la mayoría de mis amigas blancas, pero no fue sino hasta que surgió Black Lives Matter que la gente comenzó a darles importancia», dice. «Una vez le conté a una amiga que es raro ver a mujeres negras con su cabello natural en posiciones de poder. El cabello afro se considera poco profesional y, por lo tanto, yo me sentiría en desventaja si me presentara así a una entrevista de trabajo. Mi amiga descartó esto como un problema, argumentando que si ella fuera a una entrevista de trabajo sin lavarse ni cepillarse el cabello, sería lo mismo. No logró entender la diferencia entre nuestras circunstancias y no me sentí cómoda de explicarle más. Cuando tengo diferencias de opinión con mis amigas, suelo sentirme en confianza para expresar mi punto, pero siempre me ha costado abordar el tema de la raza, probablemente porque es el que tiene un impacto más directo en mis relaciones».

Eso me resulta bastante deprimente, la idea de que nos falta vocabulario y conciencia para tener estas conversaciones. Joan admite que puede resultar una experiencia solitaria sentir que no puedes abrirte del todo con tus amistades.

«También he tenido problemas con la raza en algunas relaciones románticas, lo que significaba que, cuando las cosas no iban bien, no era capaz de contarles a mis amigas todo lo que estaba mal. Es una conversación que tuve de manera reciente con algunas amigas cercanas, y en verdad se sorprendieron de todo lo que me había guardado. Simplemente habían creído que no necesitaba tanto apoyo como las demás amigas, y ahora, viéndolo hacia atrás, se sienten tristes de no poder haber estado ahí para mí cuando lo necesitaba.

»Después del movimiento Black Lives Matter, muchas personas sintieron curiosidad por lo que pensaba al respecto», agrega. «Cuando mis amigos quieren aprender, me gusta ayudarlos, pero también todo esto ha resultado un poco abrumador. Muchas personas no entienden que, al ser blancas, aunque se sientan horrorizadas al ver algunas de las terribles imágenes, no es algo tan personal como para mí. No se quedan con ellas de la misma manera en que se quedan conmigo. Sin lugar a dudas es difícil lograr encontrar el equilibrio para hablar con mis amistades sobre estos temas. No quiero que dejen de preguntar, pero también puede llegar a ser cansado, y en definitiva hay personas que podrían ser más respetuosas. Nunca me he peleado con nadie, pero a veces prefiero evitarlas un poco hasta que estas noticias dejen de aparecer en primera plana».

Estas palabras de Joan arrojan luz sobre el esfuerzo emocional que pueden implicar algunas relaciones. Sobre todo aquellas en las que una persona desdeña la experiencia de otra o esperan que sus amigas las eduquen, sin importar el costo que esto podría tener.

Ann Friedman y Aminatou Sow describen esto en su libro *Big Friendship:* «Cuando se trata de amistades interraciales que involucran a una persona blanca, es probable que el amigo que no es blanco viva algunos momentos de tensión, mientras que el amigo blanco lo vea como una "experiencia de aprendizaje"», escriben.

Abbie Naish, de 33 años, también ha sentido esta «brecha de aprendizaje» con sus amigas heterosexuales. Seguido le preguntan qué hacen ella y su novia en la cama. En una despedida de soltera, recuerda, todo el grupo se quedó en silencio y comenzaron a interrogarle sobre cómo funciona el sexo lésbico.

«Hay algunas cosas que la gente simplemente no entiende», dice ella. «Siempre que empiezo a salir con alguien, mis amigas heterosexuales me dicen cosas como: "No le demuestres demasiado interés. Si en verdad le gustas, en algún momento ella te va a buscar". Este tipo de comentarios pueden erosionar un poco mi confianza, y no creo que se den cuenta de eso porque es un punto de vista muy limitado y derrotista. El problema es que me dan estos consejos que también les darían a sus amigas heterosexuales. Cuando, en realidad, en mi situación se espera que yo también muestre un poco de interés. Adoro a mis amigas y no sería nadie sin ellas, pero están un poco fuera de sintonía».

Los consejos sobre citas y relaciones son un punto central de las amistades femeninas, pero muchas mujeres me cuentan que este tema ha ocasionado cierto distanciamiento en sus relaciones: desde las que piensan que el esposo de su mejor amiga no es una buena persona, hasta las que pierden contacto porque no aprueban que la novia de su amiga lesbiana siga en el clóset. Cuando ves que una amiga tuya está en una relación que parece como un accidente automovilístico en cámara lenta, en ocasiones es difícil guardártelo, aunque decirlo pueda ocasionar distanciamiento entre ustedes o ponerla en una situación peligrosa.

«Una vez le dije a la pareja de una amiga lo que pensaba de él», me cuenta mi camarada Sal. «Él insistía en que mantuvieran su relación en secreto, supuestamente porque sus padres eran religiosos. Pero esto era una falta de respeto y yo sabía que esto la hacía sentir mal. No fue sino hasta que quedó embarazada que él se la presentó a su familia. Luego le organizó un *baby shower* sorpresa y me di cuenta de que no había incluido en la lista a una de nuestras buenas amigas. Le pregunté si podía agregarla y dijo que no, usando como argumento que no aprobaba su estilo de vida. Así que mandé uno de esos correos electrónicos que mejor deberías consultar con la almohada antes de hacerlo: básicamente, lo que acusé de ser controlador. Fui al *baby shower* y todo parecía normal, por lo que pensé que no había problema. Pero cuando planeaba visitarla después de que nació el bebé, él no quiso que fuera. Mi amiga quedó atrapada en medio de nosotros en un momento vulnerable, así que no insistí. Seguimos siendo amigas, pero nuestra relación cambió por completo».

Judi, de 77 años, con quien habló por teléfono en un día nublado, me cuenta que su amiga de la escuela, a quien conocía desde muy joven —y con quien pasaba muchas de sus vacaciones—, le señaló el mal comportamiento de su esposo, lo que ocasionó un importante distanciamiento entre ellas.

«Las dos estábamos casadas y me invitó a pasar unos días en su casa con mi esposo y mi hijo pequeño», recuerda Judi. «Mi esposo era extremadamente controlador y no quería hacer esta visita, por lo que fue un gran desastre, y la mayoría del tiempo se portó grosero y poco comunicativo. Mi amiga y su esposo intentaron hablar con él sobre su actitud, lo que resultó peor. Con lágrimas en los ojos, mi amiga me preguntó por qué seguía con ese hombre. Me sentí herida y avergonzada, ya que esto parecía el final de una amistad con alguien que había sido muy cercana. Nos fuimos antes de tiempo y, a pesar de que le mandé un mensaje disculpándome, nuestra relación se fracturó y perdimos contacto durante muchos años, lo que me hizo sentir muy mal. Aunque sí logro entender por qué a ella le resultó imposible continuar: yo estaba con alguien destructivo y lo más fácil era terminar nuestra comunicación».

Me parece muy triste que, habiendo cumplido con su deber como buena amiga, la conocida de la infancia de Judi sintió que tenía que dar un paso atrás, probablemente cuando quedó claro que su amiga tenía la intención de permanecer en ese matrimonio. Esto fue ocasionado, creo, por un sentimiento de impotencia, preocupación y rechazo de su consejo, algo que pudo haber creado cierto tipo de resentimiento.

Así es como se sintió Esther, de 37 años, sobre una amiga íntima con la que vivió cuando tenían 20 años, quien después se mudó con un colega del trabajo. «Después de un año se fueron a vivir juntos, y desde ese día él de repente se convirtió en un horror», cuenta ella. «No le gustaba que pasara tiempo con otras personas. Ella comenzó a vestirse desaliñada porque a él no le gustaba que usara ropa ajustada. Estaban a punto de terminar cuando él le propuso matrimonio. Planearon la boda y luego él la canceló porque ella era "una zorra" y no podía "quitárselo". Luego regresaron, se casaron con rapidez, tuvieron dos hijos y se mudaron lejos de su familia y amigos. Cuando fui a verla, no me pude quedar en su casa y él no quería que ella viniera a visitarme.

»Intenté que se abriera conmigo, pero ella simplemente saltó en su defensa. Nuestra amistad se volvió superficial y me enojé cuando dejó de buscarme. Aunque este verano tuvimos un gran avance. Ella me llamó y reconoció que su esposo era abusivo. Me dijo que se quería divorciar. Poder hablar con honestidad de nuevo fue increíble: mi vieja amiga estaba de regreso. Lamentablemente, no lo hizo. Pero ahora sé que se encuentra en una situación muy difícil y que tengo que estar ahí para ella en cualquiera que sean los términos que necesite».

Esta idea de que la brecha en una amistad puede en algún momento reducirse, y que las mujeres pueden volver a estar juntas, es realmente poderosa. No tiene por qué ser algo permanente. Como lo describe Esther, en ocasiones con solo reestructurarla es suficiente. Cuando las vidas vuelven a tener cosas en común, es más fácil dejar atrás las brechas. Ya sea que cambie tu situación financiera o que tus hijos comiencen a ir a la escuela. Lo importante es reconocer que el distanciamiento puede disminuir a medida que los mundos vuelven a girar, y que los amigos pueden volverse a encontrar cara a cara, cuando pasen las diferencias o encontrándose a medio camino.

A veces una conversación sincera es suficiente. ¿Recuerdas a Judi, cuya amistad de la infancia terminó después de esa desastrosa visita con su esposo controlador? Así es como continúa su historia: «Unos 14 años más tarde, después de divorciarme, decidí volver a localizar a mi amiga. Se había mudado, pero encontré su dirección y número de teléfono, y de la nada la llamé. Ella estuvo encantada de que la hubiera buscado y hablamos durante más de una hora. Fue fácil retomar nuestra amistad y hemos mantenido el contacto. Fuimos muy importantes la una para la otra durante nuestros años de formación y esa historia compartida es una parte inolvidable y significativa de nuestras vidas».

Me resulta reconfortante la idea de que está bien tomar distancia o ponerle pausa. En ocasiones volverán a estar juntas, aunque no sea de la misma manera. Lo importante es tener paciencia, comprensión y ser realista. Está la opción de esperar a que sus vidas se vuelvan a alinear o solo aceptar que no lo harán y buscar cómo darle la vuelta al tema.

«Estoy increíblemente agradecida con mis amigas solteras y sin hijos, con quienes puedo hablar sobre las cosas que me resultan incómodas y sobre mis arrepentimientos», dice Nell Frizzel. «Es muy agradable poder abrirte con personas que no tienen todos estos mismos marcadores convencionales. Poder desahogarte y decir: "Oh, por Dios, ¿qué estoy haciendo?", y que ellas te contesten: "Oh, por Dios, ¿qué estoy haciendo yo?". También tengo amigas con las que no me he sentido particularmente cercana por un tiempo, pero que ahora están embarazadas o comenzando a tener bebés y hemos encontrado un nuevo lenguaje entre nosotras. Con esto no quiero decir que solo puedes ser amiga de la gente que es exactamente como tú —eso nos convertiría en psicópatas—, pero lo que sí creo es que, si de alguna manera te sientes preocupada porque ciertas cosas no están funcionando o algunas personas se están alejando, podría tratarse de algo temporal».

En realidad es difícil ver una amistad y reconocer en voz alta —o incluso solo para ti— que no es lo mismo de antes. Pero al enfrentar algo que es una experiencia universal también podemos aceptar otra cosa: que no tiene por qué ser para siempre. Incluso si se abre una brecha durante algunos años, puede tratarse de algo temporal y no de una ruptura permanente.

¿Y si no cierra? Nuestras fallas pueden hacernos mejorar nuestras amistades en el futuro. Ya sea que no lograste entender las exigencias de la crianza con tus primeros amigos que tuvieron hijos, o que no lograste manejar bien el duelo de alguien cercano. La próxima vez es posible que lo hagas mejor.

AMIGAS POCO PROBABLES

Mito: Tus amigas cercanas serán idénticas a ti

«Se odiaban y terminaron como mejores amigas».

¿Cuántos argumentos de películas o programas de televisión podría describir esta frase? En 2020, BuzzFeed realizó un conteo de 22 relaciones de amigas poco probables en la pantalla, y con algo así resumen la mayoría: «Comenzaron la serie como rivales y se convirtieron en verdaderas amigas» *(Gilmore Girls)*. «Ni siquiera se caían bien... pero terminaron siendo la dama de honor de una y la madrina de los hijos de la otra» *(One Tree Hill)*.

Esto capta a la perfección lo que tanto me retuerce los ovarios sobre las amistades femeninas en la cultura popular: son tan artificiales. Hay un conjunto de reglas y lugares comunes, creados por los guionistas de Hollywood, que son totalmente predecibles y que todo personaje debe seguir... Lo peor es que no dejan espacio para los matices que definen nuestras amistades femeninas en la vida real. Y si a esa amistad le sumas el factor «poco probable», puedes agregar otra capa entera de poca credibilidad.

Las amistades poco probables florecen en nuestra vida real de forma mucho más sutil que «de chicas malas a mejores amigas para siempre». Y no tienen nada que ver con esas fotos tan populares en los periódicos que muestran a un cerdito conviviendo amorosamente con un león, por más que a mí también me encanten. Hace poco vi una publicación en Instagram de una mujer y una abeja sin alas (¿su Bee-FF?) que me hizo llorar. La única explicación sensata para esto es mi ciclo menstrual.

De lo que estoy hablando es de amistades entre mujeres que tienen una diferencia de edad significativa, que están en lados opuestos en un plano político o que provienen de distintas clases sociales. En este contexto, la expresión «poco probable» no es algo negativo, sino —según todas las mujeres que entrevisté sobre este tema—, una fuente de positividad, inspiración y felicidad. Muchas de ellas me contaron que estas amistades son únicas en sus vidas, pues estas mujeres con las que habían formado una relación no se parecían a ninguna otra persona que conocieran o con la que hubieran hablado. ¿No es genial? ¿No merece eso una película de Hollywood?

Así es como me siento con mi amiga Liz. Nos conocimos en mi clase semanal de cerámica, el lugar perfecto para que una *millennial* como yo encontrara desprevenida a una *baby boomer*. La cerámica es mi lugar feliz: un espacio en el que no tengo que pensar sobre que olvidé sacar la basura o en el estado del mundo... y solo tengo que concentrarme en la arcilla. En los seis años que llevo asistiendo, nunca me había propuesto hacer amigos. Ni siquiera tenía ganas de hablar. Sentía que cualquier conversación llevaría a preguntas sobre el trabajo: precisamente la razón por la que había comenzado este *hobbie*, para relajarme.

Quizá esa sea la razón por la que Liz y yo no nos hablamos por un tiempo, a pesar de estar sentadas en la misma mesa, mientras nuestras manos trabajaban, amasaban, enrollaban y manipulaban la arcilla. Tal vez pensó que era otra joven pasajera que de pronto perdería interés. Tal vez pensé que era demasiado mayor para querer charlar conmigo o que detectó mis miradas lujuriosas hacia sus asombrosas creaciones y que las comparaba con mis propios adefesios.

Así como la alfarería es un proceso gradual —desmenuzar, moldear, secar, cocer, esmaltar, cocer de nuevo, quejarse de que no quedó como imaginabas—, nuestra amistad también se fue construyendo lentamente. Y, debo confesarlo, la aburrida verdad es que lo que nos unió en un principio fue que descubrimos que vivíamos muy cerca y Liz comenzó a llevarme a casa, ahorrándome un incómodo viaje en tren. (Sí, incluso más incómodo que estar sentada en un auto durante media hora al lado de alguien que no conocía y que era treinta años mayor que yo).

Aunque, es extraño, nunca llegué a sentirme tensa con ella. Según recuerdo, comenzamos a platicar de distintas cosas aleatorias sobre nuestras vidas, el tipo de plática relajada que normalmente lleva más tiempo lograr. Como una novela en la que aterrizas en medio de la vida de un personaje, sabiendo que su historia se estaba contando antes de abrir la primera página y continuará después de que dones el libro a una tienda de caridad. Para mí, nuestra diferencia de edad es una ventaja. Liz tiene la misma energía y habla con las mismas malas palabras que la gente de mi edad (la primera vez que dijo «chingada» sentí cómo me estallaban fuegos artificiales internos). Ella me ha enseñado que es perfectamente posible vivir la vida que deseas, sin importar lo que te den. Que lo importante es mantenerte animada y ocupada. Ser creativa. Que puedes hacer nuevos amigos a cualquier edad. Que después de decorar tu cerámica tienes que poner la olla en el horno adecuado o se romperá.

Durante los encierros por la Covid-19 extrañé mucho nuestros viajes en auto. Eché de menos escuchar sobre la vida de Liz y sus historias genuinamente rockeras. Me encantaría decirte que yo a cambio le había contado anécdotas de noches salvajes, pero la verdad no hay cosa que disfrute más en la vida que escuchar a The Archers en la tina acompañada de un jerez Harvey's Bristol Cream. Si ella pensó que estaba haciendo una amiga más joven y genial, se habrá sentido decepcionada.

Por supuesto que no soy la única que busca este tipo de amistades. Mucho se habla, ahora, sobre la brecha entre las generaciones, en particular los *millennials* y los *boomers*. Solamente quieren «pan con aguacate y posverdad» contra «mira mi segunda residencia sin hipoteca y mi pasión por el Brexit». Estas salvajes generalizaciones son muy buen material para los titulares, pero a veces hacen parecer que la brecha entre nosotros es imposible de superar. Después de todo, mi generación es la primera en la historia en estar peor que la de nuestros padres, por lo que cuando logras hacer un amigo que es significativamente mayor o menor, de alguna manera se siente como un triunfo. Como si estuvieras haciendo algo positivo para romper con los estereotipos.

Lo que realmente me sorprendió cuando les pregunté a algunas mujeres jóvenes que forman parte de mi vida sobre sus «amistades poco probables» fue que muchas de ellas tenían relaciones con diferencia de edad, pero nunca me lo habían mencionado antes. Se sentían de la misma forma que yo: *a)* que ya se les había olvidado la diferencia de edad, o *b)* que por esa razón su amistad era distinta de todas las demás y ocupaba un lugar especial en sus vidas.

Livia, de 34 años, me contó sobre su amistad poco probable: una colega que, a los 50 años, dejó su carrera en la beneficencia para convertirse en dominatriz. «Tengo increíbles perspectivas de la vida gracias a ella, cosas que nunca había escuchado de mi grupo demográfico regular de amigos», cuenta. «Me ha encantado verla cambiar tanto: ya no bebe, se volvió vegana, dejó el sexo y reevaluó su carrera después de algún tiempo. No tiene ninguna conexión con el resto de mi vida y no juzga nada. Hay cosas que he compartido con ella y que no le he contado a nadie más».

Mi amiga Alexa recuerda la vez que fue a un retiro de salud en Austria e hizo una nueva amiga. «Pasaba el rato con ella tomando tés herbales y hablando sobre el colon. Vive cerca de mí y nos vemos de manera frecuente, también nos hemos ido de vacaciones juntas a lugares menos saludables. Ella es 23 años mayor que yo, por lo que tiene una perspectiva diferente de la mía en muchas cosas, pero apenas noto la diferencia de edad. Es extraño cuando pienso que es solamente unos años más joven que mi madre».

No tengo una madrina, pero siempre me ha gustado la idea de tener una mujer mayor a la que puedas recurrir para pedirle consejos independientes. Ahora que yo lo soy, he comenzado a pensar más en lo que podría significar esto cuando mis ahijadas sean mayores y necesiten que aporte en sus vidas. Cómo podríamos tener una relación significativa que vaya en ambos sentidos.

Esto es algo que la locutora y periodista Emma Barnett ha experimentado, una mujer que tiene un asiento de primera fila en la vida de muchas mujeres. En 2021 perdió a su amada madrina Jean, quien había sido la mejor amiga de su abuela y vivió hasta los 90 años.

«Ella era en realidad mi tipo de mujer. Tenía una peluquería muy glamorosa en Manchester, y siempre llevaba un descarado vino caminero», cuenta Emma. «Era muy divertida e independiente, pero también amaba mucho a su esposo. Ella sabía perfectamente cuándo sacarte a pasear y cómo tener buenos detalles. Una vez me mandó una tarjeta cuando me fue mal en un examen; tenía la imagen de un bote y, escribió algo así como: "Siempre que necesites navegar, aquí estoy para ti". Siempre era agradable sin esforzarse, y reflexiva. Nuestra relación se formó en la mesa de su cocina, y una vez que aprendí a manejar, después de ir al restaurante de *fish and chips*, ella fue la primera persona a la que me interesó visitar para pasar el rato. En mi vida adulta le llamaba una vez por semana, si no es que más. Mi madrina y yo habríamos sido amigas incluso si no nos hubieran presentado a través de mi familia».

Emma también formó una amistad muy querida con su antigua maestra de teatro, la Sra. K, quien lamentablemente murió durante la pandemia. Ya que no tenía relación con ninguna otra persona en la vida de Emma, cuando su amiga dejó de llamarla por teléfono se vio obligada a ponerse en contacto con su antigua escuela: ellos le contaron la terrible noticia.

«Para mí, ella era una mujer maravillosa que sabía muchísimo», recuerda. «Quería formar parte de su mundo, un poco como lo haces con tu profesor favorito». Cuando Emma estaba por salir de la escuela, después de su preparación para la universidad, la Sra. K le ofreció llevarla a comer la próxima vez que regresara a Manchester. «Ahí es donde comenzó todo. Recuerdo haber pensado: "Oh, Dios mío, estamos llevando nuestra relación al siguiente nivel"», dice ella.

«Al final, gran parte de nuestra relación fue por teléfono. Pero se sentía como que siempre hablábamos en los momentos importantes de mi vida, quizá no tanto los suyos, porque no era como que estuviera consiguiendo su primer trabajo, casándose o teniendo bebés. Todas esas cosas me estaban pasando a mí, pero ella las había hecho. Eso es parte de lo que obtienes de una amistad así: cuando les hablas de tu vida ellos responden con cosas que ya han hecho.

»Creo que le resultaba muy conmovedor el hecho de que yo quisiera tener una relación con ella, era algo que le generaba cierta calidez. Pienso que a medida que su mundo se fue haciendo más pequeño, yo lograba agrandarlo con nuestras conversaciones. Y, de una forma extraña, siento que ella también agrandó el mío cuando lo único que yo hacía era ir a la escuela. Así que de alguna manera intercambiamos roles».

Aunque ella se lo pidió, Emma nunca dejó de llamar a su antigua maestra, la Sra. K. «Creo que cuando tienes una amiga mayor, sí existen algunas barreras», agrega ella. «Me di cuenta de que no le hacía tantas preguntas sobre su vida personal como lo haría con una amiga con la que estuviera en igualdad de condiciones desde un principio. Creo que con las mujeres mayores depende de ellas si te quieren contar un poco más. No sabes dónde están sus minas terrestres emocionales. Pero ella era muy buena escuchando. Creo que esa generación podía dar muy buenos consejos de manera sucinta. No tenían miedo de admitir que algo era horrible, pero luego te insistían en que siguieras con tu vida».

Esa dinámica les resulta familiar a Audrey Lamontagne-Defriez y su amiga Charlotte Massard. Audrey, de 92 años, y Charlotte, de poco más de 40 años, se «conocieron» durante el primer confinamiento por Covid-19 a través de un servicio de amistad telefónica llamado Age UK. Ninguna tenía muchas expectativas. Audrey me dice que «no estaba buscando una amistad», y Charlotte simplemente quería hacer algo por su comunidad. Resulta que tuvieron muchísimo de qué hablar, y sus charlas de una hora a la semana pronto se convirtieron en tres o cuatro.

Audrey atribuye su conexión a que Charlotte es francesa, algo que la transportó de regreso a cuando trabajaba para la Organización Mundial de la Salud en Ginebra y más tarde en las Naciones Unidas. «Hicimos clic de inmediato, era como mis antiguas colegas, aunque con menos de la mitad de mi edad», explica. Y sería ocioso imaginar que sus llamadas son algo unidireccional, tan solo un vehículo para que Audrey cuente sus viejas historias (por increíbles que sean); por el contrario, las amigas hablaban de política (estaban obsesionadas con las elecciones de Estados Unidos de 2020), de cine y de su sueño compartido de tener un *chateau*. «Todo siempre ha fluido, una persona tan joven hablando con una persona tan vieja... es increíble», cuenta Audrey.

Lo que es realmente increíble es que ni siquiera conocía el apellido de su nueva amiga hasta que las invitaron a hablar sobre su relación en el programa *You and Yours* de Radio 4, un año después de que comenzaran sus llamadas. Debo admitir que una vez salí con alguien que después de tres meses admitió a regañadientes que no sabía mi apellido, pero Audrey gana sin dudas.

Le dijo a la presentadora Winifred Robinson que su amiga más joven era «como una bocanada de aire fresco». Pero fueron las palabras de Charlotte las que más me llamaron la atención. Escuchar cómo la generación de Audrey manejó situaciones complicadas (como el Blitz, durante el cual Audrey era una niña en Londres, o el Gran Smog de 1952) le había dado una sensación de esperanza durante la Covid-19, explicó. Le hizo sentir que «eso también pasaría».

Me hizo desear haber tenido mi propia Audrey para obtener otra perspectiva durante esos días oscuros de encierro. Esto demuestra que no necesitas un «momento» formativo para crear una amistad, ni siquiera haber conocido cara a cara a alguien. Hay otras formas más sutiles de encontrar apoyo mutuo, y que a veces provienen de los lugares más inesperados y cuando —como lo dijo Audrey— «ni siquiera lo estás buscando». También me encantó el apunte de Charlotte cuando dice que Audrey «es tan solo otra chica soltera en Londres como yo». Qué mejor recordatorio de que, sin importar la edad que tengamos, todos somos carne humana buscando carne humana. Puedes utilizar esa frase para tu perfil de Tinder, te la regalo.

El sexo resultó estar en el corazón de muchas de las historias de amistades poco probables. Es una de esas cosas de las que parece más fácil hablar cuando la otra persona es mayor o más joven, o cuando está alejada del resto de tu vida. Mi amiga Iona me cuenta que se ha hecho muy amiga de su vecina, que es 35 años mayor que ella. «Al principio me sorprendió y me incomodó un poco que hablara sobre sexo tan francamente», dice. «De cómo los hombres de su edad no estaban interesados en el sexo casual, y las únicas personas que estaban dispuestas a algo así eran hombres mucho más jóvenes que ella, quienes pensaban que podía enseñarles una que otra cosa.

»Sabía que tenía citas por internet, como yo, pero siendo honesta, nunca se me ocurrió que estuviera buscando sexo, además de alguien con quien ir al teatro. La puse en el mismo cajón que la gente de la edad de mi madre, cuando en realidad una amiga es una amiga sin importar la edad que tenga. Supongo que no se me había ocurrido la idea de que pudiera tener amigas genuinas de una generación diferente, lo que ahora parece muy cerrado de mente. Realmente valoro su experiencia y, aunque está en un lugar muy diferente de su vida, en muchos sentidos estamos pasando por las mismas cosas. Las citas por internet son bastante terribles, sin importar la década en la que te encuentres».

La amistad menos probable de Jilly Cooper surgió de los celos. Ella ha escrito abiertamente sobre las inseguridades que sentía con la primera esposa de su difunto esposo Leo cuando era una mujer más joven. En una columna del *Sunday Times* llamada «Sobre ser una segunda esposa», describe cómo la consumía la envidia por su predecesora, Diana, como «una obsesión». Escribó: «Los celos por los años que habían pasado juntos me carcomían». Y tampoco ayudó que cuando Leo regresaba de encontrarse con Diana le decía a Jelly que «se veía muy bonita y que la deseaba como el infierno». Sí, eso le dijo.

Pero cuando hablamos por teléfono, Jilly me cuenta que ahora son amigas; no mejores amigas, pero se tienen estima. «Recién le envié una tarjeta de cumpleaños. Además, me encanta que acaba de adoptar un perro galgo, una de las cosas que más amo en este mundo. Ahora ella y yo hablamos sobre esta raza», dice Jilly. «Y cuando viene al campo a visitar a sus amigos, también pasa por acá para tomarse una copa. Así que somos amigas, sí».

Podría ser algo sacado directamente de uno de los argumentos de Jilly. Aceptémoslo, siempre nos tientan estas historias de supuestas «rivales amorosas» que se convierten en amigas. Aunque rara vez las cosas son lo que parecen. Y aunque esta amistad pudiera parecer poco factible para el mundo exterior, mientras se sienta normal para ambas, ¿a quién le importa? Una conexión genuina no se puede forzar, pero tampoco hay que dejarla pasar solo porque resulta poco probable. Eso solo la hace todavía más especial.

Con las amistades inesperadas o poco probables estás creando tus propias reglas y experimentando con los límites. Esta relación podría desafiarte, cuestionarte y alentarte de maneras que otras no lo hacen. Bajo esas condiciones, a veces es más fácil abordar ciertos temas con los que podrías sentirte un poco incómoda con las personas de tu edad. Aunque no a todo mundo le gusta hablar sobre cuánto sexo está teniendo, si llega al orgasmo o con qué frecuencia se masturba, incluso con sus amigos más cercanos. No me malinterpretes: me parece fantástico que más mujeres estén teniendo estas conversaciones abiertamente. Tenemos que normalizar el hecho de que las mujeres disfrutan el sexo y que no somos unas terribles ninfómanas que necesitan de un tratamiento victoriano de electrochoques. No puedo explicar la paz que me dio cuando una amiga me contó de una conocida suya que cuando se estresaba demasiado en el trabajo, se iba al baño de mujeres para hacerse una «paja» de emergencia. Aunque mi versión de esto sería comerme un paquete de Mini Cheddars e intentar «mostrarme indiferente» en mi pequeño cubículo, pegada al basurero.

Esta es, para mí, la razón por la cual una de las amistades poco probables más reconocibles y reconfortantes de los últimos tiempos fue el encuentro televisado entre Fleabag y Belinda (interpretada por Kristin Scott Thomas). Esta relación entre el personaje de Phoebe Waller-Bridge, de 33 años, con una mujer 25 años mayor capturó lo que muchas personas de mi generación están buscando, y por ese motivo la escena se volvió viral.

Nos dio la oportunidad de ver desde afuera cómo una mujer madura nos puede dar una serie de cálidas y acogedoras lecciones de vida en un elegante bar de un hotel. Sobre lo divertido que puede llegar a ser coquetear a cualquier edad. Que las mujeres somos «máquinas con partes» que nacemos con «dolor incorporado» del que solo la menopausia nos liberará: «Algo que deberíamos estar deseando», bromea Belinda.

Fue más un momento que una amistad duradera, pero despertó en muchas de nosotras ese anhelo de sabiduría inesperada. Como dijo una espectadora en Twitter: «Aunque sea solo una vez en la vida, me encantaría compartir un momento o dos con alguna mujer mayor que no sea ni mi madre ni sus amigas, y hablar... No de temas sexuales, sino intelectuales».

Después de todo, como le dice Belinda a Fleabag: «La gente es todo lo que tenemos».

◆ ◆ ◆

Creo que mi propia fascinación con las amistades poco probables proviene de algunas de mis primeras experiencias, como ese correo electrónico en la universidad que afirmaba que Agatha y yo no nos llevaríamos bien, por ejemplo. Hay una especie de exquisitez en las amistades que parecen imposibles ante los ojos de otra persona.

También podría tener algo que ver con Lisa, mi amiga por correspondencia durante más de una década. Ella vivía cerca de Brighton, y yo al sur de Londres. Ni siquiera sabíamos que había un tren directo entre nosotras puesto que solo nos vimos una vez, a los diez años, en una boda en el Palacio de Hampton Court. A pesar del hecho de que parecíamos opuestas en todos los sentidos (ella se veía muy bien sin esfuerzo, con el cabello rubio platinado, mientras que yo llevaba una falda marrón hasta el suelo, una camisa blanca demasiado grande y unos toscos mocasines Dolcis negros), intercambiamos direcciones. Ese fue el comienzo de varios años de escribirnos cartas. Compartíamos historias de escuelas, enamoramientos y problemas con nuestros padres y hermanos. Todavía puedo recordar cómo era su papelería y sentir la emoción cuando aparecía un sobre amarillo mostaza en el tapete de la entrada de mi casa.

Con el tiempo entramos a universidades en ambos extremos del país. Nos enviamos un par de correos electrónicos y sugerimos reunirnos en algún momento, pero nunca sucedió del todo. Me dio la impresión de que ella se estaba involucrando demasiado en la religión y, para ser totalmente honesta, eso me hizo apartarme un poco, cuando en realidad podría haberviste esto como una oportunidad para que una amiga poco probable se volviera todavía menos probable, incluso cuando no compartía sus creencias. Fue mezquino de mi parte, porque pudo haber funcionado.

La diputada laborista Jess Phillips me cuenta sobre su amistad entre partidos contrarios con Anne Milton, quien fue diputada conservadora hasta 2019. Se conocieron durante los primeros días del escándalo conocido como «Pestminster», en 2017, cuando surgieron una serie de acusaciones de conducta sexual inapropiada contra algunos miembros masculinos del Parlamento, y Anne de la nada se acercó a Jess en la Cámara de los Comunes y le preguntó si quería hacer algo al respecto. Nunca habían hablado antes.

«Me habló tan directo como lo haría cualquiera de mis amigas», cuenta Jess. «En ese momento pensé: "Oh, Dios mío, vamos a ser amigas"».

Pero lo que en realidad me resulta interesante de su amistad poco probable es cómo manejan las diferencias políticas.

«¿Sabes cómo manejamos eso? Nos molestamos la una a la otra», confiesa Jess. «Simplemente le digo cosas como: "Por supuesto que piensas eso, odias a los pobres". Cuando de hecho ella era enfermera y tiene un origen más de clase trabajadora que yo. Pero por darle lata digo cosas así: "Claro, típico de una tory".

»Pero las cosas en las que realmente no estábamos de acuerdo, en las que no podíamos trabajar juntas, mejor las dejábamos pasar. Eso es la amistad, no tienes que coincidir en todo, pero si una de las dos se encuentra en problemas, con un «te necesito» la otra está ahí. Así era con Anne. Era como un roble al que podías buscar en cualquier momento y tocar».

No sé cómo se sentiría Anne al ser descrita como un roble, pero creo que la idea captura algo esencial. A menudo, una amistad poco probable se siente como una roca o un puerto en medio de una tormenta, o como un ancla cuando nuestras vidas se sienten a la deriva en altamar. Aunque no sean mayores ni más sabias, nos dan esa sensación de tranquilidad y conexión con la tierra: de que a pesar de que una persona no sea como yo, está interesada en mí.

Trinny Woodall, de 58 años, me cuenta sobre una amistad en el trabajo que la tomó por sorpresa, la versión más parecida que he encontrado en la vida real de ese lugar común de las «enemigas que se convirtieron en mejores amigas».

«Estaba en un rodaje en el extranjero, y ella era la editora de moda de una revista. Cuando la conocí, las dos estábamos un poco sensibles porque yo odiaba que la gente eligiera mi ropa para las sesiones. Así que tuvimos esta fricción», dice Trinny. «Pero un día estábamos pasando el rato en la alberca, platicando de mala gana, cuando descubrimos que ambas nacimos el mismo día, en el mismo año y temprano por la mañana. Eso rompió el hielo. Le pregunté por qué no le gustaba salir y me confesó que se sentía un poco cansada porque estaba embarazada, pero que no se lo había dicho a nadie. Le revelé: "Yo también estoy embarazada y no se lo diré a nadie". Y nuestros hijos debían nacer en el mismo día. Fue muy extraño».

Una vez superado el camino rocoso del inicio, Trinny comenzó a conocer más a su amiga poco probable.

«Ella tiene una ética increíble en cuanto a ser amable con las personas y, a veces, cuando tenía algunas sesiones fotográficas, yo era un poco... cuando me siento insegura, suelo ser más controladora, y ella lo entendió. Así que al final del día me recomendaba: "Trinny, deberías ir y darle gracias a esta persona". Me recordaba que debía ser la mejor versión de mí, es la única forma en la que puedo decirlo. Venimos de contextos muy distintos: su madre era de Nigeria, creció en las afueras de Londres y en realidad comenzó desde cero, pero compartimos una pasión. La respeto profundamente».

Entonces, ¿las amigas poco probables tienen un superpoder cuando se trata de enseñarnos lecciones de vida? Yo diría que sí, que al buscar una amistad con alguien diferente a ti, ya sea en edad, antecedentes, política, carrera, clase, o lo que sea, te estás abriendo a expandir tu pequeño mundo para verlo a través de los ojos de alguien que no es exactamente como tú. De alguna manera estás diciendo: «Si puedo ser tu amiga, entonces tal vez puedo serlo de cualquiera». Y no estoy segura de que haya un mensaje más poderoso para la amistad femenina que ese.

AMISTAD.COM

Mito: Las amistades virtuales no son igual de valiosas que las de la vida real

Soy parte de esa extraña generación que recuerda haber hecho amigas antes de que existiera el internet. Llámennos como quieran: *xennials*, *cuspers*, *millennials* geriátricos (mejor no, gracias). Nacimos entre principios y mediados de la década de los ochenta, por lo que muchas de nosotras fuimos de las primeras en tener una computadora en casa y de las últimas en llegar a los 21 años sin la interferencia de las redes sociales. Aparentemente, nos sentimos igual de cómodas en el mundo analógico y en el mundo virtual. ¡Qué honor!

Sabemos lo que fue tener internet en casa por primera vez y que tus padres se enojaran porque no podían usar el teléfono porque tú estabas ocupando la línea. Recordamos cuando HotBot, AltaVista y Ask Jeeves eran los principales buscadores y la excitación desmedida que generaba MySpace. Si no sabes de lo que estoy hablando, felicidades, probablemente naciste después de 1996.

Hacíamos amigos a través del chat de AOL y MSN Messenger, el primer indicio del poder que las redes sociales tendrían sobre nosotros, y a veces incluso nos encontrábamos en la vida real con extraños que habíamos conocido por ahí. ¿No es increíble? Una vez comencé a hablar con un chico cuyo padre era dentista y no vivía muy lejos de mi casa, y de hecho nos hicimos amigos. Otro tipo se sentó en el metro durante dos horas para que pudiéramos abrazarnos en la puerta de mi casa durante cinco minutos, antes de que lo mandara a volar porque llevaba un sombrero Kangol blanco que me pareció un poco trágico. No había ningún control parental y no teníamos idea de que los necesitábamos.

Cuando Facebook llegó a Reino Unido, en 2006, yo tenía 22 años y trabajaba como empleada temporal atendiendo mostradores en Mayfair, un trabajo que no podría haberme importado menos, excepto porque pagaban 12.50 libras por hora. La mayor parte del tiempo no había mucho que hacer. Pero estaba Facebook, una plataforma nueva y reluciente en la que podía enviarle mensajes a Agatha y etiquetarme a mí misma en todas las fotos publicadas de todas y cada una de las personas que conocía (y de las que, diez años después, pasaría semanas desetiquetándome). Todo era tan emocionante e inocente como cuando mi hermana vio una pitón gigante por primera vez en el zoológico de Londres y la tocó, ajena a cualquier peligro e ignorando todas las evidentes señales de advertencia.

La amistad se estaba convirtiendo en una cuestión de cantidad, no de calidad. Agregar amigos era lo único que importaba, razón por la cual, después de cada fiesta casera, te despertabas con 25 nuevas solicitudes de extraños de la noche anterior. Comparábamos cuántos amigos tenía cada quien, y estoy segura de que en algún momento llegué a presumir que tenía más de 500, cuando en realidad solo tenía tres buenos camaradas en la vida real. No habría podido reconocer a la mayoría de mis «amigos» en línea si me hubiera cruzado con ellos en la calle, y no solo porque su foto de perfil era de sus vacaciones en Faliraki en 2002.

No te preocupes, esto no se convertirá en una queja amarga sobre lo perversas que son las redes sociales, ya todos hemos leído suficiente sobre eso. Y ya todos sabemos que nuestros teléfonos no son realmente nuestros amigos. Pero creo que a estas alturas también ya sabemos que las redes sociales no se irán a ningún lado y que todo el tiempo aparecen nuevas plataformas. Ya sea que uses Snapchat, TikTok, Twitter, Instagram o cualquiera que sea la más reciente y yo desconozca, cuando se trata de amistad, todas encierran el mismo dilema: cómo usar estos canales para mantenerte conectado con tus personas cercanas y comunicarte de manera significativa.

No siempre es fácil evitar el FOMO (el miedo a perderse algo, por sus siglas en inglés). Sabemos que cuando no estamos juntos, nuestros amigos hacen otras cosas y salen con otras personas, pero las redes sociales nos lo restriegan de una forma que nunca habíamos experimentado en el pasado. Y si tienes un historial en el que amistades te han dejado atrás, esto puede llevarte a lugares muy paranoicos.

Sameeha, de 27 años, cree que esto ha contribuido al sentimiento de soledad que tiene su generación: «Es una locura, porque estamos sumamente inmersos en las redes sociales, y se supone que deberíamos "conocer" a muchas personas», dice. «Pero nuestros *feeds* corresponden a ese cliché en el que ves solo lo que la gente quiere que veas. Y muchas veces solo quieren que veas que son muy populares y que tienen cientos de personas alrededor».

Yo soy el tipo de persona que, como ya sabes, mejor decidió crear su «portafolio» de amistades. Diferentes mujeres de diferentes partes de mi vida que complementan de cierta manera mi personalidad. Hay tantas cosas distintas de las que disfruto hablar y que encuentro divertidas, como observar y comer. Hay amigas con las que puedo profundizar y otras con las que puedo «hacer cosas». Es una mezcla. Sin embargo, esto es lo que encuentro realmente extraño: en las redes sociales todo es muy unidimensional. Es como si estuvieras en una habitación con todas las personas que has conocido —y otras tantas que no— y solo pudieras presentar una versión de ti, por lo general la feliz y exitosa.

«Creo que las redes sociales han sido malas para la amistad» dice la psicóloga clínica Linda Blair. «Su objetivo es mostrar solo un lado de tu persona, que es el lado bueno. No publicas nada, menos que sea luminoso y, por lo mismo, es muy fácil sentirse inferior y lejano, porque la intimidad implica un equilibrio entre lo malo y lo bueno, y solo estás mostrando lo bueno. Hay un desequilibrio en todos los sentidos, tanto con los demás como contigo».

Y si no estamos mostrando nuestro lado más luminoso y exitoso, nos vamos hacia el otro extremo del espectro y compartimos de más: como cuando publicamos el vello de nuestras axilas o le contamos al mundo sobre nuestros problemas ginecológicos. No es queja, en realidad este es el lado de las redes sociales que realmente disfruto: romper con los mitos y los tabúes. Es arriesgado, valiente y, en ocasiones, muy divertido cuando somos honestos y aceptamos cómo se ve la vida más allá de las apariencias en Instagram. Y esto puede tener el mismo poder que cuando te muestras vulnerable con una nueva amiga, pues profundiza rápidamente los vínculos. Genera confianza tanto en línea como en la vida real.

Sin embargo, también puede sacarnos de balance. Esto sucede cuando te descubres compartiendo tus conflictos personales en las redes sociales en vez de llamarle a una amiga para hablar sobre ello con más detalle, o cuando pensamos que un emoji con el pulgar hacia arriba equivale al apoyo de quienes mejor te conocen. Algo similar sucede con los mensajes de texto. Creo que la brevedad de nuestros intercambios ha modificado la forma en la que se tejen las amistades. Por un lado, es genial que a mitad de una reunión puedas tomar el teléfono y hacerle saber rápidamente a una amiga que estás pensando en ella. Pero la profundidad de nuestra comunicación ha perdido algo. Soy tan culpable como cualquiera de confiar demasiado en que un emoji llorando o riendo es la respuesta apropiada para cualquier situación.

Emma Barnett es casi alérgica a los mensajes de texto. «Si recibo un mensaje que dice: "¿Cómo estás?", mi corazón simplemente se hunde», dice ella. «Pienso: "Cómo quieres que aborde esto en un mensaje de texto? Prefiero llamarte". La mayoría de la gente ya no quiere hacer llamadas telefónicas, y eso es en realidad difícil para las personas a las que no les gustan los mensajes de texto. Siento que el lenguaje de la amistad ahora es muy reductivo y prescriptivo para poder volverse digital. Por supuesto que soy capaz de enviar mensajes de texto, no es una aversión de persona mayor. Pero me parece en verdad molesto cómo llevamos ahora nuestras amistades, ya no son satisfactorias en su mayoría, son como comida rápida».

El beneficio, admite, es que puedes «checar» cómo está alguien rápidamente. «Tengo una amiga que está pasando por una ruptura y ayer le envié un mensaje que solo decía: "Hola", porque ella está rondando en mi cabeza», explica Emma. «Pero no la llamé. Es decir, ¿mi trabajo como amiga está hecho por algunos días? No lo sé... No creo que con eso sea suficiente».

En definitiva, es una trampa en la que yo también caigo. Lo peor es cuando creo falsamente que estoy al día con alguna amiga cuando en realidad solo he visto sus actualizaciones en redes sociales. Puede parecer que están en contacto, cuando en realidad no es así.

«Estos modos digitales de interacción son solo como una curita», dice el profesor Robin Dunbar, de la Universidad de Oxford. «Disminuyen el ritmo de deterioro. Pero al final, nada en la Tierra (o nada en la tierra digital) impedirá que esa relación se distancie a la larga si no se ven en persona».

Aunque eso implique unos veinte mensajes diarios de negociación. En *You've Got a Friend* Carole King pudo haber cantado: «Invierno, primavera, verano u otoño / Todo lo que tienes que hacer es llamar...», pero en 1971 ella no tenía que lidiar con la tiranía de intentar agendar una reunión a través de su teléfono inteligente.

—¿Qué les parece...?

—No me queda, ¿qué tal?...

—Perdón, Polly tiene clases de piano ese día...

—No está James...

—¿Agosto?...

—Pero apenas estamos en febrero...

—Tengo 15 minutos libres un sábado por la mañana de 2035, entre las 5:45 a. m. y las 6:00 a. m., ¿te funciona?

Sin embargo, aunque parezca que nuestros teléfonos están destruyendo el concepto de amistad tal como lo conocíamos, para muchas de las mujeres con las que hablé la posibilidad de comunicarse digitalmente ha sido buena. Las que tienen amigas en otros países o viven en el extranjero aseguran que es indispensable para darle seguimiento al día a día y que, cuando hablen por teléfono o se encuentren en persona, no tengan que ponerse al corriente de todo porque ya hay una base ahí. Algunas encuentran que esta es la forma más fácil de mantenerse en contacto con un círculo grande o en los momentos muy estresantes. Otras incluso han hecho amigas de ese modo. La autora Daisy Buchanan no solo conoció a su esposo en Twitter (sigan echándole ganas a esos mensajes directos), sino también a su amiga más cercana, después de haberse seguido y comenzar a comentar sobre los tuits de la otra.

«Luego una amiga hizo una reunión de varias mujeres con las que hablábamos en Twitter. Muchas de nosotras nos reunimos en un bar y ella y yo realmente hicimos clic», cuenta Daisy. «Hubo una cosa que dijo, sobre cuando solía trabajar en una oficina, que de vez en cuando escuchaba un crujido y pensaba: "¡Oh, galletas!", pero en realidad era el papel de la impresora. Y yo sentí: "Eso pudo haber salido de mi cerebro". Es emocionante pensar que se trató de una conexión casual con alguien que no ha hecho más que enriquecer mi vida y hacerla más maravillosa».

Nimco Ali, fundadora de The Five Foundation, una organización dedicada a erradicar la práctica de la mutilación genital femenina, me cuenta que ella recuperó su confianza en la amistad femenina a través de un grupo de WhatsApp, lo que me sorprende, pues la mayoría de nosotras estamos buscando la excusa perfecta para salirnos del grupo Chicas de la Despedida de Soltera. «Cuando creces en una comunidad como la mía, en cierto sentido nos educan para no confiar en las mujeres, pues todo el mundo se la pasa chismeando sobre las demás», dice Nimco. «Así que tu familia se convierte también en tus amigos. Creo que nunca tuve relaciones más allá de mi educación cultural hasta que comencé a hacer activismo, ahí fue cuando descubrí lo realmente poderoso que puede ser elegir como amigos a personas con antecedentes por completo diferentes de los tuyos».

En 2018, una amiga la agregó a un grupo de WhatsApp que buscaba reunir a mujeres de la misma edad que vivían en Londres. Varias extrañas mandándose mensajes con la idea de encontrarse una vez al mes para salir a cenar.

«Siempre veía que a Bridget Jones la invitaban a cenar a casa de sus amigas, y a mí también solían invitarme a esas cosas, pero en su momento no le di importancia», recuerda Nimco. «Pero luego se convirtió en algo que deseaba con ansias. Creo que debido a las experiencias que he tenido, siempre me ha costado trabajo dejarme ir y aceptar a alguien en mi vida que no sea parte de mi familia... la mutilación genital femenina, así como la guerra civil (en Somalia) y la pérdida de personas cercanas me hicieron ser muy cerrada y cautelosa. También pensaba que debía pasar mi tiempo con hombres, porque como mujer heterosexual debía conocer a alguien. Solía decir: "Oh, tengo tantos amigos hombres", pero era porque pensaba que tenía que hacer un esfuerzo con ellos, y lo anteponía a hacer amistades con mujeres. Pero luego me di cuenta de que cultivar relaciones femeninas me alimentaba de una manera diferente. Esas mujeres se han vuelto inmensamente importantes en mi vida».

Para mí, no hay ninguna razón por la que hacer amigas de forma digital no debería funcionar. Quiero decir, ¿qué tan diferente es eso de conocer a alguien en una aplicación de citas? De hecho, también puedes descubrir nuevos amigos en una de estas: Bumble, que en 2016 agregó una sección llamada «BFF». Y pensar que «mejor como amigos» era lo último que alguien quería escuchar en esos sitios para buscar pareja.

Cuando entrevisté a la fundadora de Bumble, Whitney Wolfe Herd, que resulta ser la mujer multimillonaria más joven del mundo que hizo su fortuna por ella sola, me habló de la función BFF: «Pasamos horas enteras clavados en nuestros teléfonos tratando de mantenernos al día con la vida social de personas que ni siquiera conocemos. La envidia y el miedo a perderse algo se han apoderado de nosotros», me dijo. «Sin embargo, todos todavía anhelamos tener conexiones humanas. Queremos esa experiencia en la vida real, alguien con quien pasar el tiempo, y queremos esto más allá del romance».

Whitney tiene muchos superpoderes, pero ni siquiera ella pudo haber predicho la pandemia. Fue un momento de auge para las aplicaciones de amistad. Una encuesta realizada por el *Wall Street Journal*[24] encontró que un tercio (35%) de los jóvenes de 16 a 24 años había usado aplicaciones de citas para hacer amigos platónicos entre julio de 2020 y julio de 2021. Según Bumble, en los primeros tres meses de 2021, BFF tuvo un aumento de 44% en mujeres que buscaban esta parte de la amistad en la aplicación.

Resulta que encontrar amigos a través de una aplicación (hay otras como Friender, Meetup o Peanut) no es tan diferente de buscar relaciones. Solo es cuestión de hacer una lista de tus intereses, decir lo que estás buscando (alguien con quién salir a caminar por el campo, un fanático del bikram yoga) y elegir tus mejores fotos para tu perfil. Luego, es cuestión de ir a tu «cita», claro, no sin antes preocuparte por qué te vas a poner y cómo puedes dar una buena impresión. Al menos no tienes que pensar en cómo se verían desnudos.

Puede parecer extraño para los no iniciados, pero es lo mismo que pensábamos cuando las personas comenzaron a enamorarse en línea. Nos burlábamos y decíamos que usar una aplicación para encontrar un novio era algo desesperado, mientras que ahora es una forma tan aceptada de encontrar pareja que hasta empezamos a ver rara la idea de conocer a alguien en un bar. Es todo un cambio de rumbo. Tal vez lo mismo suceda con el hecho de hacer amigas en línea.

La *coach* de citas Haifa Barbari definitivamente piensa que sí. Ella utilizó una aplicación para encontrar nuevas amigas, ya que se mudó del este al sur de Londres (bien podría ser otro país) a los treinta y siete años, después de una ruptura amorosa. La mayoría de sus amigas se habían mudado a otro país o tenían bebés. Necesitaba nuevas compañeras de ligue, y rápido...

«Con las amigas necesitas tanto química como compatibilidad. Así que lo abordé como si se tratara de citas», dice. «No me importaba cómo se veían ni de dónde vinieran, siempre y cuando tuviéramos intereses y creencias compartidas. Pero solo se puede comprobar la química en persona, por lo que de vez en cuando aceptaba alguna cita de amigas. Una vez que nos conocíamos en vivo, lograba capturar mejor la vibra».

Su primer encuentro con una amiga fue con Jeanette, que era nueva en la ciudad. «Duró seis horas y fue como una cita romántica», agrega Haifa. «Caminamos a lo largo del río y luego fuimos a comer pasta, y simplemente congeniamos... luego surgió la idea de crear un grupo».

Haifa y Jeanette decidieron seguir viéndose e invitar a quien quisiera unirse en su próxima reunión. «Lo que en un principio comenzó como una serie de encuentros uno a uno, rápidamente se convirtió en citas grupales. Ahora tenemos seis amigas en un chat de WhatsApp», dice Haifa.

¿Y si no sientes la chispa de la amistad cuando se encuentran en vivo? «No importa», dice ella. «Así como dicen: "No todas las personas que conozcas serán el amor de tu vida", "No todas las personas que conozcas serán tus mejores amigas". Y alguien que quiere convertirse en tu mejor amiga de la noche a la mañana es o demasiado intensa o una bandera roja. La realidad es que tú y esa persona no se conocen, y aprender quiénes son toma algo de tiempo».

Lo más complicado fue cómo reaccionaron algunas de las amigas que tenía, pues se lo tomaron demasiado personal. «Siempre existen juicios y cuestionamientos cuando haces algo diferente a lo que tu tribu está acostumbrada. Pero esto viene de su propia sensación de sentirse inadecuadas: ¿qué está pasando?, ¿por qué necesita nuevas amigas?».

Haifa agrega que, en parte gracias a esto, ahora habla con algunas de sus nuevas amigas de la aplicación de manera más íntima que con sus viejas conocidas.

«Conocí a estas chicas en un espacio de vulnerabilidad compartida», explica. «Fuimos muy honestas con el hecho de que queríamos hacer nuevas amigas. Nos unió el que no queríamos sentirnos solas. Y eso fue algo muy auténtico que rompió varias barreras. Como con todo lo nuevo, la gente es cautelosa. Pero creo que si comenzamos a tener más conversaciones sobre el hecho de que está bien evaluar la idea de conocer gente nueva, entonces esto se volverá algo normal sin siquiera darnos cuenta».

No es difícil imaginar que las generaciones que están creciendo ahora, con sus teléfonos inteligentes pegados a las manos, llegarán a ver el hecho de buscar nuevos amigos a través de aplicaciones como algo normal. Juliette, de 11 años, recién obtuvo su primer teléfono y lo usa para chatear con sus amigos y ver videos de TikTok. Ella es parte de la Generación Alfa: la primera generación que nació en el siglo XXI y que nunca ha conocido otra forma de manejar sus amistades que no sea de manera digital. Junto con la Generación Z (nacidos entre 1997 y 2012), nunca han tenido que salir de sus cuartos para convivir.

Juliette me dice que su teléfono lo usa principalmente como una forma de estar en contacto con las personas que no ha visto en mucho tiempo (lo que para ella puede significar desde el viernes pasado en la escuela), y que también lo utiliza para ponerse de acuerdo para sus prácticas de futbol. Sin embargo, también admite que ya ha ocasionado uno que otro problema con sus amistades femeninas.

«Puede llegar a ocasionar problemas, porque puedes hablar mal sobre las personas y enviarte cosas. Por ejemplo, si alguien dice algo sobre otra persona porque está enojada en ese momento, pero después se arrepiente. Y tal vez se lo confía a alguna de sus amigas más cercanas, sin pensar en que ella se lo podría decir a alguien más o hasta publicarlo», dice ella. «Incluso si no lo dijiste en serio, la demás gente no lo entenderá, por lo que es algo aún más difícil de perdonar. También es más difícil disculparse por mensaje de texto, ya que no puedes ver cara a cara qué está pensando la otra persona. Alguien podría estar muy enojada contigo y decirte que está bien. Para mí, hablar en la vida real es más fácil, en especial si le estás diciendo algo importante a alguien, es mejor ver cómo esa persona se siente al respecto».

Sí, es muy probable que Juliette sea la niña de 11 años más inteligente emocionalmente que he conocido. Pero lo que encontré en realidad interesante en nuestra conversación fue que, de forma espontánea, llegó muy rápido a los temas del perdón y la culpa. Todo parece indicar que, aunque formes parte de la primera generación completamente digital, todavía tienes que caminar de puntitas por las relaciones en redes sociales, como el resto de nosotros.

Merrily Johnston, de 22 años, también es consciente de los posibles malentendidos, pero prefiere seguir comunicándose por mensaje de texto, ya que es «menos conflictivo». «Cuando estás cara a cara, es posible que digas algo de lo que luego te puedas arrepentir», afirma. «También puedes decir todo lo que quieras en un solo mensaje sin que nadie te interrumpa. Lo único malo es que tu amiga podría leerlo en un tono diferente al que tú quisiste decir, y luego ambas terminen en un canal distinto sin siquiera darse cuenta».

Todos hemos estado ahí y hemos sentido el impacto de algo que comunicaste de manera digital y se salió de contexto. Y, como comentario, después de hablar con estas jovencitas logré entender que ellas están intentando sortear todos estos peligros potenciales para la amistad tanto como nosotras.

Scarlett O'Connell, de 17 años, me dice que los mensajes juegan un papel muy importante en sus amistades. «Creo que me sentiría un poco perdida sin ellos, sobre todo porque mis amigas usan mucho las redes sociales», cuenta. «Y como las amistades entre chicas son más complicadas, sientes que debes mantenerte en contacto más seguido con ellas».

Recapitulemos, entonces, tanto la Generación Z como la Generación Alfa quieren mantenerse en contacto de forma regular con las personas, entienden que sus amistades femeninas probablemente necesitan más mantenimiento que sus amistades masculinas y quieren evitar los malentendidos. Les interesa invertir en las amistades con otras mujeres y saben que las formas digitales de comunicación no son lo único que existe.

Al conversar con estas chicas más jóvenes sobre sus amistades, me di cuenta de que no están diciendo nada diferente que las mujeres de 90 años. Cuando le pregunté a Audrey, de 92 años, qué consejo le daría a su yo más joven sobre la amistad femenina, ella habló sobre la «tolerancia», que, para mí, es lo que resume todo. Sobre todo cuando le agregas a la mezcla estas formas imperfectas de comunicación digital.

No es como que el internet sea conocido por ser un lugar tolerante. «Una vez tuve una gran pelea con una de mis amigas que ocasionó que la bloqueara de todo y no tuviera en absoluto ningún contacto con ella durante casi una semana», admite Merrily. «Literalmente puedes eliminar a las personas de tu vida virtual sin darles una oportunidad de defenderse».

Estoy segura de que, siendo honestas, todas hemos *ghosteado* a ciertas amistades. También todas hemos sido intolerantes. Tal vez nunca hayas bloqueado a nadie, pero ¿alguna vez te ha pasado que llega un mensaje de WhatsApp, lees la primera línea sin abrir la aplicación y decides no abrirlo porque esas dos palomitas azules significarían comprometerte a una respuesta inmediata? ¡Lo sabía! Sin embargo, apuesto a que encontraste el tiempo suficiente para chismear en las rebajas de Zara durante una hora.

Luego está el tema de los grupos. Enviar una invitación masiva a tus amigas por correo electrónico siempre es un campo minado, ya sea que elijas CC o CCO, nunca saldrás ilesa de ahí.

Si eliges con copia a todas, siempre te arriesgas al caos. A está furiosa porque no recibió su propia invitación y la incluiste con todas las demás. B no puede creer que decidiste perdonar a C después de su comportamiento. D está sorprendida de que consideras a E —a quien conoce desde la infancia, muchas gracias— como tu amiga. ¿Y si optas por la copia oculta? F no va a ir si no está segura de que conoce a alguien más. Mientras que G necesita saber si la persona que está evitando también está invitada. Los chats grupales son igual de intensos, con todos esos detalles compartidos sin consentimiento, o lo evidente que se vuelve cuando una persona es omitida.

Fueron este tipo de microagresiones digitales las que comenzaron a alejarme del uso de las redes sociales en mi vida personal, por no mencionar la cantidad de tiempo que perdía en ellas. Mi perfil estaba lleno de fotos de personas que no conocía ni me importaban, y cuyas opiniones encontraba cada vez más tediosas. Pasaba horas desetiquetándome de fotos y mi configuración de privacidad se volvió cada vez más paranoica. Cuando mi esposo y yo nos comprometimos, llamé a mis amigos cercanos para contarles la noticia, pues no podía soportar la idea de anunciarles algo tan personal a extraños... o, peor aún, a las amistades fallidas que dejé atrás. Estas no eran las personas con las que quería compartir mi vida cada que iniciara sesión, y definitivamente tampoco quería seguir en contacto con ellas.

Pero el momento que en realidad hizo que tomara la decisión de alejarme de este tipo de redes sociales llegó una mañana cuando estaba en el trabajo. Navegando ociosa por un sitio web de noticias, de repente me encontré con una cara conocida —una antigua amiga de la escuela, Mich— bajo el titular: «Muerte accidental». Me quedé pasmada. Aunque no nos habíamos reunido desde sexto grado, la había visto a lo lejos hacía menos de una semana, corriendo por la estación de Clapham Junction. La llamé por su nombre, pero no me escuchó y pronto se perdió entre la multitud de viajeros. De vuelta a casa, me conecté a Facebook y me puse al día con su vida por esa vía: cómo se veía ahora, dónde trabajaba, quiénes eran sus amigos. «Ni modo», pensé. «Tal vez nuestros caminos se vuelvan a cruzar de nuevo».

Una semana después estaba sentada en mi escritorio leyendo que Mich había muerto. Tenía 25 años. Su muerte, decía el artículo —que me hizo tambalear en mi silla giratoria— fue la última de una serie de tragedias para su familia, tema en el que no entraré en detalles por aquí porque no me corresponde hacerlo. Pero la había estado mirando en redes sociales tan solo unos días antes y no había notado nada de esto. Solo me había mostrado un lado de la vida de su persona, el lado que quería que el mundo, o los supuestos «amigos», como yo, vieran. Esa fue su elección, por supuesto, pero había mucho más por contar. Y yo nunca iba a saberlo.

Después de eso, en verdad se me quitaron las ganas de entrar a Facebook, excepto para estas ocasionales revisiones vitales del estatus de todos mis exes: sus nuevas parejas, sus hijos, sus casas, sus mascotas y el triatlón en el que estaba a punto de competir su hermana, obviamente. Después de un rato lo borré de forma definitiva después de ver el documental *El dilema de las redes sociales,* como el cliché de persona que soy.

Uso, y quizá siempre necesitaré usar, Twitter para el trabajo, pero he aprendido a no pasarme las tardes enteras discutiendo con extraños. Desactivé todas las notificaciones en mi teléfono, una decisión que me cambió la vida por completo, y algo que te recomiendo encarecidamente hacer. Incluso le puse una pausa a mi cuenta de Instagram. Fue en una cena cuando le confesé a una amiga que me deprimía ver las fotos «perfectas» de la vida de los demás. Cuando todo mundo a tu alrededor parece estar logrando más y más y más, es imposible no compararte, incluso cuando sabes que los filtros están tapando los fracasos. Mi amiga se sentía de la misma manera. Así que hicimos un pacto: eliminar la aplicación de nuestros teléfonos y tomar un descanso. Luego, resistir la tentación de volver a descargarla y publicar con aire de suficiencia que habíamos tomado un descanso.

Mi amiga duró una semana. Yo estuve desconectada casi durante dos años. En general estuvo bien, excepto por el hecho de que, cada que desbloqueaba la pantalla de inicio de mi teléfono, mi pulgar se movía involuntariamente, como un pequeño adicto. Su memoria muscular buscaba desesperada la aplicación; sin embargo, yo ya la había borrado. Pero conforme fueron pasando las semanas, comencé a sentirme menos adicta a Instagram y más adicta a la sensación de no estar en Instagram. Sentía como si hubiera recuperado un poco de privacidad. «Ya nunca sé en qué andas», me confesó una amiga. No pudo haberlo dicho mejor: estaba funcionando.

Entonces, ¿por qué al final decidí regresar? Por el trabajo, en parte. Y porque, después de este tiempo, mi resiliencia mental mejoró. Me sentí más lista y capaz de establecer límites sobre cuánto tiempo pasaba en las redes sociales. Aunque, para ser honesta, también por un poco de FOMO. Cuando todas tus amigas se la pasan discutiendo la última publicación de tal y tal y compartiendo fotos de sus propias vidas, y tú te las estás perdiendo, puedes comenzar a sentirte un poco excluida. También porque comencé a hablar con mujeres que me ayudaron a restaurar mi fe en las redes sociales como un espacio para hacer conexiones.

Nimco Ali me contó que su amistad con la escritora Caitlin Moran comenzó de esta manera. «La primera vez que la conocí fue en Twitter, ella me siguió; luego nos vimos en la vida real en algunos eventos y en verdad se convirtió en una amiga muy cercana... es un poco loco», dice Nimco. «Le tengo mucho respeto y a la vez puedo contarle cosas sobre mis relaciones amorosas. Hace poco tuve un flechazo con una persona un poco mayor que yo y ella me dio los mejores consejos. Me dijo: "¿Tienes las suficientes referencias culturales para que se entiendan bien?". Y nadie nunca me lo había puesto así bajo esa perspectiva. Un tipo de guía que no obtuve de ninguna otra de mis amigas».

A Trinny Woodall le sucedió lo contrario, conoció en persona solo una vez a su amiga, Mia, cuando estaba en Australia para lanzar su marca de maquillaje Trinny London, y la invitó a su pódcast. El resto de su amistad se ha desarrollado por medio de las redes sociales.

«Me sentí cómoda con ella de inmediato. Luego nunca la volví a ver», reflexiona Trinny. «Pero hemos hecho algunos Instagram Live juntas y me encanta su energía. ¿Le llamaría si tuviera un problema? No. ¿Es alguien a quien realmente respeto y admiro? Sí».

Creo que es necesario agregar que también está bien respetar y admirar desde lejos. No existe ninguna regla que diga que tienes que llevar a tus amistades en línea a la vida real. Es algo que Trinny describe cuando habla de las mujeres que la siguen en sus Instagram Live y a las que ella considera como sus amigas de las redes sociales. Incluso conoce sus nombres y las razas de sus perros.

«Es un tipo de amistad muy diferente», dice ella. «Siento la responsabilidad de ser la mejor versión de mí para ellas. Es importante, por su bien, hablarles de forma honesta, por lo que me han ayudado a sacar lo mejor de mí. Lo más importante de mostrarte de forma auténtica es que las otras mujeres no se sientan solas por lo que están atravesando. Esa es una parte muy importante de la amistad».

También es algo sobre lo que escribe la autora Candice Brathwaite en su libro de ensayos llamado *Life Lessons on Friendship*. En él, ella describe a Emma, el tipo de amiga que, de forma misteriosa, siempre sabe cuándo necesitas que te levanten el ánimo, aquella que te escribe en los momentos perfectos y se preocupa por tu familia y, por lo mismo, ellos también la quieren.

¿El giro de tuerca? Candice no conoce en persona a Emma. «Y, para ser honesta, existe una gran posibilidad de que nunca lo haga», escribe.

Las dos mujeres se hicieron amigas en Instagram. Candice afirma: «Es una de las relaciones más genuinas de mi vida». ¿Y por qué no debería serlo? Comparten sus sentimientos, miedos y algunos de los momentos más dolorosos de sí mismas. Me encanta la idea de que las redes sociales pueden ser un espacio para cultivar amistades significativas y duraderas, y es algo que yo misma estoy comenzando a explorar. Ya sea a través de intercambios públicos en Twitter, por lo general tratando de hacer reír a la otra persona, o enviando mensajes directos a mujeres que conozco profesionalmente pero con las que en realidad me gustaría ir a tomar una copa de vino, esas pequeñas interacciones digitales, que suelen ser más informales que en la vida real, pueden ayudar a acelerar el proceso de intimidad en una amistad. Le he enviado mensajes a conocidas por Instagram para mostrarles mi solidaridad con su movimiento de vello púbico al natural, mientras que en persona nunca me hubiera acercado a ellas para confesarles que yo también estoy luciendo con éxito el look setentero.

Después de todo, ¿qué es una amistad «de la vida real»? La mayoría de nosotros podría coincidir en que, en un mundo ideal, se trata de alguien a quien conoces cara cara, pero tal vez es momento de actualizar un poco esta definición. ¿Por qué una amistad en línea, que cumple todas las funciones de una «buena relación», debería ser menos valiosa que una formada de una manera más «tradicional» solo por el hecho de que no han compartido el mismo oxígeno?

Sí, en definitiva tenemos un problema con el tiempo que pasamos frente a la pantalla, pero eso no significa que aceptemos sin cuestionar el argumento de que está arruinando todas nuestras relaciones personales. No siempre tenemos que dejar nuestros teléfonos o cerrar nuestras computadoras portátiles para pasar tiempo con nuestros amigos. Algunos de ellos están (voz de Zoolander) en la computadora. Y, considerando que trabajamos más y más duro que nunca y que estamos más estresados que las generaciones anteriores,[25] ¿no es algo bueno que podamos mantenernos en contacto, o incluso crear cosas, con nuestras amistades en línea? Eso significa que Trinny puede crear una relación con una mujer al otro lado del planeta. Significa que Nimco puede aprender a confiar.

Puede que esté cambiando la forma en la que nos comunicamos, pero ultimadamente, no creo que el internet haya modificado los fundamentos de lo que necesita una amistad. Esto se resume en tiempo, esfuerzo, inversión, apoyo, amabilidad, comprensión, honestidad y, por supuesto, tolerancia. Y si puedes lograr todo esto en tus amistades femeninas, no importa en lo más mínimo si las hiciste en línea o en persona.

Una habitación con amigas

Es mayo de 2012 y no tengo dónde vivir. No es así como me imaginaba a mí misma a los 28 años. A estas alturas pensé que estaría, si no establecida, al menos dando la apariencia de estarlo.

A los 28 años, Shakespeare ya había escrito tres obras de teatro, Dickens estaba en su cuarta novela y Christabel Pankhurst había sido encarcelada dos veces por reclamar más derechos para las mujeres. Mientras tanto, yo era una don nadie en un periódico que ganaba menos dinero que la renta de su departamento en Londres. En ese entonces, mi único logro profesional importante era haber sido, por una breve temporada, la peor reportera del mundo del espectáculo de Gran Bretaña.

Hablo en serio. Cuando iba a cualquier fiesta o inauguración glamorosa a la que invitaban a mi editora, de inmediato me sentía incómoda y nerviosa. Tomemos por ejemplo el Salón de la Fama de la Música del Reino Unido en el Alexandra Palace. Al evento asistieron James Brown, Led Zeppelin, Prince y Beyonce. Sin embargo, en la fiesta de después, me la pasé merodeando inquieta junto a una columna y pasé una buena cantidad de tiempo en el baño. Al final de la noche, la mejor línea que obtuve para mi nota fue de la peluquera de Davina McCall («¡Le *encanta* su nuevo largo!»).

Aun así, recorté con cuidado ese artículo del periódico y lo archivé en mi carpeta de WHSmith, una de las muchas posesiones para las que ahora no tengo espacio en mi casa. Había terminado con mi novio de cinco años y nos estábamos mudando del departamento que compartíamos en Ladbroke Grove, que antes había pertenecido a un chef famoso que, según nuestra casera, vivía en la miseria total. (Obviamente, no quise mencionar este interesante dato a las páginas del mundo del espectáculo).

Nuestra ruptura nos había tomado por sorpresa y ambos estábamos impactados y conmocionados de lo rápido que se habían desmoronado las cosas: la visión de una vida futura juntos, aquella que nos habíamos sentido cómodos repitiendo una y otra vez en nuestra cabeza, de pronto se había ido para siempre. Era doloroso, me sentía desorientada, y cada vez que pensaba en el futuro, mi pecho se contraía, sentía pánico y tenía que luchar por detener mis grandes sollozos con hipo. Para rematar, la ciudad de Londres estaba cubierta de carteles de los Juegos Olímpicos. Todos los días, de camino hacia el trabajo, y también de regreso, me encontraba rodeada de vallas publicitarias gigantes que decían: «¡Adelante, adelante, adelante!», e imágenes con cronómetros que indicaban que el tiempo corre. Como si necesitara un recordatorio.

Fue Eve quien salió a mi rescate, llevándome a su departamento en el octavo piso de una torre del este de Londres, donde la alfombra de la planta baja siempre estaba mojada, y la página de Facebook de los residentes acababa de publicar un aviso: «Quienquiera que esté dejando a los traficantes de drogas usar el corredor como un lugar para "pasar el rato", por favor deje de hacerlo». El que me abriera las puertas de su casa fue un acto de amor. Eve es alguien que aprecia mucho tener su espacio; le gusta llegar a casa del trabajo y no hablar con nadie durante al menos una hora, así de intenso es lo que hace. Además, su departamento era demasiado pequeño para dos personas que no están teniendo sexo.

Comienzo a preocuparme de que ya he pasado por algo similar, que estoy entrando a otra situación en la que vivir con una amiga pondrá en peligro nuestra relación. Que terminaremos dejándonos de hablar o separándonos. Que al estar tan necesitada por mi corazón roto en un espacio tan reducido le pondré demasiada tensión a nuestra amistad. Sin embargo, creamos nuestra propia versión de un hogar. Le daba espacio cuando llegaba del trabajo. Ella aguantaba mis hormonas después de una ruptura reciente: en un minuto hiperactiva y social, corte a: tirada debajo de una manta de National Trust en el sofá viendo *Sunday Brunch*.

Decidimos tener una fiesta en casa para la ceremonia de apertura de los Juegos Olímpicos. Habría mucha licra y buenas vistas. A cambio de que en nuestro departamento hacía más calor en verano que en Kew Gardens' Palm House, contábamos con una vista sin interrupciones hacia el Parque Olímpico... y una de las paredes de la sala era de vidrio. Pero lo que realmente necesitaba esa reunión, acordamos, era nuestro intento casero de replicar los anillos olímpicos. Después de reflexionar sobre los diversos métodos disponibles para nosotras, nos decidimos por el papel maché. Sencillo, nostálgico, y además yo trabajaba en un periódico, por lo que podía conseguir toda la materia prima que necesitábamos.

Así es como terminé, en una tarde soleada de domingo, sentada en el linóleo gris pálido del piso de la cocina de Eve en mis calzones M&S —pues no quería que la pasta pegajosa manchara ninguna de mis prendas—, creando una versión ambiciosamente grande y elegantemente grumosa de los famosos anillos. Eran por completo terribles. Ni siquiera Gollum los hubiera mirado dos veces.

También eran demasiado voluminosos para guardarlos dentro del departamento, por lo que mejor los sacamos al balcón para que se secaran. A la mañana siguiente, nos levantamos y nos fuimos a trabajar, dejándolos expuestos al sol. Pero esa tarde llovió.

«Tal vez no les pasó nada», me escribió Eve en un mensaje de texto. «Podemos meterlos y secarlos con una toalla». «Seguro estarán más mojados que Michael Phelps», le respondí.

Los anillos no estaban, se habían derretido. Lo único que quedaba era una papilla gris pegajosa empapada en el balcón. No era exactamente el tributo al equipo de Gran Bretaña que habíamos planeado. Después de eso, nuestra convivencia fue un tropezón tras otro. Eve se las arregló para tirar su iPhone por el excusado no menos de tres veces, hasta que le prohibí guardarlo en el pequeño bolsillo de su chaqueta de Primark, del que siempre se le escapaba.

Una tarde en la que ella salió, decidí aprovechar que tenía la sala para mí sola y me tumbé con indulgencia en el sofá, con las piernas apoyadas en el reposabrazos. Estaba fingiendo que leía mientras en realidad revisaba Twitter en mi teléfono cuando escuché un crujido arriba de mi cabeza. Era fuerte. Salté cuando el estante que estaba encima de mí, repleto de libros —y con más libros sobre los libros—, se desprendió de la pared y chocó contra el otro estante parecido que estaba justo debajo de él. Ambos cayeron sobre el sofá, rebotaron y luego fueron a dar al piso.

Hubo un silencio. Ni siquiera podía escuchar mi propia respiración, tal vez porque ya no había una. ¿Cómo le iba a decir a Eve que había destrozado su departamento? Peor aún, ya se me había hecho tarde para tomar un tren a Birmingham, así que ni siquiera pude limpiar lo que se había caído. De camino a Euston, iba repasando una y otra vez la conversación en mi cabeza. «Yo pago todo lo necesario para que lo arreglen». «No es tan malo como parece (sí lo es)». «No sé cómo sucedió». «Perdón, perdón, perdón».

Tuve que correr hacia el tren y, una vez a bordo, jadeando, le dejé una nota de voz a Eve (molestando a todas las demás personas que iban en el silencioso vagón), diciéndole que «algo malo había sucedido y que me urgía que me regresara la llamada». Más tarde me dijo que en mi mensaje yo parecía tan asustada, que pensó que iba camino a la sala de urgencias o que había cometido un asesinato y que quería pedirle ayuda para enterrar el cuerpo.

Cuando descubrió que las únicas víctimas eran sus libreros de IKEA, me dijo que era una ridícula. No podrían importarle menos los estantes, solo que yo estuviera bien. Sentí como si la persona invisible que estaba sentada en mi pecho se hubiera levantado de repente. Ella no pensaba que yo era una mala amiga. Ese accidente no iba a ocasionar que nuestra convivencia se volviera incómoda. Y definitivamente teníamos que comprar otros estantes.

Ahora suena insensato intentar explicar cuán aterrorizada estaba de que mi casi muerte por culpa de unos libros de Lonely Planet fuera la razón por la que nuestra amistad se acabara. Pero así es como me sentí en ese momento, con todos mis viejos miedos resurgiendo. Que a pesar de que alguien se veía y actuaba como mi amiga, tal vez solo estaba esperando una excusa para deshacerse de mí. De devolverme al estante, si no se hubiera caído de la pared, claro.

Cuando eso no sucedió, lo sentí como una novedad. No era que no confiara en la lealtad y bondad de Eve, sino que no confiaba en mí misma. Pero ¿tal vez debería hacerlo? La evidencia estaba justo enfrente de mí, incluso si no siempre podía verla: me había invitado a vivir con ella en mi momento de mayor necesidad, todavía seguíamos hablando, y solo había intentado matarme una vez. Tal vez, solo tal vez, era hora de empezar a confiar en que yo era una buena amiga. Tal vez no todo saldría mal de nuevo.

No salió mal. Y cuando unos meses más tarde le dije nerviosamente a Eve que estaba pensando en mudarme, ella no lo tomó como una señal de que estaba intentando alejarme de nuestra amistad. En vez de eso, ella solo dijo: «Pensé que me dirías esto desde hace meses». Tenía razón, para ese entonces ambas teníamos nuevos novios y en las noches en las que estábamos los cuatro ahí, teníamos que bailar el Dosey Doe en el pasillo para caber. Era hora. El único inconveniente era que no podía pagar la renta yo sola, era demasiado pronto para pensar en cohabitar con Tim, y realmente no quería volver a vivir con mis padres (sospecho que el sentimiento era mutuo).

Para mi sorpresa, una amiga todavía más nueva, Rachel, me sugirió que me mudara a una habitación que tenía libre. Le dije que sí de inmediato, envalentonada después del éxito de vivir con Eve y consciente de que, debajo de la superficie, todavía no estaba completamente sanada. Las heridas ocasionadas por el final de un capítulo importante, la pérdida de mi vida tal y como la conocía (mi hogar, los amigos mutuos y los proyectos para el futuro) no cerraron en cuestión de meses ni incluso después de haber conseguido un nuevo novio. Necesitaba amigas que me ayudaran a unir mi corazón de Frankenstein.

Rachel tenía un departamento en la planta baja con dos habitaciones. La mía estaba en la parte de atrás y daba a un patio con jardín, desde donde tenía asiento en primera fila para ser testigo de los espectáculos sexuales entre los zorros más vigorosos de todo el sur de Londres. Estaban ahí noche tras noche, gritando y gimiendo... espero que de placer, pero para nuestros oídos humanos sonaba como algo tortuoso. Pasé una noche buscando en Google: «¿Los zorros machos violan a las zorras hembras?», pero no encontré muchas respuestas (además, no recomendaría buscar esto en la computadora portátil del trabajo).

Rachel terminó lo que Eve había comenzado, me ayudó a revivir una «cena casera» a la vez. Es una broma interna, porque todo lo que tenía en el refrigerador era un aguacate, mantequilla, rábanos y varias botellas miniatura de champán de sus eventos del trabajo. Complementábamos esto con pan de masa madre y helado, y sobrevivimos con esta alimentación durante la mayor parte del año.

Un fin de semana nos invitaron a reseñar un spa en las montañas italianas. ¡Una vida complicada! Sonaba como un paraíso: masajes, mascarillas de barro, faciales. Claro, la persona de relaciones públicas hizo énfasis en que habría «cierta desintoxicación», pero no parecía nada que no pudiéramos manejar. «De cualquier manera, un fin de semana en Italia sin Campari es impensable», me envió Rachel por correo electrónico mientras reservaba nuestros vuelos.

Llegamos temprano, a tiempo para el desayuno (imaginaba un delicioso y fuerte café expreso acompañado de pan dulce), pero en vez de eso, nos llevaron directamente a ver al doctor del spa y al nutriólogo. A pesar de que eché todo tipo de mentiras sobre mi consumo de alcohol, me dijeron que mis órganos internos estaban «lentos». Eso no es nada, el médico le preguntó a Rachel si estaba embarazada.

Pronto descubrimos que el desayuno era fruta. Oh, bueno, pero ya vendrá el almuerzo... que resultó ser una pegajosa sopa de brócoli. El spa, aprendimos, tenía una política de «no azúcar, no grasa, no alcohol y no cafeína».

El resto del día lo dedicamos a los tratamientos, pero en vez de la experiencia indulgente que habíamos imaginado, nos envolvieron en barro frío y polietileno y nos dejaron marinar. Ya estaba yo temblando y pareciendo un muslo de pollo con piel de gallina cuando una mujer con bata blanca vino por fin a desenrollarme. Me imaginé deslizándome en un burbujeante jacuzzi para limpiarme, o que me quitarían el lodo de la piel con toallas húmedas. En lugar de eso, me llevaron a lo que parecía una sala de interrogación con azulejos blancos, me obligaron a desnudarme en un extremo y me enjuagaron con una manguera. «Así es como voy a morir», pensé.

Esperamos todo lo que pudimos, pero ambas decidimos que a las 4:30 p. m. ya contaba como «temprano en la noche» antes de aventurarnos a subir al último piso. Habíamos escuchado rumores de que había un bar y, alabado sea, sí fue cierto. Había vino real y trozos de queso parmesano, que nos atrajeron como polillas hambrientas a la luz.

Éramos las dos únicas personas que estaban bebiendo: una de dos, o casi nadie sabía que existía el bar, o solo nosotras queríamos romper la desintoxicación después de ocho horas. Afuera del bar, en lo alto de un estante, noté una fila de conejitos de chocolate Lindt. No los diminutos que te caben en un solo bocado, de los cuales podrías comerte media docena sin siquiera respirar. No, eran conejos de tamaño completo, y brillaban tentadoramente hacia nosotras en sus empaques de papel aluminio dorado.

—¡Qué crueldad! —dije, viendo los conejitos con horror.

—Supongo que falta poco para Pascua —suspiró Rachel de mala gana.

—Pascua en un spa de desintoxicación —le respondí.

Nos terminamos nuestras bebidas en silencio, comimos un poco más de pasto y volvimos a la cama con un dolor de cabeza punzante antes de las 10:00 p. m.

Durante las siguientes 36 horas, tres de los conejos desaparecen. Rachel jura que no los ha tomado y me acusa de querer distraer la atención culpándola. Decidimos que la única opción es escapar. Sabemos que esto es posible porque conocimos en el bar a un hombre ruso llamado Grigori, que es cliente habitual, pero que admite que se escabulle a comer mariscos en un restaurante local cuando ya no puede soportar más el hambre.

Caminamos alrededor de las esquinas del complejo, tratando de pasar inadvertidas. Como dos mujeres que salen a dar un paseo por la tarde, evaluando como si nada el muro perimetral en busca de algún punto débil. No estoy segura de que esté prohibido dejar el lugar, pero sí de que no hay una salida obvia. La puerta del acceso por la que entramos el día anterior —¿realmente solo han pasado dos días?— está cerrada. Justo cuando estamos a punto de rendirnos, Rachel encuentra un hueco en la valla.

Corremos hasta la puerta cerrada de una pizzería.

—Abre hasta las siete —se lamenta Rachel.

Ahora son las 3:00 p. m. El pequeño pueblo local está durmiendo la siesta. Incluso los quioscos están cerrados. Regresamos al spa con el rabo entre las patas, contando los minutos para que abran el bar. Conforme avanzan nuestros problemas de primer mundo, nos damos cuenta de que nuestros zapatos de diamantes nos quedan demasiado apretados. En realidad es algo divertido, y nuestro delirio por hambre hace que apenas paremos de reír en todo el viaje. Es como si hubiéramos encontrado nuestro propio idioma: la experiencia compartida y las bromas internas que terminan de acercarte a una persona.

La mañana siguiente es la última y tenemos una evaluación final con el nutriólogo. Resulta que Rachel se ha mantenido en el mismo peso, por lo que me veo obligada a creerle lo de los conejitos Lindt. En cambio, yo he engordado dos kilos... y el médico dice que soy «una anomalía». Compramos en el aeropuerto todas las bolsas de papas fritas que encontramos y las devoramos durante el vuelo de regreso a casa, con una nueva sensación de seguridad alrededor de nuestros hombros como una manta acogedora.

◆ ◆ ◆

Rachel y yo vivimos juntas durante meses antes de que sucediera. Un día, el hombre que se convertiría en mi esposo me pidió que me mudara con él. Esto no es algo tan espontáneo como parece, pues más bien ya llevaba meses insinuándomelo. Pero en esta ocasión puedo afirmar —y porque me lo dijo sin rodeos— que estaba empezando a preguntarse por qué me negaba tanto.

No es que no quisiera que viviéramos juntos, sino que yo ya estaba compartiendo mi hogar con alguien a quien amaba. Alguien que me había enseñado cómo ser una buena amiga simplemente siéndolo conmigo.

Decidí que el mejor lugar para darle la noticia era el sótano de la tienda Habitat en King's Road, rodeadas por un montón de toallas y jaboneras. A Rachel siempre le han gustado los baños bien decorados, así que tengo la esperanza de que este ambiente tranquilo ayude a que tome mejor las cosas.

—Me voy a mudar con Tim —le solté, pasando nerviosamente los dedos por la parte superior de un baúl de mimbre—, lo siento mucho. Adoro vivir contigo, pero creo que va a romper conmigo si no damos el siguiente paso.

Caminamos en silencio alrededor de un contenedor de cepillos de baño en diferentes tonos de beige.

—Te voy a extrañar —me dice Rachel, dándome un abrazo—, pero vas a ser muy feliz.

Me voy unas semanas después, no sin antes dejarle una tarjeta que decía: «Llegué, hice puras zorrilladas y me voy» en la puerta, con una ilustración de un zorro con un monóculo y un bombín.

«Están teniendo sexo muy fuerte en honor a tu partida», me envió un mensaje de texto más tarde esa noche.

CORTAR CON UNA AMIGA

Mito: Es más amable cortar con una amiga que lastimarla explicándole qué salió mal

Imagina que le escribes un mensaje de texto a una amiga y ella no te responde. Si es como yo —que soy un poco mala para estar al pendiente de las notificaciones—, entonces es muy probable que no pienses nada al respecto. Ahora imagina que no te responde al día siguiente y ni siquiera a la semana siguiente. Le vuelves a enviar un mensaje.

«¿Comemos este fin de semana? Dime qué te parece, besos».

Silencio.

«Hola, hermosa. ¿Debo preocuparme por ti? El *brunch* puede esperar si las cosas están complicadas. Avísame si puedo ayudar en algo, besos».

Nada.

«¿Te están llegando mis mensajes?».

Comenzar a preguntarte por qué tu amiga no te responde es un poco como cuando alguien con quien estás saliendo de pronto deja de contestar tus mensajes y decides pensar que de seguro le ha ocurrido alguna terrible tragedia (¿o tal vez es porque le gustas demasiado?). Quizá tu amiga esté pasando por algo realmente complicado. Sí, debe ser eso, seguro el cajón de su baño le cayó encima, golpeó su teléfono y lo tiró de su mano a un lugar donde no puede alcanzarlo. O se fue de vacaciones de última hora, perdió su teléfono camino al aeropuerto y en la isla en la que se está hospedando no hay internet. Sí, es posible. Pero cuando el silencio se extiende demasiado —a semanas y meses— no te queda más remedio que aceptar que ella ha decidido eliminarte de su vida.

Bienvenida al mundo decididamente hostil de cortar con una amiga.

No tiene que ser una gran explosión o, al contrario, que de pronto terminen la relación sin dar ninguna explicación. A veces puede desvanecerse con lentitud. Tal vez te hayan cerrado la puerta en la cara o te hayan dejado una nota en el tapete de la entrada diciendo que todo había terminado. Tal vez te han dejado de seguir en las redes sociales. O es posible que tú hayas sido quien decidió terminar con la amistad. Es algo inevitable al menos una vez en la vida. Las Spice Girls podrán haber intentado convencernos de que la amistad nunca termina, pero —como ahora lo saben bien Sporty, Ginger, Scary, Posh y Baby— esa no es la verdad.

Esta es la verdad: que una amiga te deje puede ser igual de desgarrador que cualquier otra separación romántica. El mismo dolor que te revuelve las tripas y el desconcierto. Esas oleadas que, cuando te golpean, amenazan con derribarte: ella ya no es parte de tu vida. La misma secuencia de recuerdos se repite una y otra vez en tu mente: bebiendo margaritas a la intemperie con los guantes puestos, la vez que pidió pintura Durex en la papelería, la forma en que te sostenía la mano cuando lo necesitabas.

Prácticamente todas las razones por las que podría terminar una relación amorosa son las mismas en las amistades femeninas: negligencia, celos, mala comunicación, resistencia al compromiso. Traiciones y mentiras. Falta de confianza, dinero, diferencia de valores, someter a alguien a estándares poco realistas. Poca responsabilidad. No escuchar. No tener respeto ni empatía. Cualquier combinación de estas cosas, con el tiempo desgastará su compatibilidad, haciéndola delgada y quebradiza como un trozo de jabón que se dejó por demasiado tiempo al lado de la regadera. Los síntomas pueden ser los mismos, pero la solidaridad no. Cuando te cortan, todo el mundo te busca para ofrecerte apoyo. Todos sabemos cómo se ve y cómo se siente cuando te rompen el corazón de forma romántica, y queremos ayudar a aliviar esta agonía. ¿Con la ruptura de una amistad? Puedes llegar a sentirte increíblemente sola.

En ocasiones el final de una amistad es algo bueno, por supuesto. No tiene nada de infantil decidir que tu vida será mejor sin esa persona en particular. Puede ser una respuesta madura que pone por delante tus propias necesidades emocionales. Sin embargo, lo que no suele ser muy maduro es la forma en que lo manejamos.

Las amistades femeninas no tienen un «hasta que la muerte nos separe». No hay hitos cuando las cosas van bien, ni reconocimiento cuando van mal. No conversamos sobre cómo mantenerlas, como lo hacemos con nuestras relaciones románticas. Esto explica por qué nos sentimos tan perdidas cuando empieza a salir mal: no sabemos cómo reaccionar, ni si vale la pena tratar de salvar la relación. Casi siempre lo único que hacemos es alejarnos.

«Como la amistad femenina viene sin ningún protocolo, ceremonia, ni nada, al final puedes hacer lo que quieras», dice la experta en amistad Liz Pryor. «Y es un poco vergonzoso que, abandonadas a nuestro propio criterio, terminemos solo por alejarnos después de haber tenido una conexión tan hermosa con otro ser humano, y no sentimos ninguna responsabilidad de abordar el tema. Es algo que lastima y daña la vida de muchas personas. Para mí, es una locura que todavía no se hable al respecto».

Es por eso que decidí hablar sobre algunas de mis experiencias y compartir las de otras mujeres, con la esperanza de que esto nos ayude a todas a navegar por esta decisión potencialmente devastadora de dejar una amistad —y comprender que podemos comenzar a hacerlo de manera diferente. Voy a sincerarme con ustedes: este capítulo es una de las cosas más difíciles que he escrito. Olvídense del magma: debajo de la corteza terrestre hay una bola líquida, caliente y arremolinada de dolor, culpa y vergüenza en torno al final de las amistades femeninas. Solo tuve que husmear un poco en la superficie para liberar un mar de emociones en casi todas las mujeres a las que entrevisté. Me sorprendió, pues es fácil imaginar que eres la única que está pasando por estas experiencias, pero créeme, no es así. Cuando *Woman's Hour* hizo un segmento sobre este tema en agosto de 2021, Emma Barnett les dijo a las oyentes que: «Nunca había visto tantos mensajes llegar tan rápido. El dolor es visceral».

Estas rupturas ya de adultas pueden ser tan devastadoras que incluso muchas de las mujeres con las que intenté hablar me dijeron que simplemente no podían hacerlo. Se disculparon y admitieron que todavía estaba demasiado reciente. Algunas que ya habían hablado públicamente sobre la ruptura con una amiga me dijeron que ya no tenían la fuerza para hacerlo de nuevo. «No quiero empeorar las cosas», escribió una por correo electrónico.

Cuando se trata de ser tú la que deja a una amiga, no estoy segura de que pueda ser mucho peor. Todos los días hay amistades femeninas que terminan; sin embargo, no sabemos casi nada concreto al respecto. Me asombra el hecho de que apenas se hayan realizado algunos estudios científicos importantes para investigar el impacto emocional que esto implica. Quizás es por eso que a tantas de nosotras nos resulta demasiado doloroso hablar de ello. Es aún más alucinante cuando te enteras de que el final de una amistad femenina puede cambiar la forma de tu corazón, e incluso matarte.

Conforme escribía este libro, un equipo del Imperial College de Londres publicó una investigación sobre el «síndrome del corazón roto».[26] Su verdadero nombre es Síndrome de Takotsubo, y es en esencia una falla abrupta del corazón, que se debilita y se infla como una red japonesa que se utiliza para atrapar pulpos llamada *takotsubo* (inesperado, lo sé). Esto afecta aproximadamente a 2 500 personas en Reino Unido cada año, sobre todo a mujeres, y los síntomas son parecidos a un ataque al corazón. La mayoría se recupera, pero puede ser fatal.

Por lo general, esto es provocado por un corazón roto o estrés extremo, pero también podría estar ocasionado por un «shock emocional repentino», según el profesor Sian Harding, quien dirigió el estudio del Imperial College, e identificó niveles elevados de dos tipos de moléculas de microARN vinculadas a la ansiedad en la sangre de las personas que sufren esto.

Entonces, como este mal afecta sobre todo a las mujeres y puede ser ocasionado por un shock emocional, ¿por qué no pensar que el final de una amistad fémina podría ocasionar el síndrome de corazón roto? «Es un planteamiento interesante. Ciertamente es posible si hay una fuerte respuesta emocional», concuerda Sian, cuando le envío un correo electrónico para preguntarle.

Entonces, según un científico que realmente sabe de lo que habla, es posible que puedas morir por haber sido abandonada por una amiga. Una cosa que pensar la próxima vez que quieras hacerte el fantasma en la vida de alguien.

Por supuesto, no puedes seguir siendo amiga de todas las personas por siempre. Por muchas razones que ya hablamos, es posible que con el paso del tiempo tomen distintos caminos. Algunas amistades están destinadas a ser temporales, por estar vinculadas a un lugar de trabajo, club o pasatiempo específico antes de esfumarse. Es algo normal. Pero lo que no debería ser normal es la forma en que las mujeres deciden terminar con sus amistades cercanas y duraderas como si no significaran nada, dejando a la otra persona devastada y en la oscuridad. Es como ser declarado culpable sin juicio y sin siquiera saber de qué se te acusa.

La psicóloga Terri Apter cree que esto se debe a que a las mujeres se les vende esa fantasía de que la amistad femenina es perfecta, una en la que ambas se llevan bien todo el tiempo y están de acuerdo en todo.

«Es un mito eso de que las buenas amigas nunca discuten», dice ella. «Entonces, cuando tienen un conflicto, o lo entierran o piensan: «Tenemos este problema, así que esto no es una verdadera amistad y tengo que dejarla».

Cuando una amistad comienza a tambalearse no sabemos cómo manejarlo. Lo vemos como un fracaso. Pero lo que definitivamente no queremos hacer es hablar de ello. Olvidamos esa opción tan sensata. No, gracias. Es mucho mejor reprimirlo, meditar en secreto sobre lo que nuestra amiga ha hecho para molestarnos y no se lo decimos, y luego, cuando lo haga o lo vuelva a decir sin darse cuenta, dejarla y alejarte. Bien, me alegro de que todas estemos de acuerdo en que esta es la forma más adulta de manejarlo.

A las mujeres, la sociedad nos ha dicho que debemos intentar suavizar las cosas, ser pacíficas y gentiles desde una edad temprana. Y somos muy buenas en eso, por lo que dejamos que esas cosas que nos ofenden pasen por alto. Ignoramos los comentarios de superioridad. Dejamos sin hablar los celos, la culpa y el dolor hasta que se acumulan y nos sentimos furiosas por dentro, y furiosas de que nuestras amigas no logren ver lo furiosas que estamos con ellas, aunque no les hemos mostrado esta furia. Estamos demasiado ocupadas escondiéndola furiosamente.

Todo eso significa que somos más propensas a llegar a ese momento de «la gota que derramó el vaso» y terminar una amistad sin dar una explicación. A levantar el puente levadizo, vaciar el agua y cambiar las cerraduras del castillo sin explicarle el motivo a nuestra ahora examiga. Y, según los expertos, las mujeres están mucho menos dispuestas a contar sus razones que los hombres. Queremos evitar la confrontación y ni siquiera darles oportunidad de defenderse. Esto es lo que me parece más preocupante. La forma en que tantas mujeres se quedan sintiéndose culpables, avergonzadas y sorprendidas. El impacto puede durar años y se puede vivir, como me lo confesó una mujer, «peor que un divorcio».

El relato de Georgie sobre cómo una amiga le rompió el corazón me hizo llorar. Después de tener a su bebé durante el encierro por la Covid-19, estaba desesperada por presentárselo a sus amigas en su jardín cuando las restricciones comenzaron a levantarse. Pero una amiga cercana, que estaba embarazada, se negó porque decía que no se sentía segura.

«Sabía que tenía que aceptar su decisión, pero mientras más pensaba en ello, más me enojaba», cuenta Georgie, de 37 años. «Yo sabía que ella todavía iba al supermercado y salía de vacaciones, pero no estaba preparada para conocer a mi bebé. Obviamente, hablé tanto del tema que mi esposo la llamó para decirle que yo estaba molesta. Ella le preguntó por qué él estaba haciendo las cosas tan difíciles. Yo no podía creerlo. Todavía no puedo. Creo que todo este asunto me dolió aún más porque ya me sentía enojada por el hecho de haber tenido un bebé durante el encierro. El nacimiento y el posparto fueron complicados para mí.

»La única forma en la que logré tranquilizarme con esa situación fue cuando escuché a mi psicóloga decir que la gente no se estaba comportando como lo harían normalmente durante la pandemia. Pero no puedo superar el hecho de que mi amiga no haya querido hablar con mi esposo ni buscar la manera de encontrarnos en un punto medio. Así que terminé diciéndole que necesitaba algo de tiempo, con la esperanza de que a la larga yo lograra dejarlo pasar. Ella me contestó que si yo no podía hablarlo ahora, entonces nuestra amistad no estaba destinada a ser. No hemos tenido contacto desde entonces. Necesitaba sacar de mi vida la angustia que esto me estaba causando, así que la necesitaba a ella fuera de mi vida».

La forma en que Georgie me cuenta cómo se sentía físicamente es lo que me hizo llorar, y estoy segura de que también resonará en cualquiera que se haya despedido de alguien cercano.

«Hasta que esto me sucedió, tal vez nunca habría usado el término "corazón roto" para una amistad, pero me dolió de la misma manera en que lo haría una ruptura romántica», explica. «Literalmente yo lloraba y gritaba que me había roto el corazón. No estoy segura de poder explicar la sensación física con precisión, pero sentía como que tenía que gritarlo desde el fondo de mi estómago y, conforme iba saliendo, dolía. Podría compararlo incluso con momentos de duelo. Sentía que no podía controlar mis emociones en absoluto».

Para ser honestas, yo tampoco me cubro de gloria cuando se trata de romper con amigas. «*Ghostear* a alguien» no era algo que se usara en la década de 2000, pero es exactamente lo que hicimos Agatha y yo cuando dejamos de invitar a otra chica a nuestros encuentros después de la universidad. En ese entonces, lo que debimos haber hecho fue sincerarnos con ella y decirle que sentíamos que siempre estaba mirando por encima de nuestros hombros en busca de una mejor oferta. Teníamos buenas razones para alejarnos de esa amistad, pero también había una mejor manera de hacerlo, y no optamos por ella. Simplemente la botamos, aunque cabe destacar que ella nunca dio señales de querer que la recogiéramos.

Muchas veces, cuando se trata de una amistad que se siente unilateral, esa es la prueba más verdadera que existe: dejar de buscarla y esperar a que la persona se comunique contigo. Sin embargo, es un juego peligroso y debes estar preparada para perder. Una mujer que conozco hizo exactamente eso con una antigua amiga de la universidad que se alejó un poco y que perdió interés por su vida después de mudarse a Londres.

«Para su cumpleaños, nos invitó a beber algo en su departamento antes de ir a un bar», recuerda. «Mi novio y yo teníamos el cumpleaños de otra amiga, así que le dijimos que la veíamos directo en el lugar. Ella nunca llegó. Esperamos dos horas antes de dar por terminada la noche, y ella nunca se disculpó. Sentí que fue la gota que derramó el vaso: era bastante obvio que ella no valoraba nuestra amistad. Así que decidí que no volvería a contactarla a menos que ella lo hiciera primero. Y nunca lo hizo».

Es asombroso, de verdad. Estamos dispuestas a dejar que una relación importante se tambalee, ¿por qué? ¿Por flojera o por enojo de que tu amiga se fue primero a otro cumpleaños? (Aunque todo el mundo sabe que dejas la mejor fiesta para el final).

«Podemos salir con un chico un par de veces y si decidimos que no nos gusta, solemos decirle "Lo siento, no eres tú. Soy yo". O alguna mentira como "Me voy a mudar de ciudad". Pero hacemos algo», afirma Liz Pryor. «Sin embargo, podrías tener una amistad con una mujer por veinte años y aun así no sentirte obligada a decirle nada. No lo hacemos. Simplemente desaparecemos».

Hace algunos años, tenía una amiga que quería que fuéramos a tomar unos tragos después del trabajo. «Salgo a las 7:00 p. m., ¿nos vemos a esa hora?», le envié un mensaje. «Oh, qué pena, yo salgo a las 5:30 p. m.», fue su respuesta. Estaba cerca de los mejores museos, tiendas, parques y *pubs* de la capital, pero aparentemente no sabía cómo entretenerse una hora y media. Esa debió ser una señal alta y clara, casi como si estuviera junto a mi oído con un megáfono gritando: «No vales lo suficiente como para esperarte noventa minutos de mi tiempo».

Logramos vernos un sábado por la tarde, y mientras caminábamos por la banqueta, de pronto sentí un golpe duro y frío en la nuca. No lograba entender qué sucedía. Al principio pensé que alguien me había tirado una piedra, pero al pasar mi mano sentí el pelo húmedo. ¿Estaba sangrando? «Oh Dios», pensé, «por favor que no sea caca de perro».

«No», dijo mi amiga riendo. Me habían aventado un huevo. Ella había visto a un grupo de chicos salir huyendo. ¿No era divertido? Divertidísimo. No puedo pensar en nada más emocionante que ser el blanco de balas de gallina en una calle de Londres a las 3:00 p. m.

El huevo apestaba. Me retorcí de un lado al otro tratando desesperadamente de quitar los pequeños pedacitos de la cáscara pegajosa y babosa de mis mechones apelmazados que había alisado a la perfección esa mañana con mi plancha para el pelo. Pero mi amiga no intentó ayudarme y ni siquiera pareció notarlo, solo regresó a hablar de sí misma. Ese pequeño acto de poca solidaridad fue una representación de las grietas de nuestra amistad. Cuando llegué a casa y me lavé el cabello —y, contrario al mito, puedo confirmar que la albúmina no lo hace más suave ni brillante—, decidí que ya no iba a hacer ningún esfuerzo por ella. Si me enviaba algún mensaje, le respondería. Pero nunca lo hizo.

(Nota: Hace poco nos encontramos en un parque local. La escuché gritar: «¡CC! ¡CC!», mientras algunas familias desconcertadas volteaban esperando encontrar a una mujer española comiendo paella. «¡Hay que ir a tomarnos un café!», me dijo, mientras intercambiábamos números. Esa noche le envié un mensaje diciéndole que a ver cuándo íbamos por uno. ¿Adivinen qué? No me respondió).

De alguna manera estuve agradecida de haberme dado cuenta cuando lo hice. Conversé con Alice, de 67 años, quien soportó durante años a una de esas amistades ensimismadas. «Era mi amiga, pero solo bajo sus términos. Todo se trataba sobre ella y su familia, y a mí no me preguntaba nada que tuviera que ver con mi vida», dice. «Siempre presumía de que sus hijos eran los más brillantes del planeta y de que su casa era la más elegante. Se desahogaba conmigo de sus problemas, pero no quería escuchar los míos. Comencé a sentirme utilizada, así que gradualmente comencé a dejar de estar disponible para ella y la amistad se esfumó. Suena duro, pero me sentí aliviada».

La historia de Alice me hizo pensar en *Motherland,* la *sitcom* que analiza de forma detallada la relación entre las madres cuyos hijos son compañeros de escuela. La mejor y peor amistad del programa es entre la madre alfa, Amanda —amable solo en apariencia, pero que el veneno fluye por sus venas—, y su mano derecha, Anne, quien la oye mientras ella presume sobre su vida perfecta. Hay un intercambio monstruoso en el que Amanda se las arregla para menospreciar y manipular a Anne enfrente de todas sus amigas.

AMANDA: ¿Por cuánto tiempo trabajaste en Greggs, Anne?

ANNE: Nunca trabajé en Greggs. Era jefa de desarrollo de productos en GlaxoSmithKline a nivel global.

AMANDA: ¿Por qué siempre creí que trabajabas en Greggs? ¿Estás segura?

ANNE: Sí.

AMANDA: No puedo imaginarte en una oficina, Anne. Te veo entre pasteles y hojaldres. ¿Estás segura de que no era Greggs?

ANNE: Segura. He estado ahí una o dos veces, pero como clienta.

Puede ser una versión extrema, pero todos hemos visto de cerca ese tipo de amistades en las que se lucha por el poder, o incluso hemos estado en una de ellas. Reconocemos cómo es la dinámica (y todos los espectadores deseamos en secreto que Anne termine con esa amistad).

Joana Morris, de 56 años, originaria de Surrey, en definitiva entiende qué se siente experimentar una amistad muy desequilibrada. Ya pasó una década desde que la que fue su mejor amiga durante 30 años dejó de buscarla. Sin embargo, cuando hablamos por teléfono, me dice que «todavía tiembla al recordarlo» mientras me cuenta lo que pasó. Su historia comienza de la misma manera que muchas de nuestras amistades femeninas: se conocieron en la escuela, fueron amigas en la adolescencia, vivieron juntas cuando tenían poco más de 20 años. Joanna fue la dama de honor de su amiga. Sus maridos se hicieron amigos y tuvieron hijos por la misma época. Todo parecía ir viento en popa. Luego, su amiga se tuvo que mudar al extranjero por trabajo.

«Habían estado ahí durante aproximadamente un año cuando recibió una llamada telefónica. Me dijo que iba a pasar unos días por acá y me preguntó si se podía quedar conmigo en casa», recuerda Joanna. «Estaba separándose de su esposo y decía que su matrimonio había terminado. Su familia regresó y todo fue un poco caótico. Luego decidió mudarse con un tipo nuevo. Era como si tuviera mucha prisa para volver a crear una unidad familiar. Pero no creo que él haya podido seguirle el paso. Durante los siguientes años rompían y regresaban, y cada vez que se separaban ella me llamaba y yo la iba a consolar. Recuerdo una vez que tuve que salirme de un restaurante y otra que dejé a una amiga en mi casa para ir con ella y ver si todo estaba bien».

En una de esas ocasiones, Joanna le dijo a su amiga que no debería volver con él, y fue entonces cuando todo comenzó a cambiar.

«Le dije: "¿Qué clase de ejemplo le estás dando a tu hijo: que él puede hacerle esto a una mujer? Y a tu hija, ¿que como mujeres debes dejar que un hombre haga lo que quiera contigo?"», me cuenta Joanna. «Ella no me respondió nada, pero dejó de buscarme. Casi no respondía mis mensajes de texto. Y después simplemente dejó de hacerlo. Hasta el día de hoy todavía no termino de entenderlo y me sigue doliendo. Pensé que seríamos mejores amigas para siempre».

Esta falta de claridad cuando una amiga decide dejar de estar en contacto es lo que más le cuesta trabajo a Liz Pryor. Ella habla de forma frecuente con mujeres que han decidido terminar una amistad y me dice que casi siempre lo justifican diciendo: «"Realmente no podía decirle lo que pensaba. Le hubiera hecho mucho daño", pero de lo que no se dan cuenta es de que, al no decir nada y dejar a estas mujeres esperando, en el purgatorio, las están lastimado el doble», agrega Liz. «Al final, es todavía más egoísta porque está disfrazado de compasión».

Entonces, ¿qué dicen al respecto las que inician esto? Hablé con muchas mujeres que han terminado amistades y seguramente no te sorprenderá saber que la mayoría de ellas afirma que todavía se siente muy mal al respecto. Por ejemplo, Aisling O'Leary, de 29 años. «Nos conocimos en un verano en el extranjero y terminamos viviendo juntas, y luego pensé: "Oh, no, estaba en una parte muy diferente de mi vida, no siento que congeniemos ahora" y simplemente terminé con ella», me dice. «Si ahora me pongo a pensar en ello, fue en realidad frío. Horrible. Solo dejé de contestarle todos sus mensajes. No creo que se reconozca lo suficiente que está bien que algunas personas te acompañen solo una parte de tu vida y después ya no. Pero fue muy duro».

«Mi esposo es mucho más amable que yo y le cae bien a todo el mundo», explica Tina, de 49 años», pero un día salimos de la casa de una amiga y él simplemente me dijo: "Creo que ella se portó muy desagradable. Si la quieres seguir viendo está bien, pero yo no volveré más". Era la primera vez en toda nuestra relación que me decía algo así. Solo pensé: "En realidad tiene razón". Después de eso, me desaparecí. Ella es muy dramática y no quería soportar una escena. No quería que me molestara. Sabía que iba a ser algo agotador y yo no tenía la fuerza. Pero sí me siento culpable al respecto. También vivo con el terror absoluto de encontrármela un día en Marks and Spencer y pensar: "Oh, Dios, ahora sí tendré que lidiar con esto"».

Esa es la verdad, ¿no? Que muchas de las mujeres que dejan ir así a una amiga simplemente no quieren tener un enfrentamiento, por muy mal que se sientan al respecto. Cuando decimos: «No puedo manejar su drama», a lo que en realidad nos referimos es: «No quiero tener que lidiar con sus emociones». Por lo general, buscamos evitar el conflicto. Yo no soy mejor que esto. Así como Tina, yo también estoy casada con uno de esos molestos hombres que se llevan bien con todo el mundo. Ya conoces el tipo, de esos que al final de cualquier encuentro social sonríen y comentan lo amable que es la otra persona. Tienes que ser demasiado horrible con él para que proteste. Llevábamos dos años juntos cuando me señaló que una amiga mía era, en sus propias palabras, «la persona más obsesionada consigo misma que había conocido». Se sintió como una bofetada en la cara con unas chanclas mojadas.

—¿Cómo te atreves a hablar así de mi amiga? —le pregunté.

—Nunca te pregunta nada sobre tu vida, y nunca me ha preguntado nada sobre la mía —respondió—, eso es grosero, y hace que no quiera pasar más tiempo con ella.

Le contesté de forma madura con algo como:

—Bueno, entonces no lo hagas

Pero más tarde, después de darles vueltas a sus palabras en mi cabeza, me puse a pensar que tenía razón. ¿Cuándo fue la última vez que hablamos de otra cosa que no fuera ella? Después de eso, poco a poco, pero de manera segura, comencé a alejarme. Descubrí que en el fondo me sentía aliviada.

Una extraña mujer que sí logró confrontar el final de una de sus amistades fue Radhika Sanghani. Su experiencia, tristemente, resalta en mi investigación porque fue de las únicas que se pudo disculpar con su antigua amiga y tener una conversación de «cierre». De ese modo, ella no solo supo qué estaba pasando, sino también por qué.

«Traté de alejarme de ella», cuenta, «pero me envió un correo electrónico que decía: "¿Podemos hablar al respecto?". Así que le contesté: "Lo siento mucho, solo creo que ya no tenemos mucho en común. Y a veces, cuando te veo, me resulta difícil por esta razón". Se sintió horrible y ella estaba herida en realidad. Solo me pude despedir agregando: "Lo siento mucho. En verdad te deseo todo lo mejor. Simplemente creo que esta amistad no es buena para mí". Se sintió como una ruptura amorosa, y a nadie le gusta romper con nadie, es doloroso. Suena dramático, y creo que mi madre, que es de otra generación, pensaría que fue algo muy extraño», agrega. «Pero eso significa que mis relaciones con las amigas que tengo son de muy buena calidad».

En su libro *You're the Only One I Can Tell*, la lingüista Deborah Tannen resume los dos lados de ese «por qué» que surge cuando teminan una amistad: «La mayoría de las mujeres que entrevisté y me dijeron que una amiga las había dejado, casi siempre afirmaban que no sabían por qué. Pero, curiosamente, las mujeres que habían decidido tomar esta decisión siempre pudieron decirme el porqué», escribe. Eso me llamó mucho la atención. ¿Siempre es así de claro? ¿Podría haber amistades en mi pasado en las que yo me hubiera quedado con la idea de que nos habíamos separado, pero que la otra mujer considerara que yo la había dejado? ¿O viceversa?

Sarah y yo nos hicimos amigas en la prepa. A las dos nos gustaba la música indie, Malibú y el jugo de piña, y usábamos ese tipo de jeans anchos que absorbían los charcos. Durante la universidad nos enviábamos correos electrónicos y nos veíamos en las vacaciones, casi siempre para comer una Pizza Express y bollitos, un menú extravagante para un presupuesto estudiantil. Cuando se mudó al extranjero para trabajar a los 20 años, nunca perdimos contacto, y cuando su vida romántica se complicó, recuerdo haberle enviado mensajes de apoyo, con la esperanza de que todo saliera bien. Entonces ¿qué pasó? Pensé que lo sabía, pero una búsqueda en mi bandeja de entrada hizo que cambiara toda la versión de mi historia.

Sus problemas de corazón se solucionaron y Sarah regresó a Londres con su novio y se comprometieron. Hubo una despedida de soltera, en la que relucieron unos popotes con forma de pene, una búsqueda del tesoro, y mucha paciencia y entusiasmo, pues era la primera despedida a la que asistía, y todavía no era la anciana hastiada que soy ahora. La boda iba a ser en el extranjero, y yo dije, entre «mmmms» y «aaaahs» que sí iría. Ahora que lo pienso, debí haber rechazado cortésmente desde el principio, pues no podía pagarlo y además no conocía a nadie más ahí, algo que en ese momento me resultaba muy desalentador. Pero no lo hice. Me parecía que era muy joven para casarse, en otro país y con otro hombre al que apenas conocía. Sentía como si estuviera abandonando nuestra amistad ahora que ya tenía a su chico, lo cual no era cierto en absoluto. Pero no quería que las cosas cambiaran, ni tampoco admitir que ya lo habían hecho. Al final no fui y, para mi vergüenza, tampoco recuerdo haberle enviado un regalo, aunque espero que solo sea mi mala memoria jugando en mi contra. Estoy convencida de que al menos le mandé una tarjeta. Seguro que sí.

Según mis recuerdos, aquí es donde terminaba nuestra historia. Ella se molestó conmigo y yo me sentí mal porque nunca aclaramos las cosas. Pero cuando revisé mis correos electrónicos (saludos a las que siguen usando el mismo Hotmail desde 2001), me di cuenta de que ese no había sido el caso. Después de eso, invité a Sarah a varios eventos, incluyendo mi cumpleaños número treinta. Ella y su esposo no vinieron, pero en su último correo escribió: «Sería increíble que nos pusiéramos al día en algún momento, avísame si quieres». Por lo que pude ver, nunca le respondí. Entonces, ¿solo tomamos distintos rumbos? ¿O terminé esta amistad con mi silencio? ¿Así es como ella lo había visto? La verdad, espero, es que haya sido un poco de esto y de aquello, rematado con una cantidad importante de inmadurez.

«Nunca se trata de una sola cosa», dice Liz Pryor, lo cual me tranquiliza. «Lo que le molesta a una persona es la acumulación de comportamientos: bebes demasiado, siempre llegas tarde... Todas esas cosas de las que no hablamos porque somos muy "amables", ¿cierto? Quiero decir, nos vamos encima de nuestros esposos o novios en un segundo por cualquier mal comportamiento, pero con nuestras amigas somos mucho más "generosas". Creemos que somos compasivas y comprensivas, pero no es cierto, porque después de varios años y de toda esa acumulación... cualquier gotita derrama el vaso».

Nunca les diría a mis amigas las cosas que le digo a mi esposo (aunque nunca me ha tocado que alguna de ellas pase de largo por el lavavajillas vacío y deje sus platos sucios al lado). No es que nunca me haya sentido molesta con alguna amiga, sino que no necesariamente podría verbalizarlo. Pero si queremos tratar a nuestras amistades femeninas con el mismo cuidado y respeto que a nuestras relaciones románticas, ¿no les debemos estas conversaciones? Necesitamos estas charlas incómodas, como debí haberlo hecho con Sarah.

«Es muestra de debilidad y de poca valentía tener una experiencia que te lastima, con una amiga cercana, y no hablar del asunto», agrega Liz. «Eso no es ser amable, es ser estúpido. Porque con el tiempo eso ocasionará que termine la amistad».

Roma, de 53 años, sí logró hablarlo. Estaba harta de que una amiga suya siempre llegara tarde cada vez que se reunían, y no solo cinco minutos, sino a veces una hora o más. Comenzó a sentir, explica, que eso era como una falta de respeto hacia su amistad. Estuvo a punto de tomar la decisión de desaparecer, pero al final se obligó a confrontar a su amiga y le confesó lo enojada que se sentía. Su amiga comenzó a llorar y le explicó que era un síntoma de otros problemas que había estado evitando y que no tenían nada que ver con ella. Esta plática terminó acercándolas, porque lograron hablar de los conflictos de su amiga. Años más tarde, Roma se siente aliviada de no haber alejado una amistad importante por miedo a tener una conversación difícil.

Aisling O'Leary fue un paso más allá. Ella y una de sus compañeras más antiguas fueron a terapia de amistad después de que terminaron viviendo en la misma ciudad por primera vez en años, estaban batallando porque no sabían cómo reintegrar su relación, ahora física, en sus nuevas vidas.

«Nuestra amistad estaba en un momento muy extraño», me dice. «La comunicación no era muy buena y yo necesitaba tomar un rol más activo. La estaba dejando ir».

Tiene sentido lo que dice. Si tu relación romántica de hace mucho tiempo comenzara a desmoronarse, intentarías resolverlo, suponiendo que valiera la pena salvarla. Seguro, si pudieras pagarlo, irías a terapia de pareja. Entonces, ¿por qué no hacer lo mismo con una amistad femenina de hace mucho tiempo? Después de todo, es igual de íntima e importante en el plano emocional, y en ambas surgen problemas parecidos: codependencia, comunicación y compromiso.

Aunque es cierto que si buscas «terapia de amistad» en Google no salen muchas opciones. Te presento solo otro ejemplo más de lo lejos que estamos de considerarlo como algo importante. Aisling me cuenta sobre dos mujeres con las que habló sobre el tema. Ellas habían estado batallando con su amistad y decidieron ir a terapia. Pero el primer analista que vieron decidió cuestionar su sexualidad y trató de convencerlas de que estaban enamoradas en secreto.

Según Aisling, la terapia fue increíblemente desafiante, tanto, que su amiga nunca le ha contado a nadie al respecto.

«Es muy incómodo y te confronta», dice, «pero nos ayudó a ventilar algunas cosas que de otra manera no se habrían dicho. En una amistad se pueden dejar pasar muchas cosas con tal de no hablarlas, pero en ese espacio no tienes dónde esconderte. Lo cual puede ser bastante liberador, pero también aterrador, pues sabes que no hay vuelta atrás».

◆ ◆ ◆

¿Esta podría ser la era de cortar con una amiga? Lo pregunto no solo por el tsunami de lágrimas que me arrasó cuando hable con distintas mujeres sobre este tema, sino también por lo que hemos vivido de forma colectiva. Así como en la pandemia hubo un número récord de parejas que solicitaron el divorcio, también saltaron a la vista las fisuras con amistades y personas con las que creías que compartías valores. Seamos honestas, ¿cuántas de nosotras, en los últimos años, no hemos suspirado profundamente después de ver algo que alguna amiga publicó en sus redes?

Una encuesta realizada en abril de 2020 por la agencia de marketing estadounidense Digital Third Coast[27] encontró que 24% de las personas habían discutido con alguien en las redes sociales por la Covid-19, y que 20% había eliminado a algún amigo por un desacuerdo.

Sin embargo, las cosas no siempre son tan fáciles como hacer un clic en «dejar de seguir». Según académicos de la Universidad de Colorado en Denver, terminar una relación con alguien en Facebook puede traer consecuencias en el mundo real.[28] Descubrieron que 40% de las personas evitaría en la vida real a cualquiera que los hubiera eliminado de sus redes, y se encontró que las mujeres eran menos tolerantes que los hombres al respecto.

Cuando Sophie Mumford, de 41 años, decidió salirse de un grupo de WhatsApp, el impacto que esto tuvo en su vida real fue inmediato y francamente increíble. Fue en el pico de la pandemia, cuando estaba batallando con tres niños pequeños y una madre con demencia. No sé ustedes, pero a mí me puede parecer abrumador un gran volumen de mensajes y ni siquiera tengo tanto en mi plato.

Sophie decidió dejar algunos grupos al mismo tiempo, uno de los cuales contenía a madres de la escuela, a quienes conocía desde hacía años y, según ella, eran buenas amigas. Les escribió un mensaje: «Todas ustedes son fabulosas, pero me siento un poco abrumada y no logro seguirle el ritmo a WhatsApp en este momento». Presionó enviar y luego salió del grupo, como lo había hecho con los otros, pensando que sus amigas la apoyarían. La mayoría sí lo hizo.

«Fue el único grupo que se lo tomó como algo personal», cuenta. Y eso es un eufemismo, pues sin ni siquiera preguntarle nada, después de eso la mayoría de las amigas madres de Shophie dejaron de seguirla en redes sociales y evitaron hablar con ella en persona.

«Me pareció increíblemente extraño», dice ella. «Nuestros hijos estaban en la misma clase. Teníamos vacaciones juntas planeadas. Cuando te eliminan así de sus vidas, no sabes por qué ni tampoco cómo seguir adelante».

Al final decidió no hacer nada y aceptó que había perdido a sus amigas. «Creo que es más incómodo confrontar las cosas y tenía la esperanza de que ellas se acercaran a mí. Una de ellas lo hizo y me dijo: "Siento haber reaccionado así, pero cuando dejaste el grupo sentí como que ya no querías ser mi amiga". Esperaba la misma respuesta de las demás, pero simplemente no sucedió».

Entonces, ¿qué puedes hacer cuando dejan de hablarte y te quedas en el limbo? Con el golpe de realidad no es suficiente. Liz Pryor sugiere escribir una carta, aunque nunca la envíes, exponiendo todo lo que dirías a tu examiga si tuvieras la oportunidad. Y digo «examiga» de forma deliberada, porque el punto aquí es la aceptación. No puedes ganarte a alguien de regreso cuando esta persona ha optado por alejarse.

«Escribe una carta, habla sobre tu amistad y sé sincera», aconseja Liz. «Dile: "No sé qué es lo que pasó, evidentemente ya no somos amigas, y es importante para mí ponerle palabras y decir que esto se acabó". Llámala y dile: "Tengo las pelotas para decírtelo. Ya no somos amigas". Eso te hará sentir empoderada, porque no puedes controlar mucho, solo puedes controlarte a ti».

Puede sonar como un cliché, pero me gusta la idea de escribir una carta —o también puede ser un correo electrónico—, ya que te permite tener la última palabra. Eso también podría incluir eliminar a tu vieja amiga de las redes sociales o tener una conversación imaginaria con ella en voz alta en la ducha y decirle todo lo que necesitas sacar. Luego pinta tu raya.

La clave es no dejarte caer en viejos patrones, como casi lo hice con mi amiga del huevo; o con Ana, a quien contacté en línea después de que publicara que su padre había muerto. Habiendo pasado tanto tiempo en su casa cuando era adolescente, le envié un breve mensaje de condolencias; ella nunca respondió. Tal vez sintió que me estaba entrometiendo en su duelo. Tal vez nunca debí esperar una respuesta. Me ayudó a finalmente aceptar que, después de veinte años de haber terminado nuestra relación, en definitiva no me consideraba parte de su vida. Me enseñó que su opinión sobre mí —de hecho, la opinión de cualquiera que no me conozca ahora— no es importante. Tampoco es un hecho. Es solamente la perspectiva de una persona, y tal vez sea errónea.

La última, y quizás la forma más importante de lidiar con el dolor de que una amiga te haya dejado, es hablar sobre el tema. Si se tratara de una separación romántica dolorosa, les contarías a tus personas cercanas cómo te está haciendo sentir el asunto. Esto no es diferente. Cualquier relación íntima en tu vida que llegue a su fin merece que la reconozcas y que pases por un duelo. Pero esto solo será posible si logras sacarla de la oscuridad. La vergüenza no logra sobrevivir cuando la expones a la luz, así que no dejes que la tuya se quede en la sombra. Habla de ello, normalízalo, confía en tus otras amigas para que te apoyen, y no pienses que estás siendo egoísta. Porque si algo he aprendido es que a todas nos ha dejado una amiga en el pasado. Y es momento de que empecemos a conversar sobre esto entre nosotras.

AMIGAS DIVERTIDAS

Mito: Las mujeres no hacen bromas

Según Robert Provine, antiguo psicólogo de la Universidad de Maryland, donde más nos reímos en la vida es en los contextos sociales, con nuestros amigos. En su libro *Laughter: A Scientific Investigation,* descubrió que somos treinta veces más propensos a reírnos sobre algo cuando estamos acompañados. La clave, concluyó, no es el chiste ni la conversación en sí, sino la presencia de otra persona: la risa es la forma en la que nos comunicamos y le demostramos a alguien que nos cae bien o que lo «entendemos». Es el pegamento que ayuda a unirnos, y en ninguna parte esto es más cierto que en la amistad femenina.

Es un mito sin ninguna gracia que las mujeres tienen que estar ahogadas en prosecco o chardonnay para reírse como es debido. Es un estereotipo muy deprimente la idea de que la única forma en que podemos tener cierto tipo de «bromas» parecidas a las que estamos acostumbradas a ver en las amistades masculinas sea en las despedidas de soltera, ruidosas y borrachas.

«Es esa creencia generalizada de que "la hora del vino" es la única forma en la que las mujeres podemos vincularnos, a través de una botella», dice Emilie McMeekan de *The Midult.*

«De hecho, las noches más divertidas de mi vida he estado sobria y junto a una mesa de cocina».

Si bien el humor en las amistades masculinas puede ser un poco más obvio, eso no quiere decir que sea menos potente y divertido entre las mujeres. Con nuestras amistades tenemos bromas asombrosas, brillantes y que nos hacen mojar las pantaletas, aunque no estoy segura de que esto último sea algo bueno. Nos reímos más de lo que lloramos, nos quejamos, criticamos y gimoteamos. Simplemente no se habla al respecto de la misma manera que «con los chicos».

¿Quieres pruebas? Un importante estudio dirigido por la Universidad de California (UCLA) en 2016, que analizó la risa en 24 sociedades diferentes de todo el mundo, descubrió que en los grupos de amigas se ríen más que en los de hombres o en los mixtos.[29]

«Siempre tenemos la idea de que el sentido del humor es un atributo masculino y que las mujeres casi no lo tienen», dice la antropóloga evolutiva y doctora Anna Machin. «Pero lo mejor de una amistad femenina es que puedes pasar de tener estas conversaciones íntimas en verdad intensas a simplemente decir tonterías. Las mujeres tienen conversaciones divertidas todo el tiempo».

Es por eso que muchas de las mujeres que entrevisté utilizaron el verbo «reír» cuando me hablaban de sus amistades femeninas:

«Todavía nos reímos de eso ahora».

«Nos reímos a carcajadas».

«Pasamos gran parte del día riendo».

«Me hacen reír hasta que me duele».

«Me ayudan a reírme de mí misma y de las demás».

Entonces, ¿qué obtenemos de todas estas risas? Uno de los grandes beneficios es la cercanía.

«Para lograr forjar una conexión con otra mujer, el humor es una de las cosas más importante para mí. Eso supera todo lo demás», dice Sameeha, de 27 años. «Entender las bromas de otra persona es la cosa más mágica que te puede suceder. El humor implica un montón de cosas no dichas. Es como otro idioma. Para mí, es por mucho una de las cosas que más me conectan con una amistad».

Esa sensación de que estás en el mismo canal con una amiga, de que ven las mismas series de comedia y se ríen de las mismas cosas, puede contribuir de forma importante a fortalecer el vínculo. Para mí significa que pienso en ellas cada vez que veo algo que sé que a ambas podría parecernos divertido, con lo cual la relación se llena de inmediato de cosas positivas. Y puede ser triste cuando ocurre lo contrario. Recuerdo haber conocido a una mujer que, en papel, era la perfecta amiga para mí, alguien a quien tenía muchas ganas de conocer mejor y que estaba segura de que estaríamos en sintonía. Pero después de reunirnos un par veces para beber y cenar comencé a sentirme diferente. No nos reíamos mucho y siempre que yo hacía una broma para aligerar la conversación, ella se ponía seria. Simplemente no entendíamos el sentido del humor de la otra, y eso, para mí, significó que nunca podríamos relajarnos del todo ni abrirnos juntas.

No tiene nada de malo. Nuestro sentido del humor no tiene por qué atraer a todo el mundo; no tienes por qué justificarte por lo que haces ni por lo que encuentras divertido. Simplemente, cuando encuentras a alguien que comparte tu gusto experimentas un sentimiento poderoso y no tienes que contenerte.

Lo que sí importa es cómo nos reímos. Según un estudio global de UCLA, las mujeres se ríen de manera diferente con sus amigas que con las personas extrañas. Cuando estamos con una mujer que no conocemos muy bien, es probable que nuestra risa imite la de ella. Cuando estamos con una amiga, nuestra risa tiene mayores variaciones en el tono y el volumen, es espontánea, genuina y llena de emoción. Básicamente, nos dejamos ir. No puedo pensar en nada más lleno de vida. El tipo de risa en la que solo tienes que decir una palabra para traer de vuelta un recuerdo tan potente que te hace soltar una carcajada. Con solo decirle la frase «perras sucias» a Agatha basta para que ambas lloremos de la risa y recordemos un espantoso campamento en Shropshire, propiedad de una pareja que no habría estado fuera de lugar en una serie de comedia de Julia Davis, quienes en nuestra última mañana ahí nos gritaron esas palabras por no salir de la regadera lo suficientemente rápido.

Es todavía mejor si nadie más entiende la broma. Izzy me envió un mensaje hace unos meses que decía: «Resulta que es muy difícil explicar al Sr. Crutón». Una broma entre nosotras que tenemos desde la adolescencia, cuando una vez se me cayó un crutón de un plato de sopa.

—¡Ups! Se te olvidó el crutón —dijo Izzy.

—¿Quién es el Sr. Crutón? —le contesté, genuinamente confundida.

¿Lo ves? No es divertido para nadie que no estuvo ahí, pero para nosotras es uno de los momentos más chistosos de los últimos treinta años.

La otra cosa que las mujeres a las que entrevisté morían por contarme —y algo que piensan es absolutamente clave dentro de sus amistades femeninas— son las bromas.

«Las bromas son mi lenguaje de amor», como dice una de mis amigas. ¿Y no tiene razón? Por mucho que me gustaría que comenzáramos a marcar los hitos de la amistad, que perdiéramos el miedo a decirnos «te amo» y que no nos dejáramos de forma tan brutal, en ocasiones pienso que el lado serio de las amistades femeninas puede llegar a eclipsar la alegría tan pura de bromear una con otra. Siempre muero de risa cuando recuerdo a mi amiga Cecilia, una mujer muy sofisticada y exitosa, cuando iba rumbo a su propia boda en un auto clásico, y a mitad del camino recordó que se le había olvidado lavarse los dientes. Un precioso vestido color marfil, la cara perfectamente maquillada, el pelo en su lugar y el aliento a ajo de la noche anterior. Nunca dejaremos que se le olvide esto.

«Hay muchas risas en las amistades femeninas. Esta idea de que siempre estamos lloriqueando, haciendo manualidades y hablando de nuestras hormonas, bueno, hay un poco de eso, pero no es más que 10% de lo que hacemos las mujeres cuando nos juntamos», dice Jane Garvey. Su amistad con su compañera de pódcast, Fi Glover, se basa, agrega, en el antagonismo. «Ella me hace bromas y yo a ella, pero también nos apoyamos mutuamente. Ese lado irónico de las amistades femeninas es algo muy común, pero no se habla de ello de la misma manera en que siempre se hace hincapié en las fastidiosas "tomaduras de pelo" de las amistades masculinas».

Como lo dice la doctora Anna Machin: «Sabes que en realidad puedes confiar en una persona si puedes molestarla un poco y todavía te ama. Esa es una señal de cercanía real».

«Nuestro lenguaje de amor es tomarnos el pelo la una a la otra», concuerda la parlamentaria Jess Phillips. «Si alguna de las dos alguna vez cometió cualquier infracción, incluso menor, en los últimos treinta años, eso saldrá a la conversación cada vez que estemos juntas. Una de mis amigas, que es un poco más creída que el resto de nosotras, una vez se equivocó al pronunciar algo, y desde entonces, no hay tarjeta de cumpleaños o día en el que estemos juntas sin que la molestemos por eso. No se nos pasa ni una».

La verdad es que somos expertas en burlarnos de nuestras propias vidas y de los problemas que surgen en ellas, desde lo más diminuto e insignificante hasta lo más trágico. Es por eso que algunas de las mejores conversaciones en las fiestas caseras suelen ser en la cocina con otras mujeres. Es por eso que algunos de los mejores libros escritos por mujeres son aquellos que logran captar lo absurdo de nuestra existencia cotidiana.

«Las mujeres son brillantes para captar lo absurdo del día a día y el humor en lo cotidiano; encontrar los matices en la crisis es muy divertido», dice Emilie McMeekan. «Si esto no fuera tan gracioso, creo que nos tiraríamos de un precipicio. Y nadie te hace reír tanto [al respecto] como tus amigas».

La capacidad de levantar una ceja en nuestros momentos más difíciles es una de las cosas que más nos unen. Como dice Dolly Parton en la película de 1989 sobre la amistad femenina *Magnolias de acero:* «La risa que surge a través de las lágrimas es mi emoción favorita». Las mujeres somos realmente buenas para absorber los golpes de la vida de esa manera y convertir lo oscuro en divertido; usamos el humor negro para sobrellevar todo, desde el divorcio hasta la muerte, por no mencionar nuestras funciones corporales. Gran parte de ser mujer es tener que lidiar con esto, sería poco natural de nuestra parte no convertirlo en una fuente de humor. Tengo endometriosis, algo que suele ser doloroso y agotador. Eso quiere decir que durante una parte de cada mes experimento niveles altos de dolor. La falta de conocimiento al respecto es aterradora: una de cada diez mujeres sufre de esto; pero aun así, por lo general suelen tardar un promedio de siete años en obtener un diagnóstico, después de que médicos incrédulos menosprecian nuestro dolor cuando realizan raspados internos. Realmente no tiene ninguna gracia, pero eso no significa que deje de bromear con mis amigas sobre el hecho de tener en mis adentros una fría cámara con forma de consolador y cubierta con un condón (creo que ese es su término técnico). Tenemos que reírnos de estas cosas con otras mujeres, de lo contrario todo sería demasiado horrible. Como dice Emma Barnett, quien también padece endometriosis: «Si alguna vez le has ayudado a alguien a ponerse un tampón —o a sacar uno cuando está atorado—, entonces sabes burlarte del tema».

Siempre recordaré a Cecilia cuando me contó cómo dio a luz a su hija, me describió cómo un minuto estaba en cuclillas como un animal en el bosque, gritando a todo pulmón —fue algo primitivo—, y unos minutos más tarde estaba sentada en su cama del hospital comiendo pan blanco con mermelada de un plato de porcelana, acompañado de una taza de té. Algo tan surrealista y que te cambia la vida, que se vuelve gracioso.

La lingüista Deborah Tannen recuerda una historia sobre cómo su grupo de amigas pasó una tarde entera analizando la forma en que cada una de ellas dobla el papel higiénico antes de limpiarse. Se volvió una plática tan profunda que la anfitriona fue a buscar un rollo para que cada una pudiera demostrar su técnica. «Recuerdo esa noche porque fue muy divertida e íntima», explica Deborah. «Su efecto fue un elemento precioso de la amistad: recordarnos a cada una sobre nuestra propia humanidad compartida».

Apuesto a que has tenido una charla así de ridícula esta con tus amigas. Claro que yo las he tenido, desde si es normal incluir las pompas cuando te depilas el área del bikini hasta si está bien que tu esposo llame «poppers de nalgas» a los pesarios vaginales. Nuestro juego favorito (de Agatha y mío) ha sido, durante mucho tiempo, «Penes que te llevarías a una isla desierta» (idea patentada en 2004). Realmente no creo que sean necesarias más explicaciones sobre el concepto, y estoy segura de que cualquiera que sintonice con frecuencia Radio 4 ya sabe cuáles ocho hombres —y sus respectivas partes— elegiría para el *casting*. Es el tipo de conversaciones que todas tenemos, pero que si de repente piensas en que alguien más pudiera escucharlas, iría en búsqueda de un par de camisas de fuerza.

La risa es algo que sí suelen captar el cine y la televisión sobre la amistad femenina. *Broad City, Parks and Recreation, The Bold Type, Booksmart* al menos muestran a las mujeres divirtiéndose entre sí, y este humor extraño que forma parte importante de nuestras vidas. Sin embargo, creo que una de las escenas más entrañables es el intento de Bridget Jones de prepararle la cena a sus amigos el día de su cumpleaños. Su departamento en Borough Market, supuestamente pagado con el sueldo de una asistente de una publicación podría ser un poco inverosímil, pero su festín de sopa azul, omelette y mermelada, y la reacción de sus amigos es simplemente increíble. Después de una incómoda pausa, todos comienzan a reírse y a ella no le queda otra más que unirse. Se equivocó de una forma que conocen, entienden y aman, por lo que se sienten por completo cómodos bromeando con ella.

Ese tipo de risa genuina es realmente buena para nosotros, ya que libera endorfinas, las hormonas de la felicidad. Y también puede ayudarnos a ser más abiertos. Según un estudio realizado en 2015 por el profesor Alan Gray de la Universidad de Londres, reírse con otra persona hace que sea más probable que compartas secretos con ella.[30] Esto podría ser, concluyó, porque las endorfinas nos ayudan a combatir los pensamientos negativos y nos hacen más extrovertidos. A pesar de que comprobó su teoría haciendo que sus sujetos de estudio vieran videos de Michael McIntyre, tiene perfecto sentido. La risa es una actividad que nos ayuda a generar lazos; si quieres que alguien te suelte la sopa, solo hazlo reír.

La autora Nell Frizzell puede identificarse con esto. Si cuando conoce a otra mujer, ve un atisbo de un sentido del humor compartido, de inmediato quiere comprometerse con esa persona como amiga. «Si alguien tiene el mismo sentido del humor que yo, me da la sensación de que puedo decirle cualquier cosa y que seremos increíblemente cercanas para siempre», dice. «Todos mis límites desaparecen. Aunque es obvio que eso no es cierto, no nos convertimos en mejores amigas solo porque nos reímos de lo mismo».

Yo soy tan culpable como ella. También hay mujeres a las que sigo en redes sociales a las que encuentro tan divertidas y que pienso que sus bromas son «tan mi estilo» que prácticamente las considero mis amigas. A veces respondo a sus historias, y al instante me arrepiento de mi exceso de familiaridad cuando lo hago. Lo más abrumador suele ser en los eventos de mujeres. Todas están ahí en una misma habitación juntas, compartiendo momentos de vulnerabilidad, dificultades y fracasos, y algunas risas. Después de estas charlas me siento como si las conociera desde hace años, razón por la cual termino haciendo cosas como llamar «amiga» a Dame Helena Morrissey.

Cuando se trata de esto, lo más importante es encontrar equilibrio en la vulnerabilidad: quieres compartir una intimidad emocional intensa con tus amigas, pero también quieres que se te salgan lágrimas de risa con ellas.

Daisy Buchanan dice que es más consciente que nunca de intentar lograr ese equilibrio en su vida. «Cuando hablamos de ser una buena amiga, solemos referirnos a "estar ahí siempre en los momentos malos", y claro que he tenido amigas que han sido muy buenas conmigo durante los tiempos oscuros y nunca lo olvidaré», dice. «Pero también quiero que mis amigas sean divertidas, alegres y agradables. Ir a terapia me ayudó a cambiar mis prioridades en estas relaciones y me hizo entender que también las quiero para los momentos buenos y para celebrar».

La verdad es que de forma sutil y sin una gota de prosecco, nuestras amistades con otras mujeres ya están llenas de risas. Esto suele suceder con una taza de té o café, paseando por el parque, a través de una videollamada, en la sobremesa o en el coche de camino a una boda, no tanto en el baño de mujeres.

La risa es un tónico, y son tus amigas las que te pueden ayudar a levantarte cuando te sientes ansiosa, deprimida o cuando parece que no quisieras hablar con nadie. Su humor —ya sea gentil o con bromas pesadas— es el pegamento que nos mantiene unidas y nos ayuda a experimentar este tipo de momentos que marcan la historia y permanecen con nosotras y nos brindan diversión a lo largo de los años.

Jilly Cooper, una mujer que me ha hecho reír mucho, dijo algo que se me quedó muy grabado desde entonces. Cuando le pregunté cuál consideraba que era el rasgo más importante de sus amigas, me dijo que sus personas favoritas eran las que «siempre la hacen reír». Y cuando le pregunté a Jilly si pensaba que ella era una buena amiga, respondió simplemente: «Espero que se rían conmigo».

Después de todo, quizá ser divertida sea la clave de todo.

AMIGAS QUE SON FAMILIA

Mito: No puedes ser amiga de tus parientes (en especial de tus molestas hermanas pequeñas)

Ah, las hermanas. ¿Quién dijo que no podían ser tus mejores amigas? Bueno, tal vez no en septiembre de 1997, cuando tenía 13 años y escribí lo siguiente en mi diario, furiosa, con marcador naranja (sabes que es serio cuando alguien usa la punta para resaltar su idea).

«R y F hacen de mi vida un infierno. Se burlan y ríen de mí y mataron a mi Tamagotchi».

Ah, y un par de semanas después de eso: «Mis hermanas (mocosas consentidas) se atrevieron a abrirte y sentarse a leerte, mi precioso diario. Nunca podré volver a confiar en ellas».

Recuerdo la sensación de traición corriendo por mis venas, y que, después de eso, decidí empujar mi diario todavía más debajo de mi colchón.

En estos días, la fotografía de nuestro grupo de WhatsApp «Hermanas» muestra a las tres en el jardín bajo una sombrilla rosa y blanca. Todas llevábamos puestos vestidos de fiesta con mangas infladas de la década de 1980 y collares de Peter Pan. Nuestro cabello castaño colgaba en coletas debajo de nuestros flequillos, cortados por nuestra madre con las tijeras de uñas, con amor, pero sin mucha técnica, que llegaban hasta nuestras orejas como el típico corte de taza.

Nos veíamos tan dulces y felices. Pero en ese entonces nunca hubiera pensado que llegaría a ser amiga de mis hermanas gemelas, Felicity y Rosanna, tres años y medio más jóvenes que yo, y diez veces más molestas.

Me molestaba que sus nombres sonaran como hadas de las flores, románticos y misteriosos, como si fueran parte de un poema de Christina Rossetti, mientras que el mío sonaba como el de alguien que sostiene un portapapeles. (En realidad, todavía sigo sintiendo lo mismo). Después de mamá y papá, eran las personas a las que más amaba en el mundo, pero también las personas a las que quería pellizcar de los antebrazos con tanta fuerza hasta hacerlas llorar. Eran las dos personitas por las que habría hecho cualquier cosa, pero a las que quería enviar al orfanato si se atrevían a respirar cerca de mis Sylvanian Families. Nunca había un momento privado, siempre una de ellas trataba de entrar al baño mientras estaba sentada ahí plácidamente leyendo un libro, con una marca en forma de asiento de baño formándose en mi trasero. Siempre había una hermana intentando ver a través del ojo de la cerradura hacia mi cuarto, o interponiéndose en mi camino cuando nuestro hermano mucho mayor, Tim, venía de visita, a veces con regalos de sus vacaciones de adulto en lugares que ni siquiera estaban en Inglaterra, y siempre con historias que contar sobre las bandas que iba a ver, o sobre su última novia.

Entonces, ¿cómo fue que cambió nuestra relación? Y lo que es más importante, ¿en realidad puedes volverte «amiga» de gente de tu familia? El antropólogo Robin Dunbar explica que todo se reduce a algo llamado «prima de parentesco», según la cual, en esencia, la sangre es más espesa que el agua. No puedes deshacerte de tus parientas tan fácilmente como lo harías con una amistad, lo que significa que nos aferramos los unos a los otros a lo largo de la vida como percebes biológicos. Aun mejor, puedes ignorar a tu familia y lo más probable es que les sigas cayendo bien.

«Las relaciones de parentesco son un poco extrañas. Pueden convertirse (y sucede con frecuencia) en verdaderas amistades, todo depende de las personas involucradas. Pero es muy evidente que esta ventaja del parentesco hace que los miembros de la familia te resulten más confiables y signifiquen menos esfuerzo que los amigos convencionales», dice. «Esto hace que la familia, en general, esté más dispuesta a soportar tus debilidades y a seguir siendo la caballería que te ayuda a cabalgar por la colina. Eso aplica para todo el rango de tu red social: la familia cercana es mejor y más confiable que los amigos cercanos, y la familia lejana es más confiable y mejor que los amigos lejanos».

Pero eso no significa que estemos destinados a convertirnos en amigos de nuestra familia inmediata. Sobre todo en nuestros primeros años es probable que los usemos como prueba y error para nuestras amistades en lugar de verlos como algo real.

Las relaciones con nuestros hermanos, si es que los tenemos, son nuestros primeros intentos de hacer amigos, antes de que empecemos a ir a la escuela. Ellos marcan el tono para nuestras futuras relaciones. Mi modelo a seguir era, y sigue siendo, el de la clásica hermana mayor, la que sentía que tenía que ser la primera en todo, solo por haber nacido antes. Debía dar el buen ejemplo, como siempre insistían mis padres: tenía que sacar las mejores calificaciones, asistir a una buena universidad. Fui la pionera que peleó todas las batallas para que mis hermanas pudieran tener un camino un poco más fácil durante la pubertad. Si tienes hermanos, sin importar la posición de nacimiento en la que te encuentres, es probable que hayas escuchado al primogénito contar esa triste (pero verdadera) historia.

Los gemelos generan una dinámica muy diferente cuando eres su hermano mayor. La sensación de desplazamiento que sientes al no ser más el único objetivo de tus padres te afecta doblemente. Tienes la gran responsabilidad de ser la grande, pero el poder que esto conlleva pasa a segundo plano con facilidad por el hecho de que tus hermanas son un equipo. Compartieron un útero. Tu superioridad se ve opacada por su ventaja numérica. Solo es cuestión de ver *Sister, Sister*, para darse cuenta de que Tia y Tamara son más poderosas juntas que separadas.

Linda Blair, autora del libro *Siblings*, confirma que tu orden de nacimiento sí importa, lo cual significa que no es solo mi resentimiento.

«Es más probable que el primer hermano de la familia desempeñe un papel más cariñoso que los demás, porque quiere recuperar la atención de sus padres, la cual perdieron con la llegada de ese problemático bebé, y aprende bastante rápido que una de las mejores maneras de hacerlo es ayudando», dice. «Los de en medio suelen ser los negociadores. Aprenden a suavizar las aguas, a sobrellevar las cosas y hacer que funcionen. Los pequeños son impacientes y confían en que los demás los cuiden y arreglen sus cosas. Es un concepto un poco amplio, y no significa que se aplique para todos, pero es la imagen más común».

Como todos sabemos, una de las principales compensaciones de ser la mayor, y de que tus hermanas menores echen a perder tu vida perfecta, es elegir primero el rol que quieres en las obras de teatro que preparas para tus padres. Siempre conseguía el papel que quería, tal vez porque también era la directora de *casting*, la guionista y la coreógrafa. ¿Cenicienta? ¿Bella? ¿Dorothy Gale? Yo, yo y yo. Mis hermanas siempre eran las hermanastras, la Bestia, Quasimodo o cualquier papel secundario que yo les exigiera.

Supongo que esta podría ser una de las razones por las que me comparan con Claire, la hermana mayor de Fleabag: controladora, aterrorizada por el fracaso y hermética. Hambrienta de dar un buen ejemplo y desesperada cuando su hermana menor no la sigue. Mi WhatsApp está lleno de hilarantes mensajes que dicen cosas como: «Qué gusto que hayas ganado un Bafta», o *gifs* del desastroso corte de pelo asimétrico que hace que Claire grite «¡Parezco un lápiz!», que me envían cada vez que menciono que voy a ir al salón de belleza.

Es el tipo de cosas que harían mis amigas, pero turbocargadas. Enviadas con la certeza absoluta de que, aunque me molesten, en realidad no importa porque son mis hermanas y nos une algo incondicional. Pero los hermanos pueden generar emociones fuertes de una manera que las amigas no hacen, porque conocen los puntos sensibles y no tienen miedo de usarlos. Así es como llamabas la atención cuando eras niña: generabas una reacción o metías en problemas con tus padres a tu hermana. Es como le ganabas las discusiones o la sometías una que otra vez.

En su libro de 1978 *How to Eat Like a Child, and Other Lessons in Not Being a Grown-up* Delia Ephron escribió un capítulo llamado «Cómo torturar a tu hermana». Siendo una de cuatro, y la mayor de ellas la superestrella Nora (escritora de clásicos como *Heartburn, Sleepless in Seattle* y *When Harry Met Sally),* es muy probable que Delia sepa una que otra cosa sobre el hecho de lo tortuoso que es estar a la sombra de tus hermanas. Me encantan los consejos que da, como guardar tu dona del desayuno y luego comértela con calma frente a ellas unas horas después, decirles que hay un hombre invisible debajo de su cama, sentarte en su habitación mientras hablan por teléfono e imitar sus conversaciones, o convencerlas de que son adoptadas.

Apuesto a que tenías tus propias versiones de esto. Yo le daba de comer a mis hermanas tazas de pasta de dientes mezclada con agua de grifo bajo el argumento de que era bueno para ellas, y me metía sigilosamente en la cama de Felicity en la noche, porque sabía que ella les tenía miedo a los vampiros, y pretendía ser un monstruo parecido a Drácula, pero llamado Dakeela. A veces todavía puedo escuchar sus gritos en mis sueños. Tiempos felices.

Había dos cosas que siempre funcionaban como un tratado de paz. La primera eran nuestros videos de las *Crónicas de Narnia* de la BBC, que grabábamos de la televisión y que estaban borrosos después de tantas veces de verlos. Siempre susurrábamos con la música de apertura. También fantaseábamos con cajas plateadas de delicias turcas. Enloquecimos de furia con nuestro padre, Howard, por haber grabado encima de la segunda mitad de *The Silver Chair* el episodio navideño de *East Enders* de 1994, en el que sale a la luz la aventura de Sharon y Phil. (El mismo hombre que grabó la final de la Copa FA de 1988 sobre la pastorela de mi guardería).

La otra era nuestras vacaciones en Cornualles o «Cornie», como decía papá, donde nos quedábamos en una granja que llegó a sentirse como un segundo hogar. Cada verano emprendíamos un viaje que, según Google Maps, debería haber tomado cuatro horas y cuarenta minutos, pero que la familia Cohen hacía durar alrededor de ocho. Nos amontonábamos en nuestro amado Volvo familiar que, cuando finalmente vendimos años después, fue utilizado para traficar drogas en el barrio de Lambeth y apareció en un episodio de *Crimewatch*.

Para hacer más llevadero el viaje, mis padres ponían nuestro caset favorito: una historia de Enid Blyton sobre un ladrón llamado Slippery One, que aterrorizaba a un pueblo hasta que la policía local lo atrapa, no sin antes agregar una frase inmortal, pronunciada con un profundo acento de Yorkshire: «Slippery One, tus resbaladizos días han terminado». Solíamos decirla en voz alta, chillando de risa, olvidando cualquier disputa entre hermanas y con las vacaciones por delante en la mira.

También nos uníamos por algunas causas. Si mis padres sugerían la idea de vender la casa de nuestra infancia, nos convertimos en un trío de abogadas defensoras: discutíamos con pasión que mudarse era una idea terrible y amenazábamos con organizar una protesta en el jardín si veíamos a algún agente inmobiliario (quizá esa sea la razón por la que todavía viven ahí hasta ahora).

Pero no nos considerábamos amigas. Teníamos nuestras propias amigas en la escuela y, en esa etapa, las hermanas eran algo que no valoraba, que ignoraba, que resentía y a quienes provocaba, así como también las amaba, las apapachaba y las mandaba. Como lo dice la psicóloga Terri Apter: «Sabes cómo molestarlas, cómo insultarlas, cómo controlarlas... Hay una gran cercanía y también una competitividad constante ante casi cualquier cosa».

Crecer con hermanas significa tener un sentido de cultura de la comparación en tu hogar todo el día, todos los días. Como ya vimos anteriormente, a las mujeres y a las niñas se les alienta para que se vean como competencia. A que juzguen los cuerpos de las otras y los propios. A ver a las otras mujeres como unas rivales cuando se trata de hombres, trabajos y amistades. Nos incitan a derrumbarnos las unas a las otras y nos impiden formar lazos plenos como lo haríamos en esos primeros años. Hacen que nos convirtamos en nuestras peores enemigas, así como en las de las demás. Y al igual que con las amistades femeninas, esto también significa que nuestras relaciones con las hermanas van y vienen.

«Sucede más o menos lo mismo que con los carritos chocones, donde te acercas, chocan entre sí y luego se vuelven a separar», dice Linda Blair. «Por supuesto, las hermanas pueden ser las mejores amigas, pero esto casi nunca sucede hasta que son adultas, porque es cuando se diluye el elemento de competencia y tienes una mayor individualidad». Básicamente, a medida que desarrollas tus propios intereses, amigos y carrera, deja de importar tener lo que ella tiene. De pronto ya posees tu propia red y has creado un mundo independiente al de tu familia, lo que puede ayudar a relajar esa sensación de rivalidad entre las hermanas.

Esto me hace cuestionar cómo diablos logran manejarlo algunas hermanas, como Venus y Serena Williams, por ejemplo, que siguieron exactamente la misma carrera y no se han independizado de su familia. Entrevista tras entrevista, ellas afirman ser las mejores amigas y, sin embargo, toda su vida pública se ha basado en la competencia. Venus apareció en el pódcast *Goop* con Gwyneth Paltrow en julio de 2021, y explicó lo siguiente:

«Cuando éramos niñas, mis padres nos insistieron en que las hermanas son siempre tus mejores amigas», afirmó. «Esa era la regla. Y eso fue lo que hicimos, y me gusta, porque ahora estamos todavía más cerca... Siempre hay alguien a quien puedes llamar, siempre hay alguien ahí para ti».

En nuestro caso, no sé qué hubiera pasado si cuando éramos niñas mis padres nos hubieran dicho que teníamos que ser las mejores amigas, si hubiéramos entrado en acción y lo hubiéramos hecho realidad. Tal vez es por eso que ninguna de las hermanas Cohen ha ganado un Gran Slam, a pesar de haber crecido a la sombra de la Cancha Central.

La literatura también está llena de hermanas que compiten, discrepan, se traicionan, se desprecian y, sin embargo, se aman hasta los huesos. Las Bennet en *Orgullo y prejuicio;* Meg, Jo, Amy y Beth March en *Mujercitas;* Pauline, Petrova y Posy Fossil en *Zapatillas de ballet;* las Ingalls en *La pequeña casa en la pradera;* Jessica y Elizabeth en *Las gemelas de Sweet Valley.* Para ser honesta, siempre he encontrado estas relaciones ficticias entre hermanas un poco unidimensionales y predecibles. Siempre hay una sabia y paciente, una problemática, y otra que ni la mantequilla logra derretir. La verdad es que todas somos capaces de ser esas cosas en distintos momentos. Al igual que con las amistades femeninas, el vínculo entre hermanas suele ser dramáticamente simplificado.

Quizá la que logró acercarse un poco más a la realidad es Austen, en particular creo que en la relación entre Elizabeth y Jane Bennet, quienes, como dice la historiadora especializada en amistad, la profesora Barbara Caine: «Tienen que lidiar con su familia y con su madre imposible, pero tienen esta relación cercana que las llena a ambas de fuerza».

Daisy Buchanan, la primera de seis hermanas, señala lo difícil que puede ser forjar esas conexiones individuales cuando eres parte de una dinámica de hermana mayor.

«Algo que me preocupa, debido a que somos una gran pandilla (y creo que esto también sucede en los grupos grandes de amistades) es que realmente es difícil para nosotras tener relaciones por separado», dice. «Es en verdad gratificante cuando logramos acercarnos a personas fuera del contexto de la pandilla, pero me gustaría tener más tiempo para ser capaz de tener relaciones especiales con ellas. Si tuviera que preguntarles si sienten que yo soy una amiga aparte o una más del montón, no sé lo que diría».

Honestamente, tampoco sé lo que contestarían las mías. Aunque a estas alturas, ya que todas rondamos los 30 años, considero a mis hermanas menores tan amigas como cualquiera. Solo que ahora no son tan pequeñas, ya tienen la edad y la inteligencia suficientes para llevar sus propias vidas. Si acuden a mí para pedirme un consejo, por lo regular solo están buscando un gesto de aprobación, confianza más que orientación real. Sí hablamos de nuestras preocupaciones, pero hasta cierto punto. Todavía hay algo en mí que se contiene; siempre seré la hermana mayor que no quiere ser una carga para las dos personas en el mundo para quienes se supone que debo ser un modelo a seguir, incluso si el sombrero ya no me queda bien; lo que nunca dejan de recordarme es mi pequeña cabeza de chícharo.

De cualquier manera, ellas tienen sus propias amistades femeninas cercanas; mujeres que las conocen de una manera que yo no, y a las que recurrirían como confidentes antes de acudir a mí. Yo también. (Razón por la cual se quedaron con la boca abierta en mi despedida de soltera cuando una de mis amigas les contó sobre la vez que salí con un cantante conocido que terminó comiendo con nosotras bisteces de Harrods sentados en el piso de la cocina). Sin embargo, no creo que el tener amistades femeninas cercanas haya causado un impacto en mi relación con mis hermanas; en cierto sentido, hasta ha ayudado.

Me explico.

Teníamos 20 años cuando comenzamos a acercarnos más, tal vez por culpa de aquel episodio. Una tarde de marzo de 2015, mamá fue llevada de urgencia al hospital con septicemia. Nos dijeron más tarde que estuvo a 24 horas de morir, y pasó varias semanas en cuidados intensivos. Todo ese tiempo es algo borroso para mí. La visitaba todas las noches después del trabajo, llegaba tarde a casa después de que las enfermeras me pidieron amablemente que me fuera, y lloraba a mares mientras mi esposo me abrazaba. El cansancio, la preocupación, el miedo. La constante agitación mental. ¿Qué podría llevarle para darle ánimos o consuelo? ¿Mi cara traicionaba mis sentimientos? ¿Cuándo podría volver a casa? ¿Mi papá estaba llevándolo bien? ¿Estaba mejorando mamá? Todo esto fue más llevadero al saber que mis hermanas estaban pasando por lo mismo. Con solo un mensaje de texto que decía «te quiero», y el saber que ellas también estaban mensajeando, llamando, visitando, preocupadas, como yo, me ayudaba a aflojar la válvula de presión. Nos hizo entender que algún día, y tal vez incluso más cercano de lo que creíamos, intercambiaríamos roles con nuestros padres y nos tocaría cuidarlos. Es un momento complicado cuando te das cuenta de esto y tratas de empujarlo a los confines de tu cerebro para que no te aceche.

Dos años después, estaba en el tren rumbo al trabajo después de haber visto el departamento excéntrico de Loughborough Junction durante mi hora de la comida. Después de dos años viviendo juntos, Tim y yo queríamos comprar nuestra primera casa, pero la búsqueda no iba muy bien. Hasta ahora habíamos visto más de cuarenta lugares, en su mayoría horribles, incluyendo uno en el que el agente inmobiliario se las ingenió para encerrarnos sin querer y tuvimos que salir por la ventana. El último al que fuimos no era mejor, los inquilinos se habían negado a dejarnos entrar, y cuando finalmente logramos hacerlo una de las mujeres se negó a dejarnos ver su cuarto porque tenía el tobillo enyesado y estaba desnuda.

Desanimada, iba de regreso a la oficina cuando me llamó mi mamá. Mi hermano Tim, explicó, se estaba yendo, y ella y mi papá iban rumbo a Escocia. Aunque él ya llevaba cierto tiempo con cáncer, creo que la dura realidad no nos había golpeado sino hasta que lo vimos unas semanas antes, en Navidad. Antes de eso, siempre había algo que hacía que nos mantuviéramos positivos, a pesar de las agotadoras visitas al hospital y las rondas de quimioterapia que había soportado: un ensayo médico, una operación exitosa, el modo en que minimizaba lo mal que realmente estaban las cosas.

Ahora parecía que había envejecido antes de tiempo, ese hermano alto y flaco que siempre aparecía en nuestra casa cuando éramos niñas con su chaqueta de cuero y un arete plateado en la oreja como Damon Albarn. Quien me contó que el bajo en el concierto de Prodigy estaba tan fuerte que pensó que el palco en el que estaba parado iba a colapsar. Quien se mudó por una breve temporada con nosotras cuando éramos niñas. Quien se casó con la mujer de sus sueños diez años antes, bajo un árbol antiguo en la ciudad de Iverness, y me había animado a bailar *ceilidhs* toda la noche sobre un pie roto. Quien tuvo dos hijos maravillosos, un niño y una niña. Quien todavía conservaba su grupo de amigos desde la escuela. Quien una vez estuvo en la cima del World Trade Center. Quien estaba obsesionado con *Star Wars*, el Arsenal, su colección de discos antiguos y con comprar autos ridículos, incluyendo una Hummer. Un par de días después de esa llamada telefónica, él se fue. Tenía 48 años.

Puede que este sea un libro sobre la amistad femenina, pero la muerte de mi hermano me enseñó la lección más dura de mi vida respecto a mis hermanas: lo importante que es cimentar nuestras relaciones ahora. Que no basta con imaginar que, algún día, nuestros hermanos serán las únicas personas con las que recordaremos a nuestros padres, y que ese hecho nos acercará. Porque no puedes contar con eso, e imaginar que puedes hacerlo es una tontería. Yo lo hice, y ahora nunca tendré la amistad adulta que imaginé que estaba escrita en el futuro con mi hermano.

En muchos sentidos apenas estamos aceptando su muerte, y no somos una familia que habla mucho. Pero esto fue un parteaguas. Empezamos a necesitarnos unas a otras como hermanas, pero también como iguales, y aprovechamos las lecciones que habíamos aprendido con nuestras amistades femeninas cercanas a lo largo de los años (la sutileza del lenguaje, la empatía, la compasión, el reconocimiento del apoyo), y las aplicamos a nuestra relación entre hermanas. Todavía es un trabajo en progreso, pero ahora significa mucho más para nosotras que nunca.

«La relación que tenemos con nuestros hermanos es realmente importante, más importante, quizá, o al menos igual de importante, que la que tenemos con nuestros padres», dice Linda Blair. «Esas son las relaciones más largas de nuestras vidas. Por lo regular nuestros padres mueren antes que nosotros, y por eso los hermanos son algo esencial. Y la gran ventaja de las relaciones entre hermanos es que no te puedes alejar de ellas con tanta facilidad. Puede que no suene como una ventaja, pero lo es... porque no puedes divorciarte de tus hermanos, tienen que encontrar la manera de arreglárselas».

Por supuesto, es importante reconocer que las familias tienen todo tipo de dinámicas complicadas y temas prohibidos. Para ser honesta, es posible que nunca llegues a ser amiga de tus hermanos, primos o padres. Puede que estén cerca un año y lejos el siguiente. Es posible que tus lazos familiares nunca maduren o no te importen.

El distanciamiento entre hermanas, explica Terri Apter, suele ser el resultado de una larga historia de insultos, rechazos y humillaciones. «Pero uno de los conflictos más frecuentes entre las hermanas tiene que ver con las diferentes historias que se hacen sobre la familia. Ambas pueden recordar que algo sucedió, pero tener una opinión muy diferente al respecto. Y esto puede ocasionar muchas fracturas: "Estás traicionando a mi familia con tus recuerdos"».

«Lo que hace que la mayoría de las relaciones fracasen al final es la cantidad de basura que les arrojas por negligencia, o simplemente sin pensarlo», agrega Robin Dunbar. «Pero, por lo general, como que la familia está más preparada para aguantar más. Se mantienen en su lugar gracias a esta telaraña de relaciones interconectadas. Sin embargo, pueden llegar a un punto en el que se vuelva demasiado difícil y, como las relaciones románticas, se fracture de forma total e irreparable».

◆ ◆ ◆

Muchas de las mujeres a las que entrevisté me dijeron que sus amigas eran su familia. A veces porque no se llevaban bien con sus padres y hermanos, en otras simplemente porque no la sentían cercana y habían buscado personas que pudieran ofrecerles el mismo tipo de sistema de apoyo.

«Hay muchísima gente cuyo grupo de amigas es también su familia», dice la historiadora Barbara Caine, «y creo que las mujeres tienen ahora esa libertad que no habían tenido antes. Son financieramente independientes. Puede que se lleven bastante bien con sus padres y hermanos, pero que sientan que no tienen mucho en común. Y ya no estamos en una situación en la que se espera que sea ahí donde debas pasar tu tiempo y adonde debas dirigir tu energía emocional».

El concepto «familia por elección» se originó en la comunidad LGBTQ+, después de ver a tantas personas rechazadas por sus familias biológicas que buscaban esa conexión en otros lugares. Ofrecían un vínculo basado en la identidad compartida, algo que sigue siendo vital hoy en día. Un estudio de adolescentes en Illinois en 2013[31] demostró que la «familia por elección» seguía siendo el medio más importante para discutir temas relacionados con la sexualidad, siendo las redes de amigos lo más importante para los adolescentes transgénero, con inconformidad de género y de género queer.

Abbie Naish, a quien conocimos en el capítulo «La distancia en la amistad», creció pensando que, como lesbiana, nunca tendría hijos, así que siempre reconoció la importancia de las amistades en su vida. «En ese entonces pensaba: "Voy a necesitar a un montón de personas a mi alrededor, necesito elegir una familia"», cuenta ella. «Esa ha sido una parte importante de mi vida, el cuestionarme: "¿Quién estará ahí para mí cuando sea realmente vieja? ¿Serán mis amigos?"».

En años recientes, sin embargo, el concepto «familia por elección» ha sido adoptado para referirse a tu gente. Tus «contigo hasta la muerte». Cualquiera que pueda cubrir las necesidades que tu familia biológica no logre hacer. En mi investigación me he encontrado con que así se les llama a los grupos que luchan contra las adicciones, a las redes de madres solteras, a comunidades de refugiados que se han visto obligadas a huir de sus hogares, a organizaciones benéficas que llevan comida en Navidad a mujeres en refugios de violencia doméstica, así como a grupos de *hipsters* que viven en *lofts* de Brooklyn.

«Sin lugar a dudas se ha convertido en algo muy poderoso el tener este grupo de personas que has elegido y son mucho más afines a ti que tu familia biológica», dice la doctora Anna Machin. «En estos espacios puedes ser tu yo verdadero y tu familia elegida no te juzga».

Y conforme nos acercamos a esos hitos que marcan la edad adulta —si elegimos o no hacer alguna de esas cosas—, el papel de una familia elegida que no te juzga por no «conformarte» cada vez está adquiriendo más importancia en nuestras vidas. Eso significa que, en los últimos tiempos, nuestras amigas, esas mujeres que elegimos de forma activa tener a nuestro alrededor, con las que pasamos tiempo y gastamos energía emocional, podrían terminar sintiéndose como nuestras hermanas.

◆ ◆ ◆

Si eres de las que tienen la suerte de llevarse bien con su madre, ¿la llamarías tu amiga? Esta es posiblemente la pregunta más difícil cuando se trata de amistades familiares femeninas. Sin importar lo cercanas que sean, el simple hecho de que sean madre e hija —con una de ustedes teniendo un pasado desconocido y la otra un futuro desconocido, a menos de que le cuentes todo a tu madre—, ¿pone una barrera invisible entre ustedes?

Yo soy muy cercana a mi madre, Jane. Después de todo, ella tiene todo lo que yo busco en una amiga: amabilidad, consideración, interés infinito por mi vida y un automóvil. Pero ella es mi madre y ha estado en este planeta mucho más tiempo que yo. Ella tuvo una vida entera antes de que yo existiera, una de la que sé muy poco. Tengo la suerte de que al menos hablamos un par de veces por semana. Ella es la única persona con la que puedo ahondar en mi pasión por «¿Quién te crees que eres?». Hemos pasado horas trenzando su árbol genealógico. Hablamos sobre arte, libros y su pésimo gusto por las comedias románticas: nunca vean *Sobreviviendo a la Navidad,* protagonizada por Ben Affleck, se los ruego. Ella es mi amiga más querida (lo siento, papá, amiga mujer), pero también es mi madre, así que... ¿quizá no es una amiga en todo el sentido de la palabra?

«Creo que la relación madre-hija no es del todo una amistad», dice Terri Apter. «La gente a veces dice: "Yo me llevo muy bien con mi madre", y eso solo significa que es relajada. Que le puedes mostrar tus sentimientos, tus problemas y tus pensamientos. Muchas personas no pueden hacer esto con sus madres, les preocupa que las juzguen o que les vayan a generar ansiedad. No quieren revelarles demasiados detalles a sus madres, no solo por la carga si las cosas no van bien, sino porque puede ser incómodo si involucra sentimientos personales. Sí, aceptan que sus madres también son seres sexuales, pero quieren mantener este conocimiento a distancia».

Eso escaló demasiado rápido. Pero de algún modo llega al meollo del asunto en las amistades madre-hija: no son tus pares ni comparten todas esas referencias culturales actuales ni tus experiencias. No son amigas con diferencia de edad, con quienes puedes hablar abierta y libremente sobre tu vida interior. Entonces, ¿qué lugar ocupan?

«Mi madre me dice que yo soy su mejor amiga, pero ella no es la mía, es mi madre, lo cual es distinto», confiesa Kate, de 32 años. «Tengo un montón de amigas y no necesito otra, pero ella es mi única mamá. Creo que las amistades eran diferentes para la generación de mi madre; se casó, se mudó y se hizo amiga de otras madres, pero nunca formó esas relaciones profundas que yo tengo. No tiene a nadie con quien hablar sobre sus problemas y preocupaciones, por eso me las cuenta a mí; por supuesto que la apoyo, pero me encantaría que ella también tuviera amigas. Hay un poco de soledad dentro de ella y creo que proviene de su falta de verdaderas amistades en su vida».

Mis amistades también son diferentes de las de mi madre. Siempre ha tenido un par de compañeras cercanas de la infancia con las que se mantiene en contacto, y también conoció a varias madres cuando estábamos en la escuela, pero su círculo era bastante reducido cuando éramos niñas. No fue sino hasta que nos mudamos, y que su obsesión por el arte prerrafaelista se convirtió casi en una segunda carrera, cuando observé con orgullo su capacidad para moverse con facilidad por otros círculos y hacer nuevas amistades, incluyendo a la que ahora es su amistad femenina más cercana.

«Reflexionar sobre cómo tu madre se relaciona con sus amistades generalmente sucede hasta la edad adulta o mediana», dice Terri Apter. «Ves las fluctuaciones en sus relaciones, cómo van y vienen, y ves el placer o el dolor que le causan, y entonces puedes decir: “Dios, mi madre dejó a ciertas personas porque pensaba que no la admiraban lo suficiente", o "Mi padre puso a sus amigas primero"».

Eso es lo que la psicóloga Linda Blair piensa que es la clave para una verdadera amistad entre madres e hijas: que tu madre pueda llegar a tratarte como si fuera una de sus amigas.

«Pero es algo que en verdad lleva mucho tiempo», dice ella. «Tu madre tiene que ser el tipo de persona que se deja ir y tiene que llegar a verte como una persona a la que no necesita analizar. Esto depende más que nada de la madre y no de la hija».

Para mí, esa es la esencia de cualquier amistad familiar: la capacidad de verte como te ven los otros, de manera objetiva y como una persona independiente, más que como la hermana que solía dar órdenes o como la mamá disciplinaria. Si pueden llegar a un lugar donde saben todas estas cosas los unos de los otros, pero también están haciendo un esfuerzo por descubrir sus nuevas versiones —para no encasillarse ni volver constantemente a cosas del pasado—, entonces es posible que te relaciones con tu familia de una manera que incluya los elementos esenciales de una amistad genuina: respeto, espacio y apertura. Algo que va más allá de la promesa de estar ahí el uno para el otro solo porque comparten el mismo ADN.

Y a veces, a pesar de que hayan leído tu diario y matado a tu Tamagotchi, los amigos de la familia pueden resultar ser los menos probables de todos.

VIEJAS AMIGAS

Mito: Si no tienes amigas de toda la vida,
ya es muy tarde para hacerlas

Son las 7:45 p. m. de un domingo por la tarde y estoy actualizando mi bandeja de entrada por décima vez, cuando por fin aparece. La respuesta que me ha atormentado durante casi dos décadas. Todo ese tiempo esperé para pedirle perdón a mi vieja amiga por algo que hice cuando éramos adolescentes, algo que desde entonces me ha carcomido y he sentido en la boca del estómago.

Clic. Abrir. Es corto, ¿eso podría ser una buena señal? Escaneo rápidamente hasta el final del correo electrónico para ver si hay besos de despedida, y por accidente, lo primero que leo es la última oración.

«No estoy segura de que tengas que disculparte por esto, ¡pero muchas gracias de todos modos!».

Me dejo caer en mi silla, aturdida. No sé qué esperaba, pero no esto.

Lo que pasa con los viejos amigos es que uno siente que no deberían lanzar bolas curvas. En nuestra mente, ellos son rocas de lealtad, amor y seguridad. La pura nostalgia personificada. Ellos saben de dónde vienes. Llaman a tu mamá y a tu papá por sus nombres de pila. Recuerdan a tu osito de peluche y todavía pueden recitar el número de teléfono de tu casa de memoria. Son sobrevivientes en un mundo que a menudo subestima el poder y la importancia de la amistad.

Es por eso que no les ponemos mucha atención fácilmente, ponemos por delante a nuestras nuevas amistades, pues creemos que requieren más atención, y relegamos a las antiguas. Les atribuimos ciertos patrones establecidos de comportamiento y preferimos guardarlos en cajas. Además, nos enojamos cuando hacen algo que no se ajusta a nuestra idea en la cabeza de cómo eran antes.

Esta es una de las pocas facetas de la amistad femenina que solemos romantizar: «Haz nuevas amigas, pero conserva las antiguas. Esas son de plata y las otras son de oro».

También es uno de los temas favoritos en la pantalla. Cuando se trata de las viejas amistades, el mensaje de Hollywood es que puedes descuidarlas y hasta intoxicarlas con comida (esa escena de *Damas en guerra...*), pero siempre estarán ahí cuando las necesites. Se mantendrán unidas hasta la muerte como Thelma y Louise, o incluso más allá, al estilo de *La muerte le sienta bien*.

Para mí, una de las representaciones ficticias más honestas sobre la amistad femenina está en las novelas napolitanas de Elena Ferrante: el tipo de libros en los que te sumerges tanto, que hasta se te pasa tu parada en el metro. La trilogía cuenta la historia de la amistad de sesenta años entre Lila, rebelde y enérgica, y Elena, que persigue su sueño en la academia para lograr salir de su violento barrio de Nápoles. A lo largo de su relación soportan todos los vaivenes que se les presentan (en su caso, amor, distanciamiento y pasión). Un montón de elementos que podemos reconocer en nuestras propias viejas amistades. Claramente, su narrativa ha encontrado eco en el púbico, pues ha vendido más de 15 millones de copias, y sus libros han sido traducidos a 45 idiomas. Este lenguaje de honestidad y verdad sobre la amistad femenina a largo plazo es universal, y muchos lectores, incluyéndome a mí, al llegar al final, llegan a sentir como que las protagonistas son viejas amigas.

En una columna para *The Guardian* de abril del año 2018, Ferrante señaló que: «La palabra italiana para «amistad, *amicizia,* tiene la misma raíz que el verbo "amar", *amare.* Una relación entre amigas tiene la misma riqueza y complejidad, las mismas contradicciones e inconsistencias que el amor. Puedo decir, sin miedo a exagerar, que el amor por una amiga tiene una sustancia muy similar a mi amor por el hombre más importante de mi vida».

Amicizia: suena como un delicioso ingrediente de pizza para esa palabra que captura el verdadero romance que se esconde en lo profundo de nuestras viejas amistades. Nunca dudes de la habilidad de los italianos para inventar términos.

Conozco a algunas de mis amigas desde hace casi tres décadas. Si llegara a un hito de ese estilo con mi esposo, estaríamos descorchando una botella de champán, intercambiando regalos y bailando al ritmo de nuestros discos favoritos en la sala. Nutrir una relación romántica es algo que se cuece aparte, pero ¿deberíamos pensar que mantener una amistad tan larga es un logro menor?

Hay que aceptarlo, conforme vamos envejeciendo la vida tiene su propia forma de echarnos en cara algunos hitos no deseados: la menopausia, hacer un testamento, la primera vez que tenemos una «caída» de verdad y no un simple tropiezo. Entonces, ¿no es momento de que empecemos a inventarnos nuestros hitos más felices también? El regalo más tradicional para los treinta años de matrimonio es una perla, algo que empieza como un molusco y va madurando hasta convertirse en una gema rara y preciosa. ¿Por qué no aplicamos esa idea también con nuestras viejas amistades?

Cuando Izzy y yo cumplimos diez años de ser amigas, lo celebramos como lo haría cualquier par de jovencitas de 19 años solteras y salvajes: en el café Marks and Spencer. Recuerdo haber tomado una taza de té y haber comido una galleta gigante con chispas de chocolate, brindando con nuestras tazas por haber estado en la vida de la otra durante una década. Es la única vez que he hecho algo parecido a eso con alguna amiga: reconocer en voz alta los años que hemos pasado juntas. Luego llegaron los novios y nuestros aniversarios de amistad fueron reemplazados por comidas a la luz de las velas (está bien, por luces rojas) con chicos en el Café Rouge. ¿Por qué dejamos que pasaran inadvertidos nuestros aniversarios de amistad? Simplemente no se nos ocurrió ir a PG Tips para festejar los 15, 20 o 25 años. Pero desearía que al menos los hubiéramos recordado.

Sé que esto podría sonar demasiado «perfecto», como el mito de las mejores amigas para siempre.

Pero para mí la longevidad es solo un factor para que una amistad se sienta «vieja». Sylvia Plath tenía su propio criterio cuando escribió: «No hay nada como vomitar con alguien para convertirte en viejos amigos». Cualquiera que haya sujetado el cabello de una compañera mientras ella vomita como un proyectil sabe de lo que está hablando. En ocasiones la cercanía y la sensación de que son «viejas amigas» puede venir de una experiencia de conexión y no tener nada que ver con haber compartido la misma primaria.

El profesor Robin Dunbar no puede decir con certeza qué convierte a alguien en un «viejo amigo», pero intuye lo siguiente: «Sospecho que tiene que ver con el momento de la vida en que sucede [cuando se vuelven amigas]. Por ejemplo, en la universidad, cuando bebías mucho, cantabas, bailabas y hablabas hasta altas horas de la noche sobre tus crisis, todas esas cosas desencadenan golpes de endorfina, lo que refuerza las relaciones».

La suposición es que si haces lo suficiente de estas cosas, la amistad puede sentirse «vieja» sin importar cuánto tiempo físico haya pasado. Es como la teoría de Shasta Nelson de que las «mejores amistades» tienen que ver con la calidad y no con la cantidad. Bajo esa definición, es probable que todo mundo podría tener a alguien a quien llamar «vieja amiga» o en cualquier momento conocer una. Y solo porque alguien sea tu vieja amiga en papel, no significa que tú y esa persona sean íntimas. En su investigación, la doctora Anna Machin encontró que compartir una historia en realidad puede tener un efecto negativo en qué tan cercanas son las amigas, lo que sugiere que la intimidad emocional que tienes en ese momento es más importante. En el estudio, la historia compartida resultó más significativa para las amistades entre hombres, lo que explica por qué mi esposo y sus amigos todo el tiempo hablan del triatlón que hicieron en 2016.

Es probable que no te sorprenda saber que Jilly Cooper, quien tiene el raro talento de hacer que cualquier persona se sienta como una vieja amiga —siempre haciéndome halagos por teléfono e invitándome a comer (hasta reservando mi tren)—, también es una verdadera profesional para estar al corriente con las personas. Para ella, las risas y el chisme son claves para mantener a sus viejas amistades. «Tan pronto como nos vemos decimos: "Oh, Dios, ¿y qué fue de fulana de tal?", "¿Se casó fulana de tal?", "Ya no están juntos, qué tristeza"», afirma ella. «Tres chicas que conocí en la escuela de mecanografía cuando tenía 17 años, y ahora tengo 84, me buscaron para almorzar el otro día y en realidad no dejamos de reírnos desde que llegaron. Simplemente retomas tu relación como si no hubiera pasado el tiempo y te diviertes con ellas. (Por supuesto, agrega Jilly: "Los perros también siempre han sido mis mejores amigos")».

Durante la pandemia ella envió setenta tarjetas de San Valentín. «Escribí: "La horrible Covid-19 nos mantiene separadas, pero por favor recuerda que siempre estás en mi corazón"», se ríe. «Las envié a montones y montones de mis viejas amigas, hasta a las chicas con las que compartí departamento de joven. Fue maravilloso vivir en el mismo espacio con ellas, pues éramos una jauría de sabuesas a la caza de maridos y teníamos mucho en común».

Me encanta el romance de escribir cartas así a tus amigas; es considerado y anticuado por partes iguales, pero estoy segura de que consolida tu relación como algo significativo. Tengo un montón de tarjetas y postales que Izzy me ha enviado a lo largo de los años, un recordatorio tangible no solo de nuestra longevidad, sino del esfuerzo que hemos hecho.

Tengo un claro recuerdo de cuando vi a Izzy en el patio del recreo por primera vez, a los 9 años: su uniforme recién salido de la caja y esa mirada tímida de anticipación que he llegado a conocer tan bien.

Durante seis años pasamos todos los sábados juntas, primero recolectando semillas para aventarlas y jugando juegos de mesa, más tarde recorriendo las calles de Kingston y Thames en busca de extraterrestres inflables y gargantillas de terciopelo. Cuando éramos adolescentes, nos dejaban tomar el autobús hasta ahí solas y pasar el día sin la supervisión de un adulto. Sin lugar a dudas una actividad para liberar endorfinas. Era una operación militar: Topshop, Tammy, la sección de Clockhouse en C&A, Madhouse, Hennes. Luego HMV, Woolies, Tower Records. Un vistazo rápido a los pósteres de Athena.

Tomábamos nuestro «almuerzo» en el cementerio, lo que significaba la comida del día de Boots acompañada de un pan tan seco que podías usarlo como suela de zapato. Si nos sentíamos aventureras íbamos a nuestro lugar favorito: John Lewis. Ahí, en el café del último piso, hacíamos cola para comprar lo único que podíamos pagar: un plato de sopa de lentejas con un panecillo, mantequilla y tantos crutones como quisiéramos. Nos sentíamos tremendamente adultas.

Un sábado por la noche en la casa de Izzy siempre significaba curry. En la mía, la pasta horneada de mamá y escuchar casetes de los 40 principales grabados de la radio. Nos íbamos de vacaciones de verano juntas y llegamos a pensar en las casas y familias de la otra como una extensión de la nuestra. Una disculpa para mi esposo, pero fueron los momentos más felices de mi vida, incluso si no logré darme cuenta, en ese entonces, de lo afortunada que era.

Hablar con mujeres sobre sus amistades más antiguas también ha sido uno de los grandes placeres de escribir este libro, en particular porque muchas querían compartir conmigo sus «historias de origen».

«¿Cómo se conocieron?» es una pregunta que les hacen a todas las parejas, desde los primeros amores adolescentes. Pero no es algo que nos cuestionamos con las amistades. Y es extraño, porque a todos nos gusta una buena historia sobre los orígenes. Nos encanta cuando algo surge de la nada, ¿y qué mejor ejemplo de eso que la amistad? El problema, supongo, es que las historias de amistad entre mujeres no tienden a seguir la misma trama dramática que las de amor romántico, ni de las personas que se convierten de pobres a ricos. Muchas veces son intermitentes, de una manera que molestaría muchísimo a cualquier guionista de Hollywood.

Paola, de 28 años, me contó sobre cómo conoció a su amiga más antigua. Un recuerdo que le da un poco de pena ajena, pero que es ese tipo de historias únicas de la amistad femenina que creo que deberíamos celebrar con todo y su vergonzosa belleza.

«Era mi último año de universidad. Nos conocíamos un poco porque nos llevábamos con las mismas personas, pero en realidad nunca habíamos hablado mucho», dice. «Un día descubrimos que a ambas nos habían roto el corazón de manera reciente. Dejamos de ir a cualquier cosa divertida a la que estuviéramos invitadas para lloriquear. Y no me refiero solo lloriquear. Nos sentábamos en la cama toda la tarde, con las cortinas cerradas, sintiendo lástima por nosotras mismas. Este comportamiento se prolongó durante todo el trimestre y durante más tiempo del que me gustaría admitir. Solo para aclararlo, estos chicos ni siquiera eran nuestros novios. Es por eso que es tan vergonzoso. Ambos fueron una breve aventura de ebriedad. Estoy segura de que ellos nunca pasaron tiempo juntos analizando todo lo que les habíamos dicho. En algún lugar todavía tengo las cartas que nos enviamos durante el verano (lloriquéabamos a través de todos los medios disponibles) y creo que todavía faltan al menos otros veinte años para que me sienta cómoda leyéndolas».

El lado positivo de explorar mi propia bandeja de entrada con fines de investigación para este libro fue que me ayudó a comprender que tengo más viejas amigas de las que creía. Izzy. Marie, a quien conozco desde que teníamos 12 años. Pero también está Agatha, a quien conozco desde los 21 años, y Eve, a quien conocí a los 22, que ahora cuentan como viejas amigas en el sentido más tradicional de las palabras. ¿Cuándo pasó esto? Estas mujeres ahora son irremplazables en mi vida. Como me lo dijo Jane Garvey: «No puedes adquirir viejas amigas. A estas alturas o las tienes o no las tienes».

Aunque... me pregunto si ese es realmente el caso. Helge Rubinstein, de 91 años, me dice que hizo a sus «viejas amigas» mucho más tarde en su vida, con personas que antes eran meras conocidas y que de pronto fueron tomando un papel más importante.

«En este momento de mi vida todas mis amigas están muriendo. Es horrible», me dice. «Es como si tu contexto comenzara a desmoronarse. Uno siempre está mirando alrededor para ver quién queda ahí. Así que ahora estoy haciendo, no nuevas amigas, sino viejas amigas. Personas que conocía, con las que pude haber ido a cenar, pero que eran más lejanas, ahora se han convertido en cercanas. Y es un proceso extraño, pero agradable».

Deseaba mucho entrevistar a Helge junto con Shirley Williams, la política liberal y su mejor amiga, pero lamentablemente la baronesa Williams murió en abril de 2021. Helge me cuenta que ambas mujeres se las arreglaron para mantener viva su amistad durante más de setenta años, desde que se conocieron en Oxford y compartieron departamento cuando tenían 20 años, hasta que, extraordinariamente, cohabitaron durante 15 años en una gran casa en Kensington junto con sus esposos e hijos. En los últimos años viajaron juntas. ¿Cuál era su secreto? Helge lo atribuye simplemente a que no se exigieron demasiado la una de la otra.

«Estábamos seguras de nuestra relación, lo que significa que yo sabía que ella estaría ahí para mí siempre que la necesitara, y viceversa. Dimos por sentado que todo iba a estar bien», afirma ella. «Nos acercábamos y nos alejábamos, avanzábamos y retrocedíamos. Pero nunca se nos ocurrió la idea de que podríamos separarnos. Jamás. Supusimos que estaríamos bien juntas».

Simplemente, las dos mujeres nunca le pusieron tanta presión a su amistad. «Era bueno cuando estábamos juntas, y cuando no estábamos juntas, también», dice Helge. «No fue como muchas de las amistades entre chicas porque nosotras no analizábamos nuestra relación, tal vez eso fue algo bueno.

Incluso cuando vivíamos juntas, teníamos vidas separadas e independientes, por lo que nunca hubo enfrentamientos ni competencia. Nunca tuve una hermana. Pero ella fue lo que hubiera esperado de una hermana: alguien que estuviera cerca, pero que también me dejara en paz».

Eso no significa que no alimentaron su amistad. Helge me cuenta cómo apoyó a Shirley cuando su primer matrimonio se acabó. «No tuvimos conversaciones muy íntimas al respecto. Pero pensé: "¿Qué puedo hacer para que le sea más llevadero?" o "¿Cuál es la mejor manera para salir de esto?", y pasamos bastante tiempo juntas», dice. Es ese tipo de actitud de «siempre ver hacia el frente» que esperarías de la generación de posguerra, solo que adaptada a la amistad. Pero creo que también captura algo que tienen muchas de las amistades más antiguas: la capacidad de dejar a tus amigas ser auténticas. Sí, soy mi propia frase cursi de Instagram inspirada en los Beatles.

Como lo explica Christine Webber, de 74 años: «Tengo una amiga que conocí en la década de los sesenta, y nos llamamos todas las semanas. Ella vive en el norte de Inglaterra y yo vivo en Suffolk, pero es una relación en la que no tienes que explicar mucho, no tienes que aclarar nada», dice. «Creo que eso es importante, porque hay momentos en los que simplemente necesitas "ser" quien eres y no quien te has convertido».

Eso no significa que debas descuidar a tus viejas amigas, sino que sepas dar un paso hacia atrás y dejar que crezcan, o que tengan espacio cuando lo necesiten, pero que estés lista para regresar al frente cuando la vida lo exija. Al final, sin importar los cambios por lo que hayan pasado, esas personas pueden «ser» en tu compañía, quitarse de encima las etiquetas y las capas que la vida les ha ido poniendo y volver a un lugar cercano donde todo comenzó.

Me lo imagino un poco como esas muñecas de madera que en su interior albergan otra muñeca. Adentro está la persona más pequeña (tal vez literalmente) que eras cuando comenzó la amistad. En realidad es muy reconfortante pensar en eso y saber que tienes a alguien que puede devolverte a ese nido de nostalgia. Alguien a quien puedes enviarle un mensaje en cualquier momento diciendo: «Recuérdame de qué color era tu estuche de lápices en la escuela», o «¿Al pastel de Navidad tu mamá le agrega mazapán por todas partes o solo encima?». Las capas exteriores son las que han surgido en la edad adulta, cada una expandiéndose sobre la otra, ayudándote a crecer, pero sin reemplazar a la anterior, solamente sumándose. Todas esas capas permanecen debajo de la cubierta exterior, y tus viejas amigas pueden volver a convertirte en la pequeña muñeca original que eras en el fondo.

La parte complicada es no mantener a tus viejas amigas en esa pequeña caja. Cuando conoces a alguien desde que eras pequeña puede ser complicado ver a esa persona de otra manera que no sea la niña de 12 años que juraba que nunca se iba a casar. Eso puede implicar que te sientas un poco resentida cuando cambien de parecer o se comporten de una forma que no encaja con tu idea preconcebida de ellas.

«Tengo amigas que conozco desde que tenía 4 años... y ahora tengo 35», dice Pandora Sykes. «Realmente valoro la lealtad. Pero sé que eso también es algo peligroso, porque cuando tienes amistades de mucho tiempo, puede haber esa sensación de estancamiento: sentir como que no puedes ser quien quieres ser. Es posible que quieras ser una persona distinta a los 25 años de la que eras a los 14. Me siento afortunada porque entre todas nos hemos dado el espacio suficiente para crecer. No somos amigas posesivas. He aprendido mucho de ellas. Soy quien soy porque ellas son quienes son».

Me encanta ese sentimiento, me recuerda uno de mis dichos favoritos sobre la amistad: «No puedes convertirte en ti misma por ti misma». Las viejas amigas son vitales para ayudar a moldearte, pero no deben exigir que siempre seas de la misma forma. «¿Qué tanto crees que las amistades modifiquen nuestras vidas?», le preguntó a Elena Ferrante un lector de *The Guardian* en 2021. «Una amiga no nos cambia, pero los cambios en ella acompañan silenciosamente nuestros cambios, en un continuo esfuerzo mutuo de adaptación», respondió ella.

Cuando hablamos de naturaleza versus crianza, durante la infancia tendemos a adaptarnos a la influencia de nuestros padres, así como al entorno social, la clase y la cultura en la que crecemos. Desde esta perspectiva se cree que la familia y la educación son lo que te moldea. Pero algo que también te moldea son las amistades con las que interactúas desde los 4, 14 o 24 años, hasta ahora. Estas personas están ahí para los grandes hitos que tus padres no necesitan saber: tus primeros enamoramientos, tu primer beso, la primera vez que vomitas por beber demasiados Bacardí Breezers de naranja. Tal vez esta gente sea igual de importante en tu crianza que tus padres, tal vez, y de alguna manera, incluso más. «Una vieja amiga tuvo sexo con alguien por primera vez cuando teníamos 13 años», me cuenta Kat, de 36 años. «Después de que me lo contó, llegué a casa y lo apunté en mi diario como si se tratara de algo trascendental que nos hubiera ocurrido a las dos. Era como si me hubiera pasado también a mí, y todavía lo pienso de esa manera ahora».

Las líneas pueden desdibujarse cuando se trata de crear nuevas relaciones. Justine Tabak tiene una perspectiva importante al respecto. Ella y su amiga de 57 años mantienen separadas su amistad de sus relaciones.

«A diferencia de otras amigas cercanas, con las que nos reunimos varias de nosotras para ir a cenar o con nuestras parejas... nuestra amistad es bastante exclusiva en ese sentido. Ella no me invita a sus cenas de pareja, ni yo tampoco la llevo a las mías. No hacemos cosas sociales juntas, mantenemos nuestra amistad bastante separada», dice Justine.

Cuando eran más jóvenes, explica, sus novios llegaban a estar un poco celosos de su amistad. «Cuando teníamos 20 o 30 años tenía que ser muy cuidadosa, porque ellos llegaban a pensar: "¿Por qué ella le cuenta todo esto a su amiga y a mí no?"», dice Justine. «Así que aprendí que tenía que ser un poco más cuidadosa en las relaciones, no debía ponerla a ella primero. Como éramos tan buenas amigas, y ella se divorció y yo me separé, llegamos a la conclusión de que mucho de lo que invertimos en nosotras posiblemente lo debimos haber invertido un poco más en nuestras parejas».

Justine agrega que esta decisión de mantener su amistad separada fue un tanto inconsciente, algo en lo que ni siquiera había pensado sino hasta que tuvimos esta conversación. Esto demuestra lo fácil que es caer en patrones establecidos de comunicación con nuestras viejas amigas. Y cómo pueden despertarnos algunos complejos. Después de todo, se necesita confianza para invertir décadas de tiempo y energía en una sola persona con la que no tienes ninguna obligación legal o familiar. Incluso es probable que este vínculo sea trivializado en la sociedad en comparación con tus relaciones románticas.

¿Una pequeña parte de nosotras ve a nuestras viejas amigas como un equipaje emocional? De la misma manera en la que no necesariamente pondrías en Tinder que tienes tres cacatúas y una serpiente como mascotas (en definitiva, información que debes guardar para la segunda cita), es probable que no mencionarías, al menos por un tiempo, que tienes una amiga de varias décadas que es tan importante para ti como lo sería cualquier pareja. Alguien a quien recurrirías primero en tiempos de problemas, como sucede todo el tiempo.

«Las viejas amigas se ponen en contacto cuando están experimentado algo terrible en sus vidas y necesitan el apoyo de alguien en quien saben pueden confiar y con quien pueden hablar libremente», coincide mi madre, Jane. «Si todavía podemos levantar el teléfono y tener una conversación desinhibida y de apoyo, entonces es seguro que se trata de una amistad que sigue y es significativa. Si cuando necesitamos tener una conversación reconfortante todavía pensamos en nuestras amigas, sin importar cuántos años hayan pasado, entonces se sigue tratando de una amistad verdadera».

◆ ◆ ◆

Un área complicada para las viejas amistades es cuando buscamos ponerles excusas. Tendemos a considerar con diferentes estándares a nuestras amigas nuevas y a las viejas. Piénsalo bien, cuando haces una nueva amiga, casi siempre es porque comparten una perspectiva del mundo parecida. Con tus amigas de la infancia a veces pasas esto por alto. Como provienen del mismo lugar, aceptas que tienen valores similares y no las cuestionas de la misma manera. Si esas personas se portan mal, llegas a justificarlas porque «así son ellas» y conoces los desafíos que han atravesado.

Si no te das cuenta, los recuerdos pueden oscurecer la moral. Un estudio de 2014 realizado por Christopher Sibona en la Universidad de Colorado[32] encontró que, cuando se trata de opiniones polarizadas, tendemos a eliminar a los viejos amigos de la escuela en Facebook antes que a cualquier otra persona. A los nuevos amigos solemos borrarlos solo si nos molestan en la vida real. Como dice mi amiga Paola: «Las nuevas amistades que he conservado es porque comparten los mismos valores fundamentales que yo. Sentimos de la misma manera sobre las cosas que importan, un estándar que no exijo con mis amigos de la infancia.

¿Estás contenta con el equilibrio de tu vida? Detente un poco a pensarlo. Descansa este libro en tu regazo por un momento. ¿Tratas a tus viejas amigas y a tus nuevas amigas de una manera diferente? ¿Hay cosas que tus viejas amigas hacen o dicen que nunca pasarías por alto a una amiga más reciente?

Este es el asunto, no sé si quiero que mis viejas amigas me pidan que actúe según estándares más bajos. Creo que seguramente sería el primer paso hacia el largo camino del resentimiento. Quiero que mis viejas amigas sean las que me digan mis verdades, por más horribles que sean de escuchar. Una vez Agatha me llamó y me aleccionó cuando estaba saliendo de la estación de metro de Oxford Circus. Recuerdo estar parada afuera de Liberty, sintiendo cómo se me iban calentando las mejillas mientras me decía esas palabras que todavía resuenan en mis oídos: «Ya no somos unas malditas niñas. No puedes andar besuqueándote con todo el mundo». Reconozco que ella tenía razón en eso. Aunque me dolió, respeté la honestidad de Agatha. Me alegro de tener viejas amigas que se preocupan lo suficiente como para darme mis buenas sacudidas. No quiero que me pasen las cosas por alto, por mucho que me hagan sentir, por un momento, que las estoy perdiendo. Me gustaría decir que desde entonces he crecido, pero mientras escribía este libro tuve una experiencia que demostró lo mucho que todavía me pongo nerviosa cuando despierto su ira.

Creo que muchas de nosotras, aunque sea en secreto, todavía tenemos algunos de esos momentos de paranoia en la amistad. Cuando la voz de tu amiga parece «rara» en un mensaje de texto, por ejemplo, o cuando tienes una llamada perdida de alguien que por lo general prefiere mandar mensajes. «¿Estará molesta conmigo?», piensas mientras revisas sus últimas conversaciones en búsqueda de pistas. Y sí, podrías levantar el teléfono y simplemente preguntar. Pero eso significaría tener una de esas conversaciones honestas de amistad que tanto trabajo nos cuestan.

Con las viejas amigas, esa paranoia puede aumentar porque es posible que no se vean con frecuencia. La seguridad prospera con la rutina, y cualquier silencio o incertidumbre nos deja con la sensación de querer buscar pistas sobre cómo se siente la otra persona respecto a nosotras. Es ahí cuando terminamos interpretando un mensaje perfectamente inocente como una señal de que ya no le caemos bien.

La periodista Julia Carpenter resumió esto cuando tuiteó: «Muy tentadora la idea de iniciar un pódcast llamado "¿Estás enojada conmigo?", solo para tener una excusa razonable para hablar con mis amigas todas las semanas, largo y tendido, y descubrir si en realidad están enojadas conmigo o no».

Me sentí exactamente así hace poco cuando vi una llamada perdida de Marie; algo que no es raro, porque ella vive en el extranjero y nos marcamos seguido. Sin embargo, me las arreglé para convencerme de que algo le había molestado. Antes de devolverle la llamada, ya había checado en línea los precios de los vuelos y qué tan pronto podría llegar para encontrarme con ella y asegurarme de que mi vieja amistad no se arruinara por eso que yo había hecho. ¿Dónde estaba mi pasaporte?

Por supuesto, era pura paranoia y en realidad me había marcado para pedirme un consejo. Me sentí un tanto ridícula de haber regresado a ese lugar de inseguridades con una de mis amigas más antiguas. En especial porque ahora somos más cercanas que nunca, incluso que en sexto grado, cuando compartíamos la misma pasión por la Guerra Civil inglesa. Todavía nos enviamos mensajes cada 30 de enero para celebrar el aniversario de la decapitación del rey Carlos I (nuestra versión de lo que es un hito de la amistad, supongo).

A pesar de los miles de kilómetros que nos separan, hemos encontrado la manera de estar ahí la una para la otra durante duelos, enfermedades, éxitos, incertidumbres y alegrías. Los momentos importantes de la vida. Mientras estoy aquí sentada escribiendo sobre ella, acabo de darme cuenta de que hemos sido amigas durante 25 años. Un cuarto de siglo, casi la perla completa. ¿Cómo es que nunca había pensando en eso hasta este preciso segundo? Podría gritar.

Es mi misión, y espero que también pueda ser la suya, al menos comenzar a recordar estos hitos de la amistad. Pensar de forma consciente en nuestras amistades —viejas y nuevas— de la misma forma en que lo hacemos con nuestras relaciones románticas. Darle la misma importancia a esos momentos especiales y a los años pasados.

Mi primera convertida es Jane Garvey. «Ya me metiste la idea en la cabeza», dice. «Creo que cuando cumplamos 60 años, mis amigas de la escuela y yo definitivamente deberíamos celebrarlos. En verdad deberíamos darle más importancia de lo que lo hacemos».

En un futuro no muy lejano, Izzy y yo cumpliremos treinta años de ser amigas. Si esa no es una hazaña de amistad que valga la pena recordar, no sé qué pueda serlo. Sobre todo porque todo estuvo muy cerca de derrumbarse en mi adolescencia. Durante dos décadas he cargado con la culpa de mi comportamiento adolescente hacia mi amiga más antigua. Porque cuando me mudé de escuela, a los 12 años, todo cambió. Tuve que hacer nuevas amistades y poco a poco fui abandonando mis sábados con Izzy para intentar encajar con un grupo de chicas de mi clase a las que realmente no les podía importar menos si yo estaba ahí o no. Hasta salí con un chico que ellas conocían, con la esperanza de que eso pudiera ganarme algunos puntos de hacerme la interesante. (Es decir, tenía mechones rubios y usaba pants Kappa blancos. También soy humana).

Básicamente, abandoné a Izzy y no estoy segura de que alguna vez me haya arrepentido tanto de algo. Siempre lo he considerado mi mayor error de amistad y, a lo largo de los años, me he preguntado cuánto daño le causé. Nunca hemos hablado al respecto, a pesar de todas esas cervezas, paseos y cenas que hemos compartido; no lo hemos mencionado ni en las tarjetas de Navidad, en las que cada año escribimos la letra de una canción que inventamos de camino a la escuela hace más de veinte años. De hecho, cuando respondió a un pequeño cuestionario que le envié como parte de mi investigación para este libro, me dijo que la nuestra era su historia de amistad más feliz. Mi complejo de culpabilidad no logró soportar eso.

Así que me senté en mi escritorio, respiré profundo y comencé a escribir las palabras que siempre debí haber dicho: «Me arrepiento mucho por la forma en que descuidé nuestra amistad cuando era adolescente. Siempre he sentido que debí disculparme por eso contigo. Pero es algo bastante extraño y difícil de recordar. Lo siento. Nunca debí dejar que mis inseguridades por haberme cambiado de escuela se interpusieran en nuestra amistad. Debí haberte dicho esto desde hace años y en persona».

Presioné enviar y tragué saliva. Eran las 4:53 p. m. de un domingo por la tarde y acababa de levantar la tapa de una enorme lata de gusanos. ¿Qué había hecho? Tres horas más tarde, mi computadora portátil sonó. La pantalla estaba bailando frente a mis ojos, cuando por fin logré abrir su correo y leí esa última oración tan confusa. Mientras fruncía el ceño desplacé el cursor hasta arriba para comenzar de nuevo.

«En realidad no esperaba este correo, es increíble lo diferentes que pueden ser las perspectivas. No sabía lo difícil que fue para ti cambiarte de escuela (lo que, en retrospectiva, obviamente tuvo que serlo), pero ambas nos vimos en la necesidad de hacer nuevas amigas. No estoy segura de que tengas que disculparte por esto, ¡pero gracias de todos modos!».

En ocasiones, las viejas amigas te dan otra perspectiva y te ayudan a reconocer cuando estás siendo demasiado dura contigo misma. Son las personas en tu vida con las que tienes una especie de camino rápido que se da por hecho y un nivel de comprensión que trasciende cualquier tipo de conversación del estilo: «¿Qué me cuentas?». Simplemente te dejan «ser».

Puede que no siempre sea obvio, pero cuando ese tipo de vínculo se vuelve evidente, puede ofrecer uno de los entornos más seguros para una amistad femenina, el espacio para ser una misma; para aprender; para sentirse amada, segura y vista. O, si eres como yo, para descubrir que siempre lo fuiste. Si eso no vale la pena celebrarse, entonces no sé qué.

Esta no es una carta de amor a mi club de lectura

Hay un grupo en WhatsApp en mi teléfono del que siempre leo los mensajes sin falta. Se llama CDL, que significa Club de Lectura. Un grupo de mujeres que conozco desde hace casi una década. Cada mes nos reunimos en la casa de alguna de las participantes. La anfitriona cocina, sirve vino y compra libros para agregar a nuestra imposible biblioteca itinerante: una bolsa de yute de la que cada quien elige algo nuevo para leer. No hay un texto en específico porque la vida es demasiado corta. En vez de eso, cada una comenta a las demás lo que logró leer ese mes (o, seamos honestas, lo que vio en la tele); de esa manera, una serie de libros realmente buenos en algún momento pasan por siete manos. Pero la mayoría del tiempo hablamos de todo y de nada. Cinco de nosotras somos periodistas, ¿qué esperaban?

Durante la pandemia nació el grupo de WhatsApp CDL Extras, en el que solo estábamos cuatro mujeres: el cuarteto que no tenía hijos. Las circunstancias importan mucho en tiempos de crisis. Las siete maravillosas mujeres de CDL tenemos en común que vivimos en Londres, disfrutamos comer queso como entrada (sin ninguna culpa) y tenemos una horrible fascinación por un hombre del Parlamento del cual se rumora que tiene un miembro asombrosamente grande.

Que cuatro de nosotras hayamos creado nuestro propio capítulo en la historia de CDL se debe sobre todo a que teníamos más tiempo libre. Nos encontrábamos en casa con poco que hacer más que enviarnos mensajes, mientras que las otras integrantes del club de lectura estaban muy ocupadas tratando de sobrellevar la escuela en casa. Durante esos largos meses de encierro, lo que fue cómodo en un principio de pronto se volvió esencial. Tal vez era la primera vez que me sentía total y absolutamente relajada con un grupo de amigas, después de una vida de desconfianza y decepciones.

Tal vez tuviste una experiencia similar en ese periodo en el que muchas de nosotras nos vimos obligadas a examinar la forma de nuestras amistades: con quién podíamos hacer videollamadas de forma regular y con quién sentíamos más que teníamos el deber de mantenernos en contacto. A quién acudir cuando buscábamos conexión emocional y quién nos hacía reír cuando el humor estaba por los suelos. De pronto me sentí lo suficientemente segura en una experiencia compartida (y tal vez una pandemia es el mejor ejemplo para esto) para abrirme por completo sobre cómo me sentía. Sabía que mis amigas no iban a malinterpretarme ni a juzgarme, porque se identificaban conmigo, incluso cuando cada una estaba lidiando con sus propias luchas.

Las Extras compartíamos fotos de nuestras mascotas: dos gatos, un perro y una enorme rata que el esposo de Rachel atrapó con una trampa debajo del fregadero de la cocina. Discutíamos con tanto detalle la vida de Harry y Meghan en Estados Unidos, que me sorprende que la CNN no nos haya ofrecido nuestro propio programa de entrevistas. Elegíamos los mejores tenis para la otra y los colores ideales para pintar nuestras casas por fuera. Cuando las cosas parecían oscuras, salimos adelante burlándonos las unas de las otras de forma constante y sin piedad, hasta que la vida volvió a parecer un poco menos aterradora.

Estuvimos ahí durante los desastres laborales y los malos humores inexplicables. También durante las tragedias. Cuando a mi tía, la hermana menor de mi papá, le diagnosticaron cáncer de pulmón en noviembre, justo antes del segundo confinamiento, y murió dos meses después, hubo solo cuatro amigas con las que me sentí lo suficientemente fuerte como para compartir cómo me sentía. Con ellas me sentí capaz de contarles lo desgarrador y horrible que fue ayudar a limpiar su departamento, lleno de piso a techo con sus posesiones acumuladas a lo largo de su vida, y cómo esto me hizo querer volver a casa y tirar todo lo que tenía.

Durante el primer confinamiento teníamos una videollamada cada semana. No es una exageración decir que esas llamadas me ayudaron a mantenerme a flote. Esas conversaciones fueron un salvavidas en un momento en que se sentía como si tantas relaciones personales estuvieran a la deriva. Cuando de pronto no podías abrazar a tus seres queridos y te enfrentabas a la posibilidad de no verlos por quién sabe cuánto tiempo.

Las CDL Extras fueron mi antídoto. Ahí estaban las amigas a las que no les tenía que decir: «¡Todo bien, gracias!», cuando me preguntaban cómo me sentía. Con quienes estaba bien quejarse, aunque sabía que no tenía derecho a hacerlo, dado que tenía una casa, un jardín, un esposo, un trabajo, mi salud y suficiente dinero extra para comprar unas Birkenstocks para «trabajar desde casa».

No nos saltamos ni una sola de esas llamadas porque todas sabíamos que, sin importar lo horrible que pareciera el día, la noche sería más brillante y divertida. Hay algo en los chats grupales con amigas que te hace burbujear la energía, el ingenio y estas idas y vueltas, por lo que es imposible no rendirse ante ellos. Para algunas personas, los cuestionarios semanales desempeñaron el mismo papel: una oportunidad para reír, compadecerse y checar cómo estaban los otros de manera virtual. Esto nos demostró cuán poderosa puede ser la comunicación digital para mantener una conexión amistosa, y cuán fundamentalmente valioso es el tiempo y esfuerzo, sin importar cómo hagas que eso suceda.

Para las Extras significó ver *Married at First Sight Australia* noche tras noche, revisando todos los detalles como si nuestras vidas dependieran de ello, a través de varios miles de mensajes. Nos dejábamos comida en las puertas de las otras y nos diagnosticábamos extrañas dolencias de la piel a través de mensajes con imágenes. Debatimos sobre todos los temas importantes, por ejemplo, como si estuviera bien sentirse atraída por el ginecológico mientras revisa por ahí («aunque tenía una cara muy amable de preocupación»).

Nos veíamos para dar caminatas con distanciamiento social y celebramos nuestros cumpleaños con pasteles caseros en latas oxidadas de Royal Wedding, que comíamos temblando de pie junto a alguna banca del parque. Cuando participé en una conferencia virtual de mujeres y una compañera oradora me dijo: «Cariño, el secreto para verte bien en línea es tener un anillo de luz como el que usan los *influencers*, deberías conseguirte uno»... Bueno, puedes adivinar lo que las Extras me compraron de regalo para mi cumpleaños. *Trolls*.

Nos fuimos un fin de semana a Dorset, cuando las restricciones lo permitieron, donde nos llovió sin parar y el perro se la pasó todo el viaje de ida echando gases apestosos.

Resulta que las mascarillas sí tienen otros usos. Hicimos como *Los Cinco*, recogimos manzanas rojas, caminamos por los campos, comimos moras azules y encendimos fuego. Si yo no fuera una de nosotras, probablemente nos hubiera odiado.

No somos una pandilla. Para empezar, el Club de Lectura tiene otras tres integrantes, que adoramos y extrañamos cuando no están. Todas tenemos otras amistades importantes en nuestras vidas. Pero nosotras cuatro hemos formado un vínculo que sé que durará. O eso espero. No vivo en la fantasía y, siendo realista, las posibilidades de que sigamos enviándonos 265 mensajes de WhatsApp al día por siempre son pocas. Como todo grupo, nuestras interacciones tendrán subidas y bajadas. Pero, al menos para mí, lo que hemos creado es algo especial. Después de toda una vida de tenerles miedo a las amistades femeninas, esto significaba mucho más para mí que solo alguien con quien pasar el tiempo o cualquier cosa que pareciera como una obligación.

Significaba un espacio en el que me sentía capaz de ser yo misma... ¡por fin! Y eso —y no mi anillo de luz— fue el mejor regalo y la mejor sorpresa de todo.

EPÍLOGO

La amistad femenina comienza contigo. No se trata de otras personas.

Eso podría sonarte extraño después de casi trescientas páginas de leer cosas sobre otras personas... pero piénsalo. Para lograr tener amigas amables, cálidas, generosas, divertidas, comprensivas, consideradas, abiertas y compartidas en tu vida, tú primero tienes que ser todas esas cosas. La mayoría de las veces, el tipo de amiga que alguien es para ti es un reflejo directo del tipo de amiga que eres tú para ti misma.

Tal vez eso te parezca obvio, pero ¿qué tan seguido nos detenemos y lo decimos? ¿Qué tan seguido nos tomamos el tiempo para pensar en que, como lo hemos visto en este libro, las amistades son unas de las relaciones más íntimas y satisfactorias en las vidas de las mujeres? Sin embargo, casi siempre las dejamos de lado para darles prioridad al amor romántico y al «felices por siempre», el pináculo de los logros de cualquier mujer, según lo que nos dicen.

Las amistades femeninas no son un cuento de hadas. Son jodidamente difíciles, pero la verdad es que la mayoría de las cosas buenas lo son. Es por esta razón que es momento de acabar con los mitos que no nos dejan avanzar. Las representaciones poco realistas de Hollywood, los estereotipos y los lugares comunes diseñados para mantenernos en cajitas de cristal. Estamos en la edad de oro de la amistad femenina, así que empecemos a gritarlo a los cuatro vientos. Porque ser honestas no es solo liberador, sino que también ayuda a forjar tus relaciones.

Lo que ahora sé mejor que nunca, y espero que tú también, es que no existe un método infalible para hacer que la amistad femenina funcione. No existe un código secreto ni una varita mágica. Se trata, como hemos leído de tantas mujeres en estas páginas, de valores e intereses compartidos, de encontrar que las mismas cosas nos parecen divertidas y emocionantes. Se trata de tiempo, esfuerzo, química, energía, vulnerabilidad, confianza. Y eso significa confiar en ti misma. Si puedes confiar en ti para ser la mejor amiga que puedes ser (y por supuesto que no serás perfecta todo el tiempo); si puedes dar lo mejor de ti, tratarte con compasión, comprensión y paciencia, entonces es probable que los demás también lo hagan.

Seguro habrá momentos difíciles: distanciamientos que acortar, corazones rotos de los cuales recuperarse, dinámicas poco saludables con las que lidiar. Pero también habrá nuevas amigas, viejas amigas, amigas poco probables, amigas que son familia. Y la alegría, los hitos, las risas, el respeto y el apoyo que todas estas puedan aportarte en tu día a día. Porque cuando logran funcionar, las amistades femeninas son una de las relaciones más definitorias y valiosas de nuestra existencia. Son el verdadero amor de nuestras vidas.

Espero que las historias que he compartido aquí, las mías y las de otras mujeres, te ayuden a ver bajo una luz distinta a tus propias amistades femeninas. Que hayas logrado descubrir qué más podrías dar y quién podría darte más. Tal vez incluso reconocer, como lo hizo una de mis primeras lectoras, que una amistad tóxica te está lastimando en tu vida.

Al reconstruir la historia de mis propias amistades logré darme cuenta de cuántas narrativas poco realistas había comprado a lo largo de los años, y de cómo estas impidieron que se desarrollaran algunas amistades potenciales. Si no hubiera creído en el mito de «las mejores amigas para siempre», en vez de entender que es importante tener una variedad, es probable que no hubiera pasado tantos años persiguiendo a un alma gemela y que mis amigas de la escuela no me hubieran lastimado tanto. Si no hubiera creído que los distanciamientos son algo definitivo, es posible que no hubiera dejado que algunas amistades importantes se desvanecieran. Si no hubiera creído que era demasiado tarde para hacer nuevas amigas, tal vez habría encontrado la confianza en mí misma para hacerlas antes.

¿Qué pasa si no logras desvincular tu sentido de autoestima de esas falsas imágenes de amistad, y de esos mitos asfixiantes, para sacar lo mejor de las amigas que ya tienes? Al menos habrás aprendido a confiar en ti misma. No debes alcanzar la perfección en el grupito de amigas, ni en un alma gemela, ni en una familia por elección, ni en una pandilla. La realidad tiene muchos más matices que eso, ya sea que solo tengas una amiga cercana en toda tu vida, un momento especial con alguna persona como «el hada de la fertilidad», o un círculo social más amplio, como yo.

Ahora que observo a esas mujeres en el tren matutino, a las madres que se transportan, estoy convencida de que si mi teléfono se llegara a estropear, yo también tendría amigas que me ofrecerían el suyo como repuesto; quienes me darían consejos de trabajo honestos, pero solidarios; personas con las que podría platicar de tonterías y reírme sin pena.

No soy un producto terminado. Mis amistades femeninas todavía son un trabajo en progreso, pero ahora sé hacia dónde voy y cómo llegar ahí dentro de cincuenta, noventa o doscientas horas. Y todas podemos hacer esto.

Esta es la verdad sobre las amistades femeninas:

Siente el miedo, pero hazlo de todas maneras. Ser abierta con tus amigas no tiene por qué alejarlas. Si confías en ellas, cuéntales las cosas, tanto las malas como las buenas noticias. Rodéate de ese tipo de mujeres que no piensan que eres presumida por contarles que tuviste un día brillante. De las que escuchan. No tengas miedo de compartirles tu corazón de Frankenstein.

Encuentra el tiempo. Es fácil dejar en segundo plano a las amigas cuando las cosas se ponen estresantes. Solemos relegarlas al último puesto en la jerarquía del amor, justo debajo de nuestras mascotas. No permitas que sean siempre lo primero que se va.

Manda a volar la perfección. Si todo salió bien, a estas alturas ya sabrás que lo que parece perfecto nunca lo es, incluyendo a Dave Grohl (es broma, él sí lo es). El mito de las «mejores amigas para siempre», los grupitos de chicas en las redes sociales, la idea de que cualquier obstáculo en el camino significa que tus amistades están destinadas a morir: todo esto es parte de una narrativa diseñada para hacerte sentir que las amistades femeninas deberían ser siempre arcoíris y unicornios. Pero no es verdad. Como cualquier relación emocionalmente íntima, tienes que esforzarte para cosechar las recompensas.

Utiliza tu voz. No decirle a una amiga cómo te sientes es como beber veneno gota por gota y esperar que no pase nada. Así es como terminan las amistades. Si amas y respetas a alguien, toma el valor y ten esa conversación difícil.

Llámales por teléfono. A veces es suficiente un mensaje de texto para «checar que todo está bien». Con frecuencia sucede que no todo está bien.

No te preocupes por el distanciamiento. Las brechas pueden aparecer en cualquier momento, incluso es posible que en este momento estés pasando por una. No te alejes. Dales un poco de tiempo y espacio a tus amigas si lo necesitan, o pídeselos tú si eres la que lo siente así. Después, tómense el tiempo para hablar sobre cómo pueden salvar su relación. Puede tratarse de algo temporal y no de un adiós para siempre.

Ríanse. Con suerte, en un futuro hablaremos de los «chistes entre mujeres» como si fuera la cosa más normal del mundo (aunque con suerte encontraremos un mejor nombre para esto). Es bueno para ti y hará que tus amistades se vuelvan más cercanas. Además, sabemos que en este mundo no hay nada más divertido que los Señores Crutones.

No hagas *ghosting*. Es cruel y cobarde, y tú no eres una sociópata. Lo siento.

Sigue adelante. Un corazón roto por culpa de una amistad, algo que espero que no hayas experimentado hasta ahora y nunca lo hagas, es igual de doloroso que cualquier otro. Permítete expresar tus sentimientos, acéptalos y luego sigue adelante.

Valora a tus viejas amigas. No te convertiste en lo que eres solo por tus hazañas.

... Pero mantente abierta a las nuevas. Nunca es demasiado tarde para hacer nuevas amigas, como te lo demostraron esas maravillosas mujeres de 90 años.

Reconoce tus logros. Hazlo de la forma que más te acomode. No se trata de celebrar algo como el Día de Galentine, sino de crear algo personal y sin las presiones que conllevan las celebraciones comercializadas. Una tarjeta, una llamada, un mensaje de texto, una cerveza, una taza de té, unas papas fritas, lo que mejor se adapte a su amistad.

Sé tú misma. Tus amigas no quieren una versión caricaturizada de lo mejor de ti, alguien que juega a ser la amiga perfecta. Ellas conocen tus defectos y te aman de todos modos. Dales lo que realmente quieren: a ti.

Lo único que queda por hacer es hacerlo. ¡Ve y multiplica tus amistades! Haz que tu círculo sea tan feliz y pleno como te sea posible, de la manera que a ti te acomode. Porque no existe una fórmula para la amistad femenina. Solo la que te funcione a ti.

NOTAS

1 https://www.ukonward.com/wp-content/uploads/2021/09/Age-of-Alienation-Onward.pdf

2 https://www.childrenssociety.org.uk/sites/default/files/2020-09/good-childhood-report-2020-summary.pdf

3 https://www.sciencedirect.com/science/article/abs/pii/S1090513812001225

4 https://pubmed.ncbi.nlm.nih.gov/21991328/

5 https://www.pnas.org/content/113/3/578.abstract

6 https://pubmed.ncbi.nlm.nih.gov/16758315/

7 https://pubmed.ncbi.nlm.nih.gov/15564353/

8 https://pubmed.ncbi.nlm.nih.gov/9200634/

9 https://psycnet.apa.org/record/2011-19550-001

10 https://www.jneurosci.org/content/37/25/6125

11 https://www.nature.com/articles/srep25267

12 https://scholar.harvard.edu/marianabockarova/files/tend-and-befriend.pdf

13 https://www.researchgate.net/publication/345319031_Sex_Differences_in_Intimacy_Levels_in_Best_Friendships_and_Romantic_Partnerships

14 https://www.researchgate.net/publication/323783184_How_many_hours_does_it_take_to_make_a_friend

15 https://tandfonline.com/doi/abs/10.1080/01463379809370099

16 https://www.milkround.com/advice/why-workplace-friendships-are-worth-the-effort
17 https://www.totaljobs.com/media-centre/loneliness-causing-uk-workers-to-quit-their-jobs
18 https://www.researchgate.net/publication/323783184_How_many_hours_does_it_take_to_make_a_friend
19 https://www.ncbi.nlm.nih.gov/pmc/articles/PMC4852646/
20 https://www.researchgate.net/publication/323783184_How_many_hours_does_it_take_to_make_a_friend
21 https://807c0053-e54f-4d86-836f-f42a938cfc4c.filesusr.com/ugd/ca3202_51e49dd36f0f4328935720c4ebb29f02.pdf
22 http://papers.ssm.com/sol3/papers.cfm?abstract_id=1490708
23 https://www.wsj.com/articles/looking-for-a-friend-without-benefits-try-match-bumble-and-tinder-11625675336
24 https:/statista.com/statistics/1040236/uk-stress-levels-of-generations/
25 https://academic.oup.com/cardiovascres/advance-article/doi/10.1093/cvr/cvab210/6307454
26 https://www.digitalthirdcoast.com/blog/news-consumption-during-covid-19
27 https://news.ucdenver.edu/study-shows-facebook-unfriending-can-have-offline-consequences/
28 https://www.pnas.org/content/pnas/early/2016/04/05/1524993113.full.pdf?sid=6b4259a2-1494-4ed8-8a76-f76d05f47940
29 https://www.sciencedaily.com/releases/2015/03/150316160747.htm
30 https://static1.squarespace.com/static/58dd82141b10e3ddf316781f/t/591802cbf5e2317b6a318c2f/1494745818158/

ICAH-Given-Chosen-Fams-Research-Report-YLC-2013.pdf

31 https://static1.squarespace.com/static/58dd82141b10e3ddf316781f/t/591802cbf5e2317b6a318c2f/1494745818158/ICAH-Given-Chosen-Fams-Research-Report-YLC-2013.pdf

32 https://www.researchgate.net/publication/261961408_Unfriending_on_Facebook_Context_Collapse_and_Unfriending_Behaviors

MÁS MATERIAL PARA LEER, VER Y ESCUCHAR

Para leer

Friends: Understanding the Power of Our Most Important Relationships, Robin Dunbar, Little Brown, 2021.

Why We Love: The Science Behind Our Closest Relationships, Anna Machin, Weidenfeld & Nicolson, 2022.

What Did I Do Wrong? When Women Don't Tell Each Other the Friendship Is Over, Liz Pryor, Simon & Schuster, 2006.

You're the Only One I Can Tell: Inside the Language of Women's Friendships, Deborah Tannen, Virago, 2017.

The Business of Friendship, Shasta Nelson, Harper Collins, 2020.

Las inseparables, Simone de Beauvoir, Penguin Vintage Classics, 2021 [Disponible en español, Editorial Lumen].

Orgullo y prejuicio, Jane Austen, 1813.

The Neapolitan novels, Elena Ferrante: My Brilliant Friend, 2012.

The Story of a New Name, Europa Editions, 2013.

Those Who Leave and Those Who Stay, Europa Editions, 2014.

The Story of the Lost Child, Europa Editions, 2015.

Between the Covers, Jilly Cooper, Bantam Press, 2020.

Are You There God? It's Me, Margaret, Judy Blume, 1970.

The Panic Years, Nell Frizzell, Bantam Press, 2021.

Ballet Shoes, Noel Streatfield, 1936.

The Sisterhood, Daisy Buchanan, Headline, 2019.

Thirty Things I Love About Myself, Radhika Sanghani, Headline, 2022.

Para ver

Viaje de chicas, 2017, dir. Malcolm D. Lee.

Magnolias de acero, 1989, dir. Herbert Ross.

La noche de los nerds, 2019, dir. Olivia Wilde.

Amistades Salvajes, 2019, dir. Sophie Hyde, del libro escrito en 2014 de Emma Jane Unsworth.

Lady Bird, 2017, dir. Greta Gerwig.

Waiting to Exhale, 1995, dir. Forest Whitaker.

Frances Ha, 2012, dir. Noah Baumbach.

El diario de Bridget Jones, 2001, dir. Sharon Maguire.

Beaches, 1989, dir. Allison Anders.

Broad City, 2014-2019, cinco series, escritas y protagonizadas por Ilana Glazer y Abbi Jacobson.

Girls, 2012-2017, seis series, creadas y protagonizadas por Lena Dunham.

Fleabag, 2016-2019, escrita por Phoebe Waller-Bridge.

Motherland, 2016 hasta ahora, escrita por Sharon Horgan, Holly Walsh, Graham Linehan, Helen Serafinowicz y Barunka O'Shaughnessy.

Sex and the City, 1998-2004, creada por Darren Star.

And Just Like That, 2021, creada por Michael Patrick King y Darren Star. 12.7

Para escuchar

Afortunadamente, con Fi y Jane.

Wannabe, Spice Girls, 1996.

Girl, Destiny's Child, 2004.

You've Got a Friend, Carole King (1971)

The High Low, con Pandora Sykes y Dolly Alderton, 2017-2020.

AGRADECIMIENTOS

Si hay algo que te enseña escribir un libro sobre la amistad, es quiénes son tus amigos de verdad y a quiénes debes agradecer de forma fuerte y clara.

Primero que nada, a mis amigas. Más de una vez pensé que no me quedaría ninguna amiga cuando por fin lograra dejar de ser una escritora de libros ermitaña. Gracias a todas ustedes —las antiguas, las nuevas, las Extras, las ojetes y la pandilla Ladies and the Shealing— por seguir ahí para mí mientras yo rechazaba sus invitaciones, era dolorosamente lenta para responder los mensajes de texto y olvidaba enviar sus tarjetas de cumpleaños a tiempo. Estoy por siempre agradecida de que todavía quieran hablar conmigo.

Gracias a mi agente por su apoyo incondicional, James Gill, por pedirme una idea para un libro y luego negarse a dejarme salirme con la mía sin escribir una propuesta. Como toda buena periodista, necesitaba una fecha límite y me la diste.

A todas las personas en Penguin que han puesto tanto entusiasmo en hacer de *¿Amigas para siempre?* lo que es. En particular agradezco a mi fantástica editora Helena Gonda, quien le dio vida a este libro con su elegante combinación de sensibilidad, habilidad para editar y sus consejos francos; a Kate Fox, quien tomó las riendas con tanta habilidad; a Beci Kelly por hacer que se viera hermoso (y aguantar mi obsesión con el color turquesa); a Sophie Bruce por su destreza en la mercadotecnia; y a Alison Barrow, la genio de las relaciones públicas con la que toda autora debería tener la suerte de trabajar.

No estaría donde estoy ahora sin la generosidad, la vulnerabilidad y la honestidad de las mujeres (y de ese extraño hombre) que aceptaron compartir sus experiencias de amistad conmigo, que me regalaron su tiempo para entrevistas, cafés, llamadas telefónicas, videollamadas y vinos. Son demasiados para nombrarlos aquí, pero sé quiénes son todos y cada uno de ustedes —aunque esto suene a una amenaza—, y estoy agradecida desde el fondo de mi corazón. Solo espero haberles hecho justicia a sus historias, y lamento no haber incluido todas.

Para aquellas amigas cuyo nombre no mencioné, sepan que me ayudaron a escribir este libro más de lo que se imaginan. Lo mismo aplica para mis antiguas amigas, sin las cuales nunca hubiera entendido el impacto que tienen en nuestras vidas los mitos de la amistad femenina.

Pero el mayor agradecimiento es para mis maravillosos padres, Jane y Howard, quienes siempre creyeron en mí y me ofrecieron apoyo infinito, amor, generosidad y nunca dejaron de mostrar interés.

A mis queridas hermanas, Rosanna y Felicity, para quienes esto probablemente será como leer mi último diario.

Y a mi esposo Tim, mi campeón inquebrantable, que leyó cada palabra de cada borrador, me preparó innumerables tazas de té y me compró una computadora portátil rosa brillante que me hizo querer sentarme a escribir todos los días. Eres lo más parecido que tengo a un mejor amigo (masculino). No podría haber hecho esto sin ti.